LE PRÉSIDENT

DU MÊME AUTEUR

Les Enfants de Gaston, Jean-Claude Lattès, 1989.
La Veuve, un roman vrai : l'affaire Boutboul, Fayard, 1994.
Monsieur Gendre, le roman vrai de l'affaire Botton, Fayard, 1995.
Lignes de fuite, Pauvert, 1995.
Jospin. Secrets de familles, Fayard, 2001.
Castro l'infidèle, Fayard, 2003.
La Piste andalouse, Calmann-Lévy, 2005.
La Guerre des trois, Fayard, 2006.
La Femme interdite, Fayard, 2009.
Dans la tête de Raymond, chronique d'un naufrage, Plon, 2010.

ENTRETIENS

Confessions, Patrick Poivre d'Arvor, Fayard, 2005.
Face à la terreur, Alain Marsaud, Fayard, 2007.

SERGE RAFFY

LE PRÉSIDENT

François Hollande, itinéraire secret

Nouvelle édition revue et augmentée

Pluriel

Ouvrage publié dans la collection Pluriel
sous la responsabilité de Joël Roman

Couverture : Rémi Pépin
Illustration : © Thomas Laisné / Corbis

ISBN : 78-2-8185-0271-6
Dépôt légal : mai 2012
Librairie Arthème Fayard/Pluriel, 2012

À Claude Durand

À Claude Perdriel

Avant-propos

François Hollande fait partie de cette catégorie d'hommes politiques qui se dissimulent derrière une jovialité à toute épreuve. Les hommes sympathiques, comme les comiques, sont de grands pudiques. Ils ne se livrent pas, ou alors au compte-gouttes. Cette pudeur extrême a souvent fait passer l'ancien premier secrétaire du PS, auprès de ses amis politiques, pour un grand indifférent. Son sourire de premier communiant le fait paraître trop fragile pour espérer accéder aux plus hautes fonctions. L'a-t-on sous-estimé ? Trop faible, François Hollande ? Souple, sans doute. Il plie, mais ne rompt pas. Toute sa carrière aurait dû nous alerter : il est un roseau d'acier. Il prend les vents, ouvre le parapluie par temps d'orage, et revient toujours au centre du jeu, avec la patience du guetteur.

Il n'y a rien de plus difficile à cerner qu'un homme qui sourit. Le rire est une grimace, une manière élégante d'exorciser la peur. Henri Bergson évoque l'idée que l'art comique est une forme de punition.

LE PRÉSIDENT

Sous le rire, il y a une tragédie qui sommeille. Celle de François Hollande, comme pour chacun d'entre nous, prend sa source dans l'enfance. Dès qu'on se penche sur les jeunes années, le masque tombe...

Chapitre 1

La fuite de Bois-Guillaume

Il n'a pas compris ce départ précipité. Il fallait soudainement tout quitter. Décamper. Fuir Rouen, sa bourgeoisie de province devenue mesquine et rabougrie. Filer à Paris sans laisser de traces. Et surtout n'emporter aucun souvenir. La nouvelle est tombée comme un coup de grisou. Quand, au premier trimestre 1968, son père lui annonce ce déménagement express de toute la famille, le jeune François a du mal à encaisser. Il a treize ans et un tas d'amis qu'il n'a aucune envie de perdre. Pourquoi abandonner une vie agréable, une enfance heureuse, dans ce havre de paix qui domine la ville de Rouen ? Bois-Guillaume, surnommé le Neuilly normand, avec ses maisons cossues, ses espaces verts, ses chemins vicinaux. Ici, il n'a que des souvenirs heureux, les jeux dans l'immense jardin transformé en forêt par son père, les matchs de football dans le champ du voisin, et tant d'autres choses. François est sonné, un peu perdu. Il part dans un monde inconnu.

Dans quelle aventure ce chef de famille autoritaire et ombrageux est-il en train de les entraîner, lui, son frère Philippe, de deux ans son aîné, et sa mère Nicole ? Ce père qui ne marque sa présence au domicile familial que par des diktats et des règles aussi martiales qu'incompréhensibles ? Heureusement, il n'est pas souvent à la maison. Son activité de médecin l'accapare. Il passe le plus clair de son temps à l'extérieur, dans sa clinique ORL, le Trianon, à Bois-Guillaume, ou dans son cabinet de Rouen. Quand il s'absente, tout le monde respire. Durant ces moments, Nicole fait régner une tout autre atmosphère, pleine d'affection, de joie de vivre et de bons petits plats. Assistante sociale à TRT, une entreprise d'électronique de Rouen, elle est le soleil de la famille, si différente de son mari. Petit bout de femme intrépide et généreuse, tournée vers les autres, infirmière de formation, elle a le sourire en bandoulière. Quand ils se sont installés à Rouen, en 1953, elle aidait bénévolement son praticien de mari dans le cabinet qui est aussi leur appartement, rue des Carmes. D'origine modeste, les Hollande opèrent des végétations et des amygdales à domicile. Les patients se retrouvent souvent dans une salle de repos qui est en fait le salon familial, ou même parfois, en cas d'urgence, dans le lit des enfants. Georges le taciturne et Nicole la lumineuse. L'attelage surprend dans leur entourage. Ils se sont rencontrés dans un bal de médecine à Paris, au début des années 1950, quand Georges finissait son internat. Ils se sont mariés très vite. Philippe naît en 1952 à Saint-Cloud, alors qu'ils n'ont pas achevé leurs études. François vient au monde deux ans plus tard, le 12 août 1954.

Les deux frères se sont toujours interrogés sur le mystère de la relation de leurs parents, ce couple si dissemblable. Énigme des êtres et des sentiments. Comment ont-ils pu s'accorder si longtemps ? Lui, Georges Hollande, né en 1926, fils d'instituteurs, originaire de Plouvain, porte en lui une souffrance indélébile et mystérieuse. Une douleur lancinante qui vient de loin. De l'histoire d'une famille ravagée par les deux guerres, installée dans la zone de front à quelques lieues de la frontière belge. Les Hollande étaient des paysans pauvres, propriétaires d'une petite ferme au cœur du village de Plouvain, de modestes volaillers qui vivaient quasiment en autarcie dans une région de tourbe et de marécages, que la légende populaire disait infestée de sorcières et de mauvais génies. Dans le village, il y a même un arbre à sorcières destiné à chasser le mauvais sort de la commune. Plouvain, village martyr, complètement détruit en 1917, rasé de la carte par les bombardements allemands, la ferme des Hollande comprise. Plouvain et son cimetière dévasté, les ossements des défunts éparpillés sur le sol, parmi lesquels ceux des ancêtres de François Hollande, dont jamais personne ne vient fleurir les tombes.

Ils ont pourtant une très ancienne histoire, ancrée dans l'humus de la terre du Nord, celle des corons et des trous d'obus. Les généalogistes locaux[1], grâce

1. Merci à Ivan Pacheka, des archives départementales du Pas-de-Calais, pour ses recherches si précises.

aux registres paroissiaux, retrouvent leurs traces en ligne directe jusqu'en 1720 dans cette même zone de Plouvain, et pointent sur le calendrier le début de la lignée en 1569, date où l'on retrouve l'existence du premier Hollande. Celui-ci, donc l'ancêtre le plus éloigné de François, exerçait le métier de valet de meunier. Selon toute vraisemblance, les aïeuls du jeune garçon sont des fuyards, victimes d'une sanguinaire guerre de religion, des protestants partis de Hollande, au milieu du XVIe siècle, pour échapper aux massacres perpétrés par les Espagnols. Ces exilés étaient surnommés les « Gueux ». Au départ, ils luttaient pour l'indépendance des Pays-Bas, mais la répression de Madrid fut si féroce qu'ils furent contraints à l'exode vers l'Angleterre, la Belgique ou la France.

François Hollande est le descendant d'une famille rebelle de calvinistes ayant échappé au bûcher de l'Inquisition. Ces dissidents du pays des polders étaient des disciples de Guillaume d'Orange, surnommé Guillaume le Taciturne. Parmi eux, plusieurs centaines se réfugient dans les environs de la ville d'Arras. Ils prennent le nom de Hollande pour marquer leur attachement à la terre de leurs ancêtres. Et pour se reconnaître entre eux. Ils exercent les métiers de garde-moulin, valet de ferme, homme de ménage, coquetier – genre de marchand ambulant qui collecte le beurre dans les fermes et le revend au marché. Ces hérétiques, pour se fondre dans la population, deviennent de bons catholiques.

À Rouen, les Hollande perpétuent la tradition. De quatre à onze ans, François est élève dans un établissement religieux catholique, dirigé par les Frères des écoles chrétiennes, Saint-Jean-Baptiste-de-La-Salle. Il y étudie de la maternelle à la troisième. Les frères sont des apôtres de l'éducation au forceps. Au programme : prières et discipline de fer. François ne supporte pas ce carcan. Il s'adapte néanmoins. Il évite de se retrouver sous le feu des punitions, joue les élèves pieux, fait ses deux communions, privée puis solennelle. Il sacrifie à tous les rites avec application. En apparence, il se soumet à toutes les règles, se rend à la messe régulièrement, récite ses prières avant chaque cours et fait le signe de croix à chaque occasion. À Saint-Jean-Baptiste-de-La-Salle, toutes les publications de la presse communiste pour la jeunesse sont rigoureusement interdites. François prend le risque de lire *Pif le chien* sous le manteau. Contrairement à nombre de ses camarades, il échappe le plus souvent aux châtiments corporels, aux coups de règle sur les doigts ou aux piquets interminables. Son statut de bon élève le protège. Un seul enseignant lui fiche une trouille du diable, un certain abbé Joseph, un colosse rugueux et mal embouché qui revient de la guerre d'Algérie et qui, sans doute parce qu'il a vu trop d'horreurs, a la main leste et un penchant prononcé pour l'alcool. Le rescapé des Aurès a un peu perdu la foi et se venge sur les jeunes garçons. Violence, foi et rédemption. Triptyque de la Sainte Église que François Hollande prend très vite en grippe. Mais il n'en montre rien. Il a trouvé la ruse pour éviter d'être promis à la damnation : il arbore un sourire étincelant et malicieux à chaque occasion. Comme un bouclier. C'est sa force. Il est le roi de l'esquive. Il est jovial, bien élevé, et garde sa capacité de rébellion au fond de lui-même.

Cette attitude, il l'applique aussi avec son père. Pas question pour lui d'affronter le *pater familias*, ni de le défier. Son frère Philippe, lui, n'adopte pas la même posture. Ce dernier joue les kamikazes face à la toute-puissance paternelle. Il n'hésite pas, insoumis, à multiplier les incartades. Ses refus d'obéissance le conduisent dans un pensionnat religieux, à Saint-Pierre-de-Dreux, dans l'Eure, dans une institution dirigée par les Jésuites, encore plus rigoureuse que Saint-Jean-Baptiste-de-La-Salle. En inscrivant son fils dans ce nouvel établissement quasi disciplinaire, Georges Hollande donne la consigne : « Punissez-le et n'hésitez pas à le battre, s'il le faut. » Durs moments pour le cadet, qui voit son aîné, avec qui il a partagé tant de jeux et tant de bons moments, s'éloigner de lui. François vit mal cette séparation, car il change de statut. Il devient comme un fils unique. Son frère aîné ne peut plus l'épauler. Il va falloir vivre sans lui. Il lui reste tout de même quelques souvenirs avec lui : la fête foraine de Saint-Romain, à Rouen, accompagné du grand-père Gustave ; les heures passées au bord des mares aux tritons dans le bocage ; le lait qu'ils vont chercher main dans la main à la ferme voisine ; le petit film de cow-boys réalisé ensemble avec une caméra Kodak à manivelle ; les jeux de cache-cache dans les pommiers ou dans les granges à colombages ; la collecte des œufs du poulailler « expérimental », très haut de gamme, de Georges. Le père, spécialiste des laryngites, a une passion pour les poulets de grain, une manière de ne pas perdre complètement le fil avec son grand-père de Plouvain, volailler de profession. Tous ces moments partagés par les deux frères sont inscrits dans leur mémoire.

Sans oublier les vacances d'été passées dans la famille Tribert, chez les grands-parents maternels. Robert Tribert, homme modeste et enjoué, incurable optimiste, loue chaque été une grande maison pour accueillir tout ce que la famille peut compter de rejetons. Neveux, nièces, cousins se retrouvent dans un joyeux chahut. Ça braille, ça gesticule, ça bamboche dans une ambiance permanente de kermesse. On se retrouve entre cousins à Saint-Jean-de-Luz, Alicante, Canadel, La Franqui, Carnac, au Chambon-sur-Lignon et, l'hiver, à Villars-de-Lans ou Megève. François, qu'on surnomme « Bounoum », est comme un poisson dans l'eau dans cette atmosphère de phalanstère hédoniste. C'est un ludion vif et intrépide, aux joues rondes, toujours prêt au moindre jeu et à toute dégustation de pâtisserie fine. Le gamin est gourmand de tout. Ces retrouvailles estivales dans la famille maternelle sont des parenthèses enchantées pour le jeune François.

Durant l'année scolaire, à Rouen, c'est une autre musique. Les longs jeudis après-midi, où il n'est pas chez les bons pères, François les passe chez son grand-père paternel, Gustave Hollande, qui habite à deux pas de son fils Georges. Ancien directeur d'école, natif de Plouvain, il raconte à son petit-fils la guerre de 14-18, l'horreur de la vie des poilus dans les tranchées, la peur nouée dans les entrailles ; les hommes faits comme des rats sous la mitraille, qui attendent la mort, tremblant de terreur ; les nuits d'hiver où l'on urine sur ses mains pour ne pas les voir se congeler ; les hurlements de bête de ceux qui perdent la raison. Très jeune, François Hollande apprend les ravages de la guerre. Grand-père Gustave évoque l'occupation allemande à Plouvain dès le début de la Seconde Guerre mondiale, les privations, les carnets de rationnement, les humiliations quotidiennes pour la population locale. Les gens de Plouvain vivaient dans la terreur des bombardements et gardaient toujours une valise prête pour s'enfuir. Chaque semaine, François est impatient de retrouver Gustave et ses récits de guerre. Celui-ci lui transmet la passion de l'histoire et lui donne quelques clés pour comprendre la saga de ses ancêtres. À Saint-Jean-Baptiste-de-La-Salle, il comprend presque le père Joseph, le géant à la conscience dévastée et à la main leste, revenu du conflit algérien avec une armée de fantômes.

La guerre, François en a également une idée par son autre grand-père, Robert Tribert, le père de Nicole, qui fut gazé à l'ypérite dans la Marne. Il en a gardé des séquelles irrémédiables aux poumons. Robert est rentré du front et de ses millions de morts en se considérant comme un miraculé. Le survivant a joué la résilience : il est devenu un bon vivant. Pour lui, désormais, la vie est une grande fête et chaque seconde mérite d'être vécue intensément. Robert Tribert, fils de gardien de nuit et de concierge, est employé chez un tailleur de l'avenue Victor-Hugo, dans l'Ouest parisien, puis, plus tard, place de la Madeleine. Il chante Tino Rossi chaque jour que Dieu fait, adore être entouré d'une marmaille piaillante et remuante. Il est gaulliste pur et dur. Grand-père Gustave, lui, est revenu de l'enfer de la guerre de 14-18 le regard fixe. Marqué à jamais par les atrocités qu'il a vécues. C'est un authentique héros. Au combat, il multiplia les actes de bravoure. Il est cité le 10 novembre 1917 : « Sous-officier remarquable de sang-froid et de courage. Le 26 octobre 1917, commandant une section avec un régiment d'attaque, a neutralisé par ses feux deux mitrailleurs ennemis cachés dans des trous d'obus, a contribué grandement à la progression et a fait preuve d'un grand sang-froid en plaçant lui-même les masques à ses blessés sous un violent tir d'obus asphyxiants. » Il est fait chevalier de la Légion d'honneur et élevé au grade de lieutenant. Son bulletin militaire précise : « Degré d'instruction : 5 (le maximum). Taille : 1 m 60, cheveux noirs, yeux marron, front moyen, nez rectiligne. »

Après la Première Guerre mondiale, Gustave revient de moins en moins dans son village natal. Il rend parfois visite à Lise et Alfred, ses frère et sœur. Gustave, devenu instituteur, leur a laissé la ferme familiale, deux hectares de terrain, une vache et une poignée de poules. La grand-tante et le grand-oncle de François restent toute leur vie dans cette modeste propriété familiale. Ils vivent pratiquement en autarcie. Dans la petite ferme, construite avec les indemnités des dommages de la Première Guerre, ils jouent les ermites. Les volets sont clos en permanence, comme s'ils avaient quelque chose à cacher. À Plouvain, cette fratrie, curieux couple sans enfants, inquiète un peu. Ils sont sauvages, taiseux. À Pâques, les enfants de chœur se rendant dans les foyers collecter de l'argent n'osent pas frapper à leur porte. Il y a autour de la maison une atmosphère de château hanté. Alfred et Lise ne vivent que dans une seule pièce, la cuisine, et recouvrent les meubles du reste des lieux avec des couvertures. Comme s'ils se préparaient à partir… La peur des bombardements, même en temps de paix ?

Une autre légende intrigue le jeune François : celle du prénom de son père. Après la guerre de 14-18, Gustave le poilu épouse une institutrice, Antoinette Patrice. Les jeunes mariés, au début des années 1920, s'installent en Indre-et-Loire. Le fils de paysan du Nord, qui aurait pu embrasser une carrière militaire, devient directeur d'école à Saint-Avertin, sur les bords du Cher, établissement où exerce aussi sa femme comme institutrice. Un enfant doit venir au monde. Antoinette souhaite ardemment honorer la mémoire de son frère Georges, disparu durant la Grande Guerre. C'est le prénom qu'elle choisit donc pour son premier fils, qui, hélas, meurt à l'âge de deux ans. Quelque temps plus tard, un autre garçon naît. Gustave et Antoinette lui donnent à nouveau le prénom Georges. Ainsi, le père de François Hollande, qui restera fils unique, porte le prénom d'un enfant mort en bas âge et d'un héros oublié. Est-ce là que réside l'origine du côté sombre du père ? Vivre avec un fantôme n'est jamais simple.

Dès son plus jeune âge, François Hollande est bercé par ces récits douloureux et épiques, les grandes et les petites légendes familiales. Il boit littéralement les paroles de ces deux grands-pères si différents. Gustave est un républicain pur et dur, partisan d'Antoine Pinay, obsédé par l'apprentissage de la langue française. Chaque jeudi, il fait réciter une page du dictionnaire à son petit-fils pour lui inculquer le bonheur des mots. Il y a un côté austère dans cette manière d'aborder la langue, mais cela séduit l'élève François. Il vit ces moments comme des aventures, une forme de jeu de piste, chaque mot ouvrant la porte d'un autre mot. Et ainsi de suite. Ce grand-père si rigide en apparence, mais si attentionné, est un écologiste avant l'heure. Il roule dans une vieille 4CV. Il cultive dans son jardin un tas de plantes médicinales qu'il offre en décoction à ses invités. Mais ce dont raffole par-dessus tout le gamin, c'est le pain perdu du papi, ce dessert du pauvre, fait avec du pain rassis, de l'œuf et du sucre.

Ce sont tous ces petits plaisirs que François a peur de perdre en apprenant le déménagement pour Paris. Les sorties pour assister aux matches de football du FC Rouen, où il soutient son idole, André Betta, joueur de l'équipe de France. Il suit le championnat de première division au jour le jour, dissèque les séquences de jeu, fait la collection des vignettes de joueurs, lit *France Football* avec avidité. La seule chose qu'il ne regrettera pas, c'est le collège Saint-Jean-Baptiste-de-La-Salle, qu'il appelle avec les copains « Jean-Bath ». Au moins, il va en finir, croit-il, avec cette ambiance morbide de culs-bénits. Fini les matins blêmes où il part à l'école la peur au ventre. Peu avant son départ pour la capitale, en mai 1968, il voit avec un certain plaisir l'institution[1] vaciller, prise, elle aussi, dans la tourmente de la rébellion de la jeunesse française. Il est le témoin de la grève des professeurs, des mouvements de résistance passive des élèves. François sort alors de sa réserve et participe à certaines actions. Il se révolte, avec quelques autres, contre les règles de discipline antédiluviennes en pratiquant la « grève du silence » : les élèves, muets, ne répondent plus aux professeurs et aux surveillants. Autre mouvement de protestation : ils restent prostrés, immobiles, durant des heures. Grève des mots et grève des gestes. François est collé plusieurs fois, mais il n'en obtient pas moins tableaux d'honneur et prix d'excellence.

Le jeune Hollande en parle peu mais il souffre terriblement de l'absence de Philippe, que le destin lui a soustrait, ce frère brillant et ténébreux, sensible et inquiet, avec qui il a tant joué. Philippe ne revient au

1. Jean Lecanuet fut élève de Saint-Jean-Baptiste-de-La-Salle, et aussi, plus récemment, le basketteur Tony Parker.

domicile familial que le week-end, quand il n'est pas assigné à résidence pour quelque incartade ou un carnet scolaire calamiteux. Après avoir quitté l'institution jésuite dans l'Eure, il subit une nouvelle punition : il est envoyé par son père en pension à Paris, au lycée Sainte-Barbe, établissement catholique huppé, dans le quartier de la montagne Sainte-Geneviève, dans le Ve arrondissement. Philippe, adolescent à la sensibilité à fleur de peau, amoureux des Doors, des Kinks, rêve de devenir musicien professionnel. Ses parents s'y opposent. Faire le saltimbanque n'est pas un métier, disent-ils. Ils le morigènent, en vain. Philippe est bien décidé à ne pas céder aux oukases familiaux. Depuis son pensionnat, dans le quartier de la Sorbonne, en apprenant le déménagement de la famille à Paris, l'exilé est ravi. Il va retrouver son petit frère. La fratrie va se reconstituer. Ils seront plus forts à deux. Philippe, comme François, s'interroge sur ce brusque déménagement de la famille de Rouen vers Paris.

Dans cette fuite soudaine, tout leur échappe. Pourquoi donc leur père, patron d'une clinique prospère, dirigeant un cabinet en pleine expansion, abandonne-t-il tout en quelques semaines, comme s'il avait le diable à ses trousses ? Quels fantômes hantent l'âme de ce médecin de province ? Est-ce la faute à la politique qui l'a accaparé ces dernières années ? Georges Hollande a été candidat malheureux en 1959 aux élections municipales de Rouen, sur une liste d'extrême droite. Ses penchants pour l'avocat Jean-Louis Tixier-Vignancour, ancien camelot du roi, Croix-de-Feu, sont connus de tous. Tout comme son aversion profonde pour le général de Gaulle. Georges, en 1944, a été mobilisé quelques mois et garde de cette période une certaine fidélité au maréchal Pétain. Il a un mépris profond pour ceux qu'il appelle « les résistants de la dernière heure ». Durant la guerre d'Algérie, il ne dissimule pas ses sympathies pour l'OAS. Il les clame même haut et fort. À Rouen, son caractère bien trempé lui joue parfois des tours. Dans les milieux feutrés de la bourgeoisie locale, ses coups de menton agacent. Même ses amis médecins lui conseillent de tempérer ses ardeurs politiques, dans l'intérêt de son propre cabinet. Mais Georges n'en a cure.

En 1965, il se présente à nouveau aux élections municipales, à Bois-Guillaume, à la tête d'une liste de « Rénovation et d'Expansion » à la composition sulfureuse. On y trouve des anciens de l'OAS, des élus soupçonnés d'avoir trempé dans la Collaboration et des industriels du bâtiment plus intéressés par les terrains vierges de la commune que par le débat, qui fait rage alors, sur l'introduction du français à la place du latin dans les églises. Nouvelle déconvenue : il est battu à plate couture par la liste gaulliste. Tout en collant les affiches de la liste locale d'extrême droite, l'équipe de Georges Hollande fait campagne pour Jean-Louis Tixier-Vignancour, qui se présentera quelques semaines plus tard à l'élection présidentielle, face à de Gaulle et Mitterrand. Le directeur de cabinet du héros de Georges Hollande est un certain Jean-Marie Le Pen. Dans la famille, les activités politiques de Georges dérangent bigrement. Nicole se sent proche de la gauche. Elle a du mal à suivre les emballements politiques de son époux. Les voisins de Bois-Guillaume regardent avec une certaine méfiance ce toubib qui roule en Mercedes blanche et qui n'en finit pas d'acheter des terrains à construire. Tout en poursuivant ses activités de médecin ORL, Georges se met à jouer les promoteurs immobiliers. Il participe à la construction d'un ensemble résidentiel de cent quarante appartements, Le Clos du Hamel, au cœur de Bois-Guillaume, et fait construire une autre résidence sur une commune voisine, Mont-Saint-Aignan. Il participe aussi à une opération de construction d'un parking à Rouen. Rien d'illégal, bien sûr. Mais la confusion des genres commence à faire jaser. Le conseil de l'Ordre lui suggère de mener avec prudence ses activités immobilières. Georges Hollande s'irrite de ces recommandations murmurées par des notables qu'il n'a jamais vraiment portés dans son cœur. Il décide d'envoyer tout balader. Il vend sa clinique au docteur Claude Jeannin, ses appartements du Clos du Hamel, la maison de Bois-Guillaume. Il brûle ses vaisseaux. Il tire un trait sur son activité politique. Pourquoi risquer une troisième expérience électorale malheureuse, alors qu'il n'a pas réussi à se faire élire simple conseiller municipal lors de ses précédentes tentatives ?

Il annonce alors aux siens un incroyable bouleversement dans sa vie. Anticommuniste viscéral, il perçoit la révolte de mai 1968 comme la première étape de… l'invasion des communistes en France. Pour lui, il ne fait aucun doute que la médecine libérale vit ses derniers jours. Lui et ses collègues, croit-il, dans quelques années, seront assignés dans des dispensaires d'État. Cette idée le hante tellement qu'il décide d'anticiper le mouvement. Il devient, à la surprise générale, médecin de la Sécurité sociale, à Évreux, dans un premier temps. Ceux qui le connaissent bien pensent qu'il ne s'agit que d'une habileté de sa part pour obtenir une couverture sociale et poursuivre ses activités lucratives dans l'immobilier. Croit-il vraiment au débarquement de l'Armée rouge dans le port de Rouen ? Dans la famille, on se frotte les yeux en écoutant ses élucubrations.

En tout cas, pour le déménagement express, il ne prend pas de gants et ne perçoit pas les dégâts psychologiques qu'il cause chez ses deux fils. Sans leur demander leur avis, il débarrasse leurs chambres sans faire le moindre tri et envoie de nombreux objets personnels à la décharge publique. Dans la benne à ordures, des trésors affectifs : les collections de petites voitures Dinky Toys de François, ainsi qu'une armée de petits soldats, auxquels il était très attaché. Philippe, lui, voit tous ses disques emportés dans la tourmente, en particulier les albums de jazz et de rock, considérés par son père comme des genres musicaux dégénérés. Du grand classique dans les années 1960. Pour les deux frères, le coup est dur à encaisser. C'est toute une partie d'eux-mêmes, la plus intime, qui a fini quelque part dans un terrain vague. Une spoliation affective. Une forme de mutilation qui ne passe pas. Nicole Hollande n'est pas plus enthousiaste que ses fils à l'idée de larguer les amarres. Son travail d'assistante sociale chez TRT lui convient parfaitement. Elle y découvre la douloureuse condition du salariat ouvrier et plus particulièrement celle des femmes. Mais elle suit, contrainte et forcée, emportée par Georges la bourrasque. Comment deux êtres aux sensibilités si différentes peuvent-ils cohabiter ? s'interroge François.

Quelques années plus tôt, durant l'hiver 1965, en pleine campagne présidentielle, il a remarqué que sa mère avait un faible pour François Mitterrand. Elle l'écoutait religieusement quand il passait à la télévision, alors que Georges ne voyait en lui qu'un politicien de la IVe République, florentin, cynique et intrigant. François n'a alors que onze ans, il est un témoin attentif des débats familiaux. Il choisit son camp, celui de sa mère. Ce Mitterrand doit avoir des qualités pour que Nicole l'apprécie tant. Il est entré par le petit écran dans le cercle familial. Il y a aussi grand-mère Antoinette, l'institutrice de Saint-Avertin, la femme de Gustave, qui fait partie du club des fans du député de la Nièvre. Elle répète à qui veut l'entendre que ce Mitterrand est originaire de la Charente profonde, comme elle. Ils sont « pays », presque cousins. Antoinette a dévoré tous ses livres, empruntés à la bibliothèque de Rouen. Fille d'un tonnelier originaire de la région de Cognac, franc-maçon et compagnon du Devoir, elle ne cache pas ses sympathies pour la SFIO. Antoinette est une lectrice insatiable. Elle dévore romans et essais politiques et se passionne pour l'histoire. Son héros : Jean Jaurès, le député du Tarn, chantre de la gauche réformiste. Dans un autre temps, Antoinette aurait rêvé de faire de la politique. N'est pas Louise Michel qui veut. Elle offre alors à son petit-fils, en héritage, son bien le plus précieux : un médaillon à l'effigie de celui qui fut assassiné devant le restaurant Le Croissant, à Paris, le 31 juillet 1914, parce qu'il refusait la logique de guerre. Sur le portrait de Jaurès, on peut lire l'inscription : « Le travail, c'est la liberté ». Cette médaille, le jeune François la garde précieusement, comme un talisman.

Chapitre 2

GRAMSCI OU LE SPLENDID ?

En entrant dans la salle de classe de la seconde C3 du lycée Pasteur, à Neuilly, François Hollande a un peu le trac. Il n'a face à lui que des visages inconnus. Et un milieu qu'il juge hostile. Il jette un œil à la ronde, aperçoit une place libre à côté d'un garçon plutôt souriant. En outre, ce dernier n'a pas l'air d'être un fils de bonne famille. Il n'est pas évident pour un petit provincial sans relations, sans lien avec cette banlieue huppée, de se retrouver parachuté chez les enfants de la bourgeoisie de Neuilly. D'autant qu'il a dû passer un examen particulier pour être accepté dans cet établissement de l'Ouest parisien, malgré son excellent carnet scolaire de Rouen. Cette épreuve l'a humilié. Ses bonnes notes ne suffisaient-elles donc pas pour être accepté « chez les riches » ? Son sympathique voisin s'appelle Jean-Louis Audren. Immédiatement, le courant passe entre les deux garçons. Jean-Louis est le fils d'un héros de la Résistance, Joseph Audren, un polytechnicien qui rejoignit le général de Gaulle, à Londres, dès le mois de juillet 1940. Malgré ce pedigree de haute lignée, l'adolescent est doté d'une simplicité, d'une faconde, d'un sens de l'humour et d'une détermination qui rassurent le nouveau venu. Le « plouc » n'aura pas de bizutage. Il a un « parrain », un protecteur qui connaît les us et coutumes des « fils à papa ». Jean-Louis initie François, lui livre les codes de ce milieu qui lui est totalement étranger. Ainsi, l'entrée du novice dans l'atmosphère de la banlieue chic se fait sans trop de dégâts. Le jeune Rouennais s'adapte, mais il sent bien qu'il n'est pas de ce monde, qu'il sera toujours un « cul-terreux », un fils de paysan aux racines incertaines. À l'instar de grand-père Robert, il prend la vie du bon côté et accepte les règles du jeu du lycée Pasteur. Il sera un des leurs, sans vraiment en être. Mis à part quelques enseignants qui prennent de haut le Normand venu d'une « boîte de curés », les professeurs l'accueillent avec bienveillance. Il faut dire que l'adolescent a une qualité rare : l'empathie. Non comme un caméléon mais plutôt comme un enfant charmeur. Il est enjoué, drôle sans être sarcastique, sérieux sans être ennuyeux.

Avec Jean-Louis, le petit Normand est en de bonnes mains. Durant des années, François et Jean-Louis ne se quitteront plus. Mais sous le vernis enjôleur, l'adolescent est un peu inquiet de cette nouvelle vie. Avant de quitter Rouen et de partir en vacances avec ses grands-parents à Alicante puis au Chambon-sur-Lignon, il s'est confié à son confesseur, l'abbé

Bourdon, le prêtre qui l'a accompagné pour les vœux de sa première communion. L'homme de Dieu a prêté l'oreille aux angoisses de cet adolescent déstabilisé par le mystère de ce brutal exode familial. Il a perçu, à travers les larmes du garçon, le désarroi de sa mère, désarçonnée par les sautes d'humeur de ce père qui change de vie sans crier gare et sans se soucier vraiment de la volonté des siens. François a souffert de l'éloignement de son frère, Philippe, de plus en plus rebelle face à son géniteur.

L'aîné a décidé de devenir musicien, quoi qu'il arrive. La confrontation devient inévitable. Il finit par en venir aux mains avec son père. Après une dispute plus violente que de coutume, il claque la porte. Il ne mettra plus les pieds au domicile familial. Il quitte l'appartement du boulevard Maillot, à Neuilly, où la famille s'est installée, en lisière du bois de Boulogne. Le frère mutin prend sa liberté pour devenir trompettiste puis saxophoniste de jazz. Philippe Hollande profite pleinement de la frénésie des années 1968. Il participe au mouvement hippie. Il adopte la devise « *Peace and love* », au grand désarroi de son père. Il vit de petits boulots, notamment celui de machiniste au théâtre Caumartin, puis au théâtre Daunou, dans le quartier de l'Opéra. Il joue dans divers groupes *underground*, intègre une communauté de musiciens proches du groupe Gong, goûte aux substances interdites, LSD et marijuana. Il croise l'acteur Pierre Clémenti, qui devient son ami, et il créera plus tard, dans les années 1970, avec lui et Gilbert Artman, la mythique troupe Urban Sax, formation exclusivement composée de saxophonistes, spécialisée dans le spectacle de rue et les performances spectaculaires. Urban Sax, c'est un peu le Living Theatre des musiciens. Déchiré et fragile, Philippe Hollande brûle sa vie par les deux bouts, dans une atmosphère libertaire et rebelle. Il défend l'amour libre. Il fait un beau pied de nez à ce père trop conservateur pour saisir le gigantesque bouleversement des mœurs qui agite son pays. Chez les Hollande, il y a Philippe le turbulent et François le raisonnable.

Après quelques mois d'adaptation au lycée Pasteur, malgré le climat familial difficile, François trouve ses marques, grâce à de nouveaux copains. Une petite bande se forme au « bahut ». Un troisième larron vient rejoindre Jean-Louis et François, les deux inséparables. Il s'appelle Jean-Pierre Avignon. Bricoleur de génie, il a l'art de trafiquer les Mobylette. Ainsi François Hollande découvre-t-il Paris sur une 104 Peugeot bleue un peu « gonflée » par son ami. Il roule vite, se révèle d'une imprudence folle. On le surnomme « le Kamikaze ». Comment un gamin en apparence si mesuré peut-il être si casse-cou ? À chaque occasion, les « potes » partent en équipée à la découverte de Paris. François est rasséréné. Finalement, ses angoisses rouennaises disparaissent. Il sillonne la capitale avec la jubilation de l'explorateur. Un jour à Montmartre, un autre à Montparnasse, ou encore sur les bords de la Seine, entre les usines Renault et les friches industrielles de Levallois. Il jouit de cette sensation de totale liberté de mouvement que donne une grande métropole.

Paris s'offre à lui avec ses mystères et ses infinies possibilités de rencontres. Il faut dire que son père le laisse tranquille, trop occupé par ses nouvelles activités. Médecin de la Sécurité sociale à mi-temps, il se lance dans des placements hasardeux, crée des agences de voyages, achète une maison à Anet, dans l'Eure, puis une bâtisse du XVIe siècle, à Grandchamp-le-Château, dans le Calvados. Ses activités l'accaparent et il délaisse un peu le foyer familial.

Pour François, c'est une aubaine. L'atmosphère est presque redevenue normale, boulevard Maillot. Il profite pleinement de sa nouvelle vie. Les heures émollientes et douces de Bois-Guillaume lui paraissent déjà lointaines. Au trio viennent s'adjoindre régulièrement deux jeunes garçons, Christian Clavier et Thierry Lhermitte. Christian a, comme François, un père médecin oto-rhino-laryngologiste. Cela les rapproche. Thierry Lhermitte, lui, reste plus à distance, mais les garçons se retrouvent souvent à la sortie du lycée de filles de Neuilly, le lycée Saint-James, où ils viennent roucouler devant les minettes. François a les cheveux longs et bouclés. Il porte des pattes d'éléphant, comme tous les ados, et des lunettes de vue qui lui donnent ce petit côté enfant sage. Avec sa voisine Véronique, qui habite juste en dessous de chez lui, il écoute les Beatles, Jim Morrison, traîne au drugstore des Champs-Élysées, squatte les rallyes de Neuilly, ces surprises-parties pour enfants de la haute.

Avec ses amis, François suit de près l'actualité politique. Mai 68 a fait son œuvre. Il observe le tourbillon des insurgés de la Sorbonne, sans pouvoir en être. Trop jeune pour être acteur, mais suffisamment mûr pour éprouver ce tremblement de terre qui a fait vaciller la statue du commandeur, Charles de Gaulle. Ils ont humé ce parfum de liberté, cette France à la recherche d'un souffle nouveau, cette jeunesse se révélant à elle-même dans un grand capharnaüm festif et jubilatoire. Dany Cohn-Bendit, le Juif allemand, et son regard espiègle défiaient tous les pères du pays. Et surtout celui de Georges, qui persiste à croire que Mai 68 n'est que le prélude à l'invasion de Paris par les chars soviétiques. Il fait figure de penseur néandertalien. Il est rangé dans la catégorie des « vieux cons ». Son anticommunisme primaire, teinté de bougonnerie chronique, amuserait presque. Les amis de Pasteur en rient. Christian Clavier le premier, car il se dit communiste et lit *L'Humanité*, en bon provocateur, histoire de moquer les porteurs de loden des quartiers cossus.

François, lui, est plus mesuré, presque vieux jeu. Son modèle est… François Mitterrand. Pas vraiment glamour à l'époque où les jeunes étudiants lisent Herbert Marcuse, Wilhelm Reich, l'auteur de *La Lutte sexuelle des jeunes*[1], militent à la Ligue communiste révolutionnaire, chez les maoïstes ou dans d'autres organisations d'extrême gauche. François

1. François Maspero, 1972.

Hollande apparaît comme très conformiste, un peu ringard. Il ne connaît que peu de choses du parcours politique de Mitterrand. Il a surtout en mémoire les images du débat télévisé de 1965 face à de Gaulle qui ont « marqué sa rétine ». Depuis, le personnage de Mitterrand ne le quitte plus. Comme un oncle dont l'aura vous porte. Comme un héros d'adolescence que l'on suit pas à pas. À l'époque des chanteurs yé-yé, François Hollande, plutôt que Johnny Hallyday ou Franck Alamo, aurait presque pu coller, sur un mur de sa chambre, un poster de l'ancien ministre de l'Intérieur durant la guerre d'Algérie. Il est fan, tout simplement.

À quinze ans, il a une posture plus affective qu'idéologique. Résultat : il s'affiche déjà comme un sympathisant SFIO tendance Union de la gauche. La petite bande de Pasteur, autour de lui, passe des heures à parler politique sans vraiment s'engager. Jean-Louis Audren est stupéfié par la passion que met François dans l'art de la rhétorique et par sa capacité à prendre la parole en public. Il y a même une certaine incongruité à voir un gamin postpubère adopter des allures de député radical-socialiste. Avec les valeurs cardinales qui les caractérisent : bonhomie, synthèse et art du compromis. D'où peut bien venir, si tôt, une telle appétence pour la chanson de geste politique ? et si obstinément classique ? Un jour, alors qu'ils sont en fin de classe de première, Joseph Audren, le père de Jean-Louis, interroge François sur son avenir et lui demande quelle carrière il compte embrasser. Le jeune homme répond, placide, sans esquisser le moindre sourire : « Je serai président de la République. » Le héros de la Résistance observe le gamin, interloqué. Pas de doute, celui-ci ne plaisante pas. Jean-Louis ne s'esclaffe pas non plus. Tout cela paraît aller de soi. Dans le ton, il n'y a ni arrogance ni mégalomanie. D'où peut bien lui venir une telle idée ? Rêve d'adolescent ? Ou volonté chevillée au corps d'un gosse qui a quelques comptes à régler avec l'image du père ?

Durant ces années au lycée Pasteur, François a une autre passion : le cinéma. Avec sa petite bande, il va régulièrement dans un ciné-club de Neuilly où, après la séance, se déroulent des débats interminables. François y prend régulièrement la parole. C'est l'époque des grandes comédies italiennes, des satires sociales mêlées d'éclats de rire, de Dino Risi, Ettore Scola, des grands Truffaut, des premiers Fassbinder, mais aussi de *M.A.S.H.*, le célébrissime et hilarant film de Robert Altman racontant l'histoire de médecins américains en pleine guerre de Corée. Œuvre anti-militariste et iconoclaste, palme d'or du festival de Cannes 1970, elle enchante François Hollande qui, comme tous ses amis, a un faible prononcé pour l'infirmière en chef du camp militaire, une blonde sirupeuse surnommée « Lèvres en feu », interprétée par l'actrice américaine Sally Kellerman. Mais le film qui le marque le plus est incontestablement le chef-d'œuvre d'Ettore Scola *Nous nous sommes tant aimés*, avec Nino Manfredi, Vittorio Gassman et Stefania Sandrelli. On y suit la trajectoire de trois copains d'enfance, trois militants politiques qui veulent changer le monde, tous amoureux de la même femme, Luciana. Finalement, celle-ci choisit celui qui a conservé ses convictions, elle épouse l'homme fidèle à ses idéaux de jeunesse, le communiste, un simple brancardier à l'âme pure, interprété par Nino Manfredi. Une image bouleverse François, celle de la fin du film, où l'on voit Gianni, l'ami avocat richissime et malheureux, qui, après avoir renoncé à toutes ses valeurs pour faire fortune, tente de récupérer son premier amour, au petit matin, dans la banlieue de Rome. Luciana, au milieu des braseros de grévistes, enroulée dans une couverture, le repousse et lui désigne l'amour de sa vie, Antonio, le militant du PC, et son regard lumineux. Antonio, l'homme qui n'a rien renié de ses idéaux. Nul doute que la petite bande de Pasteur a disserté de longues minutes sur la morale politique du film.

Époque magique pour François qui se nourrit des grands débats intellectuels et politiques. En particulier ceux qui agitent l'Italie chrétienne-démocrate qui porte encore les stigmates du fascisme mussolinien. Comme tous ses proches de Pasteur, il est passionné par l'évolution politique du pays de Dante, la perspective de la prise du pouvoir par un Parti communiste démocratique, dirigé par Enrico Berlinguer. Il dévore la littérature consacrée à l'eurocommunisme, découvre Antonio Gramsci et ses *Lettres de prison*. Cet intellectuel marxiste italien singulier prétend se méfier de toutes les religions, même celle du matérialisme historique, chère à Marx et Engels.

Avec l'ami Jean-Louis, il part en vacances en Angleterre. Les deux copains font de l'auto-stop, du camping un peu n'importe où, à Hyde Park, sur les plages de Brighton et de Portsmouth, dorment dans une cabine téléphonique à Hastings et courent les pubs de la côte à la recherche des petites Anglaises. On oublie un peu la politique, les cours de maths, le professeur d'anglais, Mme Katsiapis, chez qui les élèves ont inventé une technique appelée « la mer », qui consiste à déplacer les tables tous ensemble pour donner une sensation de roulis... François n'est pas le dernier à participer à ces chahuts. Tout comme Clavier et Lhermitte, qui sont de plus en plus concentrés sur le théâtre qu'ils viennent de créer au lycée. François, qui aime tant prendre la parole en public, pourrait en être. Après tout, il a un frère artiste. Il doit bien avoir la fibre théâtrale. Va-t-il succomber à l'appel des planches ? En fait, il n'a pas le temps. Sous ses allures de dilettante, François bûche. Il n'oublie pas la maxime de Jaurès que lui a confiée sa grand-mère Antoinette : « Le travail, c'est la liberté. » Alors, il travaille beaucoup et méthodiquement, tout en arborant en public un sourire de dilettante. Non, vraiment, soutient-il, le théâtre n'est pas fait pour lui. Après tout, il n'a pas besoin pour exister, comme les acteurs, de se cacher derrière des masques. Il en a déjà un, d'une efficacité sans faille, celui de la jovialité. Il n'a pas l'intention d'en changer. En classe de première, avec Clavier et Lhermitte, il fréquente un temps Gérard Jugnot et Michel Blanc, qui se retrouvent, eux aussi, dans la même classe.

Mais le quatuor est en train de changer de planète. Leur goût du théâtre n'est pas un simple hobby de lycéens. Ils y consacrent tout leur temps et s'éloignent peu à peu, pour fonder, quelques années plus tard, la célébrissime troupe du Splendid. L'humour du petit François aurait pu s'y exprimer, tant l'équipe a vécu de fous rires durant les années Pasteur.

Une autre activité l'attire davantage, celle de délégué de classe. Dès la première, il se porte candidat pour représenter ses camarades au conseil d'administration du lycée. Pour beaucoup, la tâche est ennuyeuse, pour ne pas dire barbante. Il l'accomplit malgré tout avec une simplicité et une facilité déconcertantes. Il n'est pourtant ni une tête d'œuf ni un « fayot ». C'est un bon élève, sans plus. En 1970, il subit un changement d'orientation, mal vécu chez lui : il passe de première C en terminale D, à cause, selon ses amis, d'un professeur d'anglais qui ne pouvait « pas le voir en peinture ». C'est l'époque où son grand-père Gustave, le spécialiste des tisanes, le fils de volailler, revenu s'installer dans la région parisienne, l'initie à la Bourse. Gustave, boursicoteur du dimanche, déjeune régulièrement avec son petit-fils, et lui apprend quelques règles d'économie de base, avec le bon sens des paysans. François, particulièrement passionné par les mathématiques et les statistiques, prend goût à cette matière aride. Avec Gustave, l'économie est simple et vivante. « Il m'apprenait comment investir dans le sel à l'approche d'un hiver rigoureux, se souvient-il. Pour dégeler les routes verglacées, il faut du sel, beaucoup de sel.

C'était simple et pragmatique. » Il suit son autre grand-père, Robert, aux matches de football, au Parc des Princes. L'économie expliquée aux enfants pour la branche paternelle, les stades enfiévrés et la clameur de la foule côté maternel. Pour satisfaire sa passion du football, François va souvent jouer avec des copains dans le parc de Bagatelle, au cœur du bois de Boulogne. Ses qualités sont celles d'un Gerd Müller, l'avant-centre de l'équipe d'Allemagne des années Beckenbauer. Centre de gravité très bas, donc très difficile à faire tomber. Il est teigneux, opportuniste, se bat sur le terrain jusqu'à la dernière minute. Mais il n'est pas assez disponible pour jouer dans un club. Il lit *L'Équipe* et *France Football* et dissèque toujours avec une minutie de supporteur le championnat de première division, tout en jetant un œil sur les résultats du club cher à son cœur, le FC Rouen. En 1970, il part en vacances en Corse, toujours avec Jean-Louis Audren, dans une Fiat 650 rouge et blanc. De retour sur le continent, les deux garçons se rendent sur la Côte d'Azur pour visiter des copains du lycée. À Sainte-Maxime, ils ont un terrible accident avec tonneaux dans un virage. La voiture est en miettes, mais, par miracle, les deux compères en sortent indemnes. Pas une égratignure. L'été suivant, en 1971, l'année du baccalauréat, que François obtient avec la mention « Assez bien », ils repartent ensemble en vacances, cette fois en Grèce, accompagnés de Jean-Pierre Avignon. L'équipée doit débuter à bord d'un vieux fourgon Renault J7, acheté d'occasion, et bricolé à la hâte pour traverser l'Italie, puis la Yougoslavie de Tito avant d'atteindre la Grèce des colonels. Un épisode fâcheux a failli faire capoter l'aventure. Avant de partir, le trio de lycéens de Neuilly repère un autre J7, le frère jumeau du leur, abandonné quelque part dans le XVIIIe arrondissement, dans le nord de Paris. Ils ont besoin de plusieurs pièces manquantes, en particulier d'un objet essentiel pour pouvoir partir : un volant. En pleine nuit, ils décident d'aller jouer les monte-en-l'air à l'intérieur de l'épave. Une patrouille nocturne les prend en flagrant délit. Ils écopent d'une nuit de garde à vue au commissariat du XVIIIe et d'une sacrée frousse. Les fils de bonne famille se retrouvent en cellule avec des prostituées et des SDF. Au petit matin, après interrogatoire par un officier PJ, ils sont relâchés. Pour les policiers, le larcin est dérisoire. Et le délit à peine constitué. Faire de la récupération dans une carcasse de fourgonnette n'est pas qualifiable pénalement. C'est Nicole, la mère de François, qui récupère les trois loustics, un peu penauds. Après les quelques remontrances d'usage des familles, ils filent au pays de l'ouzo et de la feta dans leur camionnette de fortune, équipée de trois couchettes. Le périple peut commencer. Athènes, le Péloponnèse, les ruines d'Épidaure, Corfou, puis retour vers l'Italie par le port de Brindisi. Cette fois, François conduit. Et vite. Paradoxe : ce garçon qui ne paraît jamais pressé roule à tombeau ouvert. Entre deux raids routiers, Audren, Avignon et Hollande profitent de l'été grec avant une rentrée qui s'annonce chargée.

Dans quelques semaines, les trois amis vont changer de vie. Jean-Louis et Jean-Pierre se sont inscrits en médecine[1]. François, après avoir réussi l'examen d'entrée en hypokhâgne au lycée Pasteur, préfère prendre le chemin de l'Institut d'études politiques, Sciences Po. Pour faire son choix, il n'a pas hésité longtemps. Un an plus tôt, il le raconte à ses camarades, il ne connaissait même pas l'existence de la célèbre institution de la rue Saint-Guillaume. Il a fallu un concours de circonstances particulier pour que cette voie « des excellences » parvienne jusqu'à lui. Au cours d'un conseil d'administration du lycée, alors qu'il est délégué de classe, il est remarqué par le président des parents d'élèves de l'établissement. Ce dernier est intrigué par le sérieux et le sens des responsabilités d'un garçon si jeune, et également par son brio et sa simplicité. François Hollande ne sait pas que l'homme qui le remarque et lui suggère de faire Sciences Po, puis, dans la foulée, l'École nationale d'administration est Jérôme Solal-Céligny, membre du Conseil d'État et surtout un des rédacteurs de la Constitution de la Ve République. Un parrain de poids, favorable, dès 1956, au renforcement du pouvoir exécutif dans les institutions françaises. Il mourra quelques années plus tard d'une chute de cheval. Jérôme Solal-Céligny pousse le petit Rouennais à suivre le cursus qu'il lui indique. Le jeune Hollande est facilement convaincu. Après tout,

1. Jean-Louis Audren est aujourd'hui chirurgien de la main à Paris, Jean-Pierre Avignon cardiologue à Tours.

ne rêve-t-il pas de plonger dans le bain de la politique ? Il a suivi, tout en passant son bac, le fameux congrès d'Épinay, en juin 1971, qui voit la « vieille maison » de Léon Blum et de Guy Mollet, la SFIO, Section française de l'Internationale ouvrière, passer entre les mains de son « héros télévisé », François Mitterrand.

À Neuilly, il a une amie, Lorène Debaisieux, élève du lycée Saint-James, dont la mère, la journaliste Huguette Debaisieux, est une proche de Charles Hernu, un des lieutenants de Mitterrand. Chez Huguette, François parle politique, évoque l'avenir du tout nouveau Parti socialiste, des chances de l'Union de la gauche. Huguette Debaisieux est une pasionaria du journalisme politique. Elle mènera plusieurs enquêtes dans le monde ouvrier, en particulier sur le conflit des Lip, à Besançon, qui, au cours de l'été 1973, expérimentent une forme d'autogestion à la française. Elle est aussi très introduite dans les cercles du pouvoir. Elle devient une sorte de « marraine » du jeune François. Sa connaissance *in vivo* du milieu politique lui fera publier, en 1985, un roman à clé, *Nous nous aimerons jusqu'aux présidentielles*[1], racontant la liaison impossible, vers la fin des années 1960, d'une journaliste avec un candidat à l'Élysée. Dans le rôle du prétendant au pouvoir suprême, certains observateurs ont cru deviner les traits de Jacques Chirac. Mme Huguette fait-elle des confidences à l'ami de sa

1. Jean-Claude Lattès.

fille sur les us et coutumes de la classe politique, en ce début des années 1970, marquées par l'agonie du gaullisme et la toute-puissance du Parti communiste ? En tout cas, elle éclaire le jeune novice. À la sortie de l'adolescence, François Hollande est « initié » à la politique. Il part à Sciences Po bien décidé à poursuivre son apprentissage. Rue Saint-Guillaume, il côtoie la fille de Valéry Giscard d'Estaing, ainsi que Caroline de Monaco qui fait un passage éclair et de nombreux enfants de bonne famille dont il ne se sent pas vraiment proche. Ceux qui le croisent ont compris : il veut faire de la politique, à haute dose, c'est une évidence. Vers qui peut-il se tourner ?

Il lui faut entrer dans un réseau. À l'automne 1971, Christian Clavier lui présente un de ses meilleurs amis, Jean-Maurice Ripert. La rencontre a lieu à la cafétéria de l'université Dauphine. Étudiant à Sciences Po, ancien élève du lycée Pasteur, Ripert a déjà un parcours de vieux routier de la politique. Il a adhéré au PSU, en 1968, alors qu'il avait tout juste quinze ans. Un temps rocardien, il s'est rapproché du PC et occupe la fonction de secrétaire du cercle UEC (Union des étudiants communistes) de Sciences Po. Ce François Hollande, qui se présente comme sympathisant de l'UEC, est-il fiable ? Peut-on lui faire confiance ? Certes, il est descendu dans la rue, quelques mois plus tôt, comme des milliers de lycéens parisiens, pour soutenir un jeune élève du lycée Chaptal, Gilles Guiot, pris par hasard dans une manifestation d'extrême gauche, en février 1971, et condamné injustement à six mois de prison, dont trois mois fermes. Les lycées font alors leur Mai 68. Des coordinations se constituent aux quatre coins de Paris. Une manifestation est organisée au Quartier latin, le jour du procès en appel du jeune embastillé. Le spectre des événements du Boul'Mich, avec ses barricades et ses cocktails Molotov, ressurgit. Cette mini-affaire Dreyfus provoque un petit séisme dans la France de Pompidou. La peur d'un incendie social déclenché depuis les lycées gagne le pouvoir, qui fait libérer Gilles Guiot.

Ces événements révèlent les guerres d'influences que se livrent les mouvements trotskistes et les organisations de jeunesse proches du PC. Période effervescente où les murs des lycées sont couverts de dazibaos maoïstes, léninistes et autres slogans favorables au fondateur de l'Armée rouge, assassiné à Mexico par l'agent stalinien Ramon Mercader, le 20 août 1940. Christian Clavier en est sûr : Hollande n'est ni trotskiste ni « mao-spontex ». Il a les gauchistes en horreur. Comme les gens de l'UEC, il croit à la valeur des diplômes, surtout pour les étudiants modestes, et fait partie de ceux qui refusent le boycott des examens. Ni gauchiste, ni anarchiste. Il a traîné dans certaines réunions des partisans du drapeau noir, dans le XVIIIe arrondissement, pour se faire une idée. Il en est revenu vacciné. Aucun doute : Bakounine n'est pas sa tasse de thé. François Hollande n'est surtout pas un idéologue. Il ne supporte pas les débats théoriques qui émaillent les réunions des groupuscules gauchistes. Ils les trouvent d'une stérilité puérile. Il est plutôt intéressé par les thèses d'un certain Lionel Stoleru, futur ministre de Valéry Giscard d'Estaing, en particulier par son livre *L'Équilibre et la croissance économiques. Principes de macroéconomie*[1], qu'il cite régulièrement, et aussi par *Politique de Trotski*[2] de Jean Baechler, un sociologue proche de Raymond Aron. Enfin, un autre ouvrage excite sa curiosité intellectuelle : *Gramsci et le bloc historique*, d'Hugues Portelli, version italienne du concept d'union de la gauche, seule question qui le passionne vraiment. Car ses interlocuteurs de la cafétéria de l'université Dauphine l'ont compris : même s'il s'intéresse aux théoriciens économiques du socialisme hongrois, qui prônent une troisième voie entre capitalisme et communisme, même si l'expérience yougoslave le séduit, au fond, il ne croit et ne veut consacrer son énergie qu'à la stratégie de François Mitterrand : entraîner le PC dans la conquête du pouvoir et former cette Union de la gauche qui terrorise tant la droite française.

Jean-Maurice Ripert est séduit par ce type plein d'enthousiasme et de détermination. Une longue amitié naît, ce jour-là. À Sciences Po, François devient un militant exemplaire de l'Unef-Renouveau, proche du PC, toujours prêt à débattre, toujours prêt à perdre cinq minutes pour convaincre un sceptique. Il traîne à la cafétéria pour faire adhérer les récalcitrants. Quand les élections syndicales s'an-

1. Dunod, 1967.
2. Armand Colin, 1968.

noncent, il faut désigner une tête de liste, un étudiant pas trop marqué politiquement, et qui peut séduire au-delà de son camp. François est tout indiqué. Il n'est pas communiste. Il est « l'idiot utile » ou le compagnon de route. Certains *apparatchiks* pensent le manipuler, l'utiliser comme un simple pion ? Il laisse dire. Il est en train de se constituer sa propre bande. Ceux du lycée Pasteur ne sont plus dans le paysage, partis sous d'autres cieux, pour d'autres aventures ? Il est déjà à la recherche d'une nouvelle équipe. Pour faire de la politique, il a choisi la tactique du commando. Et des réseaux. L'institution de la rue Saint-Guillaume n'est-elle pas idéale ? C'est même une parfaite rampe de lancement. La preuve : Édith Cresson, chargée de la jeunesse au PS, le rencontre dès 1975. À la recherche de jeunes militants pour lancer un nouveau syndicat étudiant, concurrent des deux grosses cylindrées, l'Unef-Renouveau (PC) et l'Unef-Union syndicale (trotskiste), la secrétaire nationale du PS lui propose de prendre la tête de cette nouvelle structure, le Cosef. Elle le reçoit au siège du Parti socialiste. Auréolé des bagarres qu'il a menées au sein de son établissement, François Hollande a une occasion en or. En se mettant au service d'Édith Cresson, proche de Mitterrand, il s'ouvre les portes de la garde rapprochée de son « héros ». Curieusement, il décline cette proposition alléchante. Il ne sent pas le coup. Son intuition l'incite à la prudence. Le Cosef ? Le nom ne lui plaît pas. Il y a un petit côté Cosette qui manque d'envergure et de panache. Et puis, il estime que les deux syndicats déjà en place sont trop implantés dans le monde étudiant pour qu'il y ait de la place pour un troisième larron. Il préfère le compagnonnage avec ses amis communistes. Son ambition de se rapprocher de son père politique reste intacte, voire tenace. Le 1er décembre 1972, à dix-huit ans, à l'âge où l'on se rend aux concerts de Led Zeppelin, il va l'écouter lors du grand rassemblement de l'Union de la gauche, porte de Versailles. Il ne cache pas l'immense émotion qui l'étreint ce jour-là. Au milieu de cent mille supporteurs enfiévrés, il découvre l'ivresse des grands meetings populaires. Et la puissance d'une voix qui « veut changer la vie ». Il est définitivement séduit par Mitterrand le tribun, cet avocat qui peut passer du chuchotement à l'incantation, de la confidence aux grandes tirades enflammées. Oui, il n'y a plus aucun doute : c'est vers cet homme que son destin se dirige.

À Sciences Po, il a une fiancée. Elle s'appelle Dominique Robert. La jeune étudiante est une parente de Louis Mexandeau, député socialiste du Calvados. François n'a pas dix-neuf ans. Il fait des pieds et des mains pour le rencontrer. Évidemment, il parvient à ses fins. Louis Mexandeau est un des plus fidèles lieutenants du vainqueur d'Épinay. Après tout, le jeune élève de l'IEP peut être utile, un jour, à l'élu normand. N'est-il pas un peu « pays » ? François connaît la région comme sa poche. Il a un autre atout dans sa manche. Louis Mexandeau est né dans le Pas-de-Calais, près d'Arras, comme le grand-père, Gustave Hollande. Comme son jeune interlocuteur, il a été marqué par les récits de la guerre de 14-18, mais aussi celle de 39-45, dans cette région martyre du Nord, dévastée par les bombardements. Aucune famille n'a été épargnée. Une raison supplémentaire pour que Louis Mexandeau s'attache à cet étudiant si dévoué à la cause. Ils ont les mêmes racines. Il pourrait être un excellent attaché parlementaire. Et peut-être un jour député de Normandie ? L'idée de revenir sur les terres où son père a échoué à deux reprises lui traverse-t-elle alors l'esprit ? Une petite revanche se profile.

Chapitre 3

VOLTAIRE PRÉSIDENT !

C'est son point faible. Les yeux. Depuis l'adolescence, François Hollande est myope. Cette caractéristique, partagée par tant d'humains, lui donne ce regard un peu ébahi, un peu potache. Ce n'est pas un avantage auprès des filles, mais pas non plus un handicap. Il n'est ni dans la catégorie des beaux ténébreux ni dans celle des grands baratineurs. L'ancien du lycée Pasteur fait dans le style papillon. Il est un adepte de l'approche douce. Le genre planeur qu'on ne voit pas arriver. Il utilise les vents avec une grande délicatesse. Et, bien sûr, son attitude finit par payer auprès des demoiselles. Elles apprécient cette empathie qu'il semble avoir pour la gente féminine, avec un côté presque fraternel. Avec ses amis, il reste d'une discrétion et d'une pudeur extrêmes. Chez lui, pas de forfanterie, pas de blagues salaces, pas de trophées de chasse. Quand il a une petite amie, il ne le clame pas sur tous les toits. La bande de Neuilly, puis celle de Sciences Po apprennent ses escapades amoureuses presque par inadvertance. Il y a eu la petite voisine du boulevard Maillot, Véronique. On le soupçonne d'avoir flirté avec Lorène, la fille d'Huguette Debaisieux, et on lui découvre une romance avec la belle Dominique à Sciences Po. Le garçon est stable. En d'autres termes, François n'est pas un tombeur. Il se moque de lui-même en peaufinant une formule qu'il va utiliser souvent : « En amour et avec les filles, c'est comme en anglais, je suis plutôt dans la catégorie des médiocres. »

Ses amis ne le croient qu'à moitié. Les filles, il sait y faire, à sa manière, avec sa méthode faite de respect, d'écoute et de séduction intellectuelle. Certains savent que François ne s'aime pas vraiment, qu'il a du mal à se regarder dans un miroir. Il se trouve trop petit, trop râblé, pas très costaud, avec une légère tendance à l'embonpoint. Et puis, il y a ces fesses qui semblent toujours le projeter vers l'arrière. Il le reconnaît lui-même, il a le « cul bas ». Son physique ne le comble pas. Mais il doit faire avec. Alors, comme toujours, il choisit la diversion, pas la causticité. Il se moque de lui-même, rit de son « centre de gravité trop bas », mais, ajoute-t-il, « il me permet de ne jamais tomber ». Ou rarement. Ce physique peu avantageux n'empêche pas François d'être doté d'une redoutable adresse dans bon nombre de sports. Les uns et les autres sont surpris de le voir manier la raquette de tennis avec une étonnante dextérité, ou jongler avec un ballon de football. Il aurait pu faire aussi un très bon demi de mêlée de rugby tant sa hargne et sa constance dans les parties dans lesquelles il s'engage sont sans limites.

Quand sonne l'heure des sélections pour le service militaire, à l'automne 1976, au fort de Vincennes, dans la banlieue est de Paris, sera-t-il forcément apte au service ? Il n'est pas très motivé. Il vient de réussir le concours d'entrée à l'Ena, à la deuxième tentative, et n'a pas l'intention de perdre un an de scolarité. Tout comme son ami Jean-Maurice Ripert. Les deux jeunes hommes ont hâte de se frotter à la prestigieuse institution. Ils sont impatients d'« infiltrer » la noble usine à former les grands commis de l'État. Objectif : la sortir des griffes des giscardiens et des gaullistes. La rendre au peuple, disent-ils, en toute simplicité. Un programme de choc. Ces lecteurs de Gramsci et d'Althusser ont potassé les concepts d'« appareils idéologiques d'État ». Ils ont passé des soirées à élaborer la manière dont ils vont transformer « de l'intérieur » la fabrique de l'élite française. Pour eux, pas de doute, il faut prendre le pouvoir là où il est. Et non pas se perdre dans des élucubrations gauchistes. Durant des heures, ils ont disserté sur les événements de 1945, sur la prise de contrôle gaulliste de l'ensemble des administrations françaises, à la Libération, dans la discrétion et les petits arrangements. Le pouvoir s'est pris alors dans les salons des préfectures et des ministères pendant que la gauche occupait la rue. Terrible méprise. Douloureuse naïveté. En 1978 ou en 1981, lors des prochaines échéances électorales, c'est-à-dire demain, il ne faudra pas commettre la même erreur. Le temps presse. Pourquoi gaspiller une année à jouer les troufions ?

Les deux amis cherchent des maladies imaginaires pour échapper à la « corvée », demandent même conseil au père de François. Le jour venu, Jean-Maurice rate son coup, il est déclaré apte. François Hollande, lui, est réformé « Y4 », pour myopie. À quoi pourrait bien servir un soldat incapable de viser une cible et même peut-être de la voir ? François Hollande « le binoclard » devrait être aux anges et célébrer la bonne nouvelle. Or, brusquement, il panique. D'abord parce que plusieurs de ses amis n'ont pas eu sa chance et vont donc partir faire leurs classes dans quelques semaines. La bande va se disloquer. Il sera en avance sur la plupart d'entre eux. À l'Ena, il sera perdu, isolé, sans ses « potes », ses vrais repères, qui comptent plus que tout pour lui. Il a aussi une autre inquiétude. Peut-il un jour espérer être ministre, voire plus, s'il n'a pas fait ce satané service militaire ? Sur son pedigree, le mot « réformé » ferait tache. Il prend alors rendez-vous au ministère de la Défense, fait des pieds et des mains pour qu'on le réintègre dans la Grande Muette. Il obtient, à force d'insistance, une nouvelle visite médicale. L'officier qui le reçoit est surpris de la fougue dont ce jeune apprenti énarque fait montre pour porter l'uniforme. Quel patriote ! Au bout de longues minutes de palabres, il obtient gain de cause. Cette bataille pour éviter le statut de réformé est une des plus importantes de sa vie. Elle va peser très lourd sur son destin. Mais il ne le sait pas encore.

En janvier 1977, il se retrouve à l'école des officiers de Coëtquidan, dans le Morbihan, où il doit faire ses classes, pour une durée de deux mois. François n'est pas en terrain inconnu. Dans sa chambrée, composée d'une dizaine de lits, il y a un mélange d'étudiants de l'Ena et de l'École nationale de la magistrature. Côté Ena, on trouve l'inévitable Jean-Maurice Ripert ; Régis de Laroullière[1], un géant de 1 m 96, qui vient lui aussi de Sciences Po ; tout comme Jean-Pierre Jouyet, Bernard Cottin, Michel Sapin, diplômé de l'École normale supérieure de la rue d'Ulm, seul à avoir adhéré au PS, dès 1975 ; Henri de Castries[2], un Bayonnais venu d'HEC, comme François Hollande qui, lui, a plusieurs casquettes. En 1975, ce dernier a réussi le tour de force d'être en même temps licencié en droit, diplômé d'HEC et de Sciences Po. « Le tout sans avoir l'air d'y toucher, raconte André Martinez, ami d'HEC avec qui il anime le comité de soutien à François Mitterrand, au siège de l'école de commerce, à Jouy-en-Josas, en 1974. Il ne donnait pas l'impression de stresser sous le poids de ces activités tous azimuts. » Côté élèves magistrats, il y a Robert Gély, un Marseillais proche du PC et supporteur acharné de

1. Ancien de la direction du Trésor, ex-directeur général de la mutuelle Médéric, ancien membre du conseil de surveillance du *Monde*, il est actuellement consultant indépendant, et un des meilleurs spécialistes des questions de retraite.

2. Président du directoire du groupe Axa, proche de Nicolas Sarkozy, principal mécène des Scouts de France.

l'Olympique de Marseille, et enfin Jean-Michel Lambert[1], un jeune type plutôt timide, originaire de Jarnac, en Charente, ville natale de Mitterrand. Ce petit détail n'échappe pas à Hollande. À l'exception des deux apprentis magistrats, ce dernier connaît à peu près tout le monde.

C'est là, durant ces deux mois de crapahutage, de franches rigolades, de raids de nuit, de levées du drapeau à l'aube, de lits au carré, que le noyau dur des amis de François Hollande est en train de se former. Une lente gestation faite de militantisme discret et de grosses « déconnades ». Un soir, se souviennent certains, pour le rassemblement, chacun est appelé à se présenter avec son paquetage et sa capote en quatrième vitesse. Dans la précipitation, Jean-Michel Lambert, de petite taille, commet un impair, emporte celle de son voisin, Régis de Laroullière, qui avoisine les deux mètres. Lambert ne s'est aperçu de rien. Il se présente à l'appel, flottant dans une capote qui balaie le sol. C'est Gaston Lagaffe chez les galonnés. Il a l'air d'être engoncé dans un grand sac de pommes de terre. L'impair de l'imper. Le bon mot est resté. La scène provoque l'hilarité générale. Dans ce domaine, pour animer les parties de rire, il y a toujours le jeune Rouennais. Pour tous ces intellectuels en mal de destinée, qui n'ont connu aucune guerre, aucune épreuve, ces moments à Coëtquidan

1. Magistrat instructeur controversé de l'affaire Grégory, en 1984, il est aujourd'hui vice-président du tribunal de grande instance du Mans.

sont cruciaux pour forger une amitié. « C'est dans la sueur du crapahutage que quelque chose s'est scellé entre nous, admet Michel Sapin. Dans nos mondes où la concurrence est la règle, ces instants de fraternité étaient magiques. »

Le soir, après les dîners au mess, ceux qui ont des affinités de gauche se retrouvent et complotent un peu. Ils ne visent pas la prise du palais d'Hiver, mais préparent le grand chambardement de l'Ena. La vieille maison poussiéreuse, créée en 1945 par le Conseil national de la résistance pour démocratiser l'accès à la haute fonction publique, et éviter ainsi l'appropriation de l'État par une caste, n'est plus ce qu'elle était. Elle a été accaparée par les Rastignac gaullistes et aujourd'hui par les crânes d'œuf giscardiens. Le recrutement des fils et filles d'ouvriers y est toujours infinitésimal. La bande des quatre de Coëtquidan, qui sont en fait cinq, comme les Mousquetaires du Roi, Hollande, Jouyet, Ripert, Sapin, et Cottin, veut mettre le feu à la boutique. Ces conjurés ont sous la main un document de travail pour préparer leur opération commando : un texte que deux d'entre eux ont élaboré, quelques mois plus tôt. François Hollande et Jean-Maurice Ripert, sur un coin de table de l'appartement où vit ce dernier, avec sa femme Claudine, rue Letellier, dans le XVe arrondissement, près de La Motte-Picquet, ont griffonné les grandes lignes du projet. Leur texte envisage de créer un nouveau syndicat d'étudiants, le Carena, le Comité d'action pour la réforme de l'Ena, en référence aux comités d'action de Mai 68. Le programme : ouvrir en grand les fenêtres de la rue des Saints-Pères à la société civile, envoyer ces fils de bonne famille sur le terrain de la misère sociale, dans les cités, supprimer le classement de fin d'études et sa fameuse « botte », qui permet aux tout premiers de choisir les meilleurs postes, en particulier ceux de la filière royale de l'inspection des finances. Contrairement à la CFDT, qui réclame tout bonnement la disparition de l'Ena, les « conjurés » de Coëtquidan veulent la « gauchiser ». Eux-mêmes n'ont pas beaucoup mis en pratique leurs ambitions et n'ont pas encore joué les explorateurs en banlieue. Mais ils s'en moquent. À la différence des trotskistes ou des maoïstes, ils jouent les « infiltrés » à l'Ena, mais à ciel ouvert.

À la fin de leur période militaire, après avoir été éparpillés aux quatre coins de la France, ils se retrouvent enfin à Paris, début 1978, à l'école, rue des Saints-Pères. Ils n'attendent pas un jour pour mettre leur plan en action et lancer leur campagne électorale. Ils ont face à eux quelques rejetons de la droite classique, Dominique Galouzeau de Villepin, sa sœur Véronique, surnommée « Galouzette », Renaud Donnedieu de Vabres, Pierre Mongin, qui observent avec stupéfaction ce quarteron de petits bourgeois jouant les Cohn-Bendit. Affolé par l'activisme débridé de ces nouveaux venus, le directeur, Pierre-Louis Blanc, les convoque *illico* dans son bureau et leur intime l'ordre de changer de ton. L'Ena n'est pas Vincennes. Il les traite de « dangereux révolutionnaires », pis, de « taupes d'une puissance étrangère » ! Ces kamikazes sont en train de perdre les pédales. Ordre leur est donné de faire profil bas. Mais il est déjà trop tard. Les élections de janvier donnent 30 % des voix au tout nouveau syndicat, ce Carena, sorti de nulle part, au nez et à la barbe de la CFDT et de FO. François Hollande se révèle un habile manœuvrier, mais surtout un homme de terrain qui pratique le « porte-à-porte », ou plutôt le bouche-à-oreille pour convaincre les hésitants. À quelques mois des élections législatives qui peuvent voir la gauche de Mitterrand l'emporter, faire un peu de tapage à l'Ena n'est pas mauvais. Il faut attirer l'attention des hiérarques socialistes, qui auront besoin de gens comme eux pour diriger l'État. Michel Sapin, cette année-là, est nommé délégué au conseil d'administration pour le Carena. Dans le groupe, il fait figure d'ancien. D'abord parce qu'il est le plus âgé, qu'il est marié et milite assidûment au PS depuis trois ans. Les autres sont encore partagés. Vers quels bords vont-ils finir par jeter l'ancre ? François Hollande et Jean-Pierre Jouyet, eux, ont la réputation de jouer sur plusieurs tableaux. Entre PS et PC, ils flottent… Certains, comme leur condisciple Jean-Marie Cambacérès, socialiste déclaré, les soupçonnent carrément d'être des « sous-marins du PC ». Il faut dire que le duo Jouyet-Hollande joue habilement l'ambiguïté. Ils sollicitent une rencontre discrète avec Pierre Joxe, qui a été leur maître de conférences à Sciences Po. Le baron socialiste, ancien énarque, fils de Louis Joxe, ministre du général de Gaulle, proche de Mitterrand, a une particularité dans la galaxie du député de la Nièvre : il est un indécrottable militant CGT. Les deux jeunes énarques viennent recueillir son soutien pour affilier le Carena à la centrale syndicale dirigée par Georges Séguy. En d'autres termes, ils proposent de s'offrir au Parti communiste, ou presque. Finalement, après quelques débats houleux, ils abandonnent cette idée, et gardent leur indépendance. Bien leur en prend. L'année suivante, le 16 février 1979, aux nouvelles élections, l'équipe du Carena fait un bond en avant de 33 % de votes favorables. François Hollande se retrouve élu délégué. Un tel événement « historique », croit-il, doit être porté à la connaissance du plus grand nombre. Il prend contact avec une grande plume du quotidien *Le Monde*, André Passeron. Au cours de l'entretien, le journaliste semble passionné par le sujet, déroule une avalanche de questions. L'article tant attendu est publié en page 10 du quotidien de la rue des Italiens[1]. Terrible déception : il n'occupe que deux malheureuses colonnes, froides et précises comme une dépêche d'agence, au titre désespérant, « Progrès de la liste apolitique parmi les élèves ». Aucun nom de délégué n'est cité. Une phrase du papier fait sortir François Hollande de ses gonds : « Les progrès de la liste du Carena sont-ils la marque d'une certaine dépolitisation des élèves de l'École nationale d'administration ? » Comment ce grand professionnel de la presse a-t-il pu aboutir à une lecture pareille ? Le Carena, une liste apolitique, alors

1. *Le Monde*, 28 février 1978.

qu'elle est tout le contraire ? François Hollande, devenu, au fil des réunions, le leader incontestable de ce groupe de rebelles en costume cravate découvre l'information et le grand fossé qui sépare sa conviction de ce que décrypte le journaliste, le fameux hiatus entre la source et l'émetteur. Une sacrée leçon pour le néophyte, vécue comme une douche froide. Il saura s'en souvenir.

Elle l'agace prodigieusement depuis les premiers jours. Depuis l'époque du débat ayant secoué la promotion à propos de ce qu'ils appellent en langage administratif la « péréquation salariale ». À cette occasion, François Hollande et les siens, grands défenseurs de l'égalité entre les élèves de l'école, pointent du doigt une injustice. Au cours de leur stage, certains énarques se retrouvent installés dans des conditions très confortables, appartement ou maison de fonction, avec personnel et frais annexes. D'autres, au contraire, doivent se loger eux-mêmes et ne bénéficient d'aucun avantage matériel. Le Carena propose que les « nantis » redistribuent une partie de leurs avantages sur une caisse commune qui se chargera de les reverser aux stagiaires les plus désavantagés. Cette mesure semble aller de soi. La plupart des élèves sollicités s'y plient sans rechigner. Une seule refuse tout net : Ségolène Royal. François est horripilé. Il a observé l'attitude dédaigneuse et lointaine qu'elle adopte vis-à-vis de leur cercle d'amis, tous ceux et toutes celles qui gravitent autour du Carena. Pour lui, pas de doute, celle qu'on surnomme « Miss Glaçon » fait partie des « nantis ».

Elle est en stage sous les cocotiers, à la Martinique, et bénéficie d'une maison de fonction et de tous les petits avantages d'un fonctionnaire éloigné de la métropole : femme de ménage, gardien, voiture de fonction. Elle doit verser son obole, lui conseille-t-il. La réponse de la jeune femme est cinglante. Celle-ci est même ulcérée. Pourquoi donc, elle qui a fait tant de sacrifices depuis des années, irait-elle se livrer à un quelconque acte de charité pour des gens qui sont nés avec une cuillère d'argent dans la bouche ? Pas question de donner un centime ! Elle l'écrit à François Hollande, sur un ton ferme et définitif : « Si l'on doit tout remettre à plat, alors il faut prendre également en compte la scolarité depuis le bac. » Elle n'a pas tort. Après tout, la jeune Lorraine, que personne ne connaît vraiment et qui semble se tenir à l'écart de ses congénères, en les toisant avec méfiance, n'est pas la grande bourgeoise, voire l'aristocrate, que l'on croit. Au contraire. Elle s'est payé ses études elle-même, a vécu de petits boulots pour financer son logement dans le VIe arrondissement. François la prend pourtant pour une « fille de la haute », à cause de ses tenues de jeune fille sortant tout droit du couvent des oiseaux ou des Demoiselles de la Légion d'honneur. Il semble que le vent de Mai 68 ne l'ait pas effleurée. Elle est mal fagotée et porte des lunettes qui lui donnent un regard de hibou. Elle a pourtant un certain charme, une énergie contenue, et, si on s'attarde bien, des traits d'une incroyable délicatesse, quasi raphaéliques. Le leader du Carena n'y prête que peu d'attention. Il est absorbé par tant de tâches.

Il la remarque une autre fois, lors du stage au lycée climatique de Font-Romeu, dans les Pyrénées-Orientales. La station, connue pour son ensoleillement exceptionnel, les accueille pour une semaine, en janvier 1979. Au programme, bol d'air, ski de fond, discussion autour de la scolarité et, surtout, ce qui va marquer la vie de chacun d'entre eux, le choix du nom de la promotion. Chaque année, il est l'occasion de joutes politiques interminables. Dans un joyeux tohu-bohu, les propositions fusent. Des plus folles aux plus sérieuses. Dans une salle surchauffée, celle qu'on n'avait pratiquement jamais entendue pointe le museau. Elle suggère Louise Michel, le nom de la militante féministe, figure mythique de la Commune de Paris. D'autres avancent Jean-Jacques Rousseau, comme Jean-Maurice Ripert. François Hollande, Jean-Pierre Jouyet, Michel Sapin et Pierre Mongin optent pour François Marie Arouet, dit Voltaire, l'ermite de Ferney, l'auteur de *Zadig*, le plus remuant des philosophes des Lumières. Après plusieurs tours de scrutin, Voltaire l'emporte. Ségolène la féministe doit s'incliner devant ce club de mâles qu'elle a tant de difficultés à supporter. Ces derniers le lui rendent bien. Ils la traitent de « bonne femme » et font tout pour l'ignorer. Son attitude dans l'affaire de la « péréquation » les a mortifiés. La pimbêche ne « pense qu'à sa pomme ». Tout le contraire du petit Normand, toujours prêt à rendre service. François le disert et Ségolène la taiseuse. Hollande le ludion et

Royal la banquise. Aucune raison que ces deux-là puissent un jour se rapprocher. D'autant qu'ils ne sont pas seuls dans leur vie personnelle. Ou du moins le croient-ils. En fait, François entretenait toujours une relation avec Dominique Robert, et ce jusqu'à la fin de l'année 1978. L'idylle s'est terminée alors que François faisait un stage en Algérie. Mais, comme l'explique son entourage, il est toujours difficile de connaître avec précision les mouvements de l'âme du garçon, tant il est pudique et discret.

Ségolène, elle, habite avec un jeune homme, Guillaume de Chanlaire[1], un jeune aristocrate qui a échoué à deux reprises à l'Ena. Fils d'un producteur de champagne, catholique de gauche, très bel homme, il milite à la section du PS du VIe arrondissement, surnommée la « section de la gauche caviar ». Elle compte dans ses rangs Laurent Fabius et sa femme, Françoise Castro. Sans que ses camarades de l'Ena soient au courant, Ségolène adhère à son tour dans la section de son « fiancé », début 1978, et propose, dans la foulée, sa candidature aux élections législatives. Alain Barrau, le secrétaire de section, la juge encore un peu tendre pour se lancer ainsi dans le grand bain électoral. Le jeune couple d'étudiants habite alors une chambre rue de Buci. Malgré cette adhésion, la jeune Lorraine ne s'intéresse que modérément aux débats politiciens et aux luttes d'in-

1. Aujourd'hui sous-directeur à l'administration centrale du ministère de l'Écologie, de l'Énergie, du Développement durable et de l'Aménagement du territoire.

fluences qui traversent le parti. Pas plus aux mouvements étudiants qu'aux manifestations contre les lois Debré ou Saunier-Seité sur la réforme universitaire visant à instaurer un système de sélection. Elle montre le bout de son nez aux réunions du groupe Femmes, qui réclame l'égalité des tâches domestiques entre les femmes et les hommes. On la voit parfois dans des séminaires en faveur du droit à l'avortement. Mais à l'Ena, elle joue les grandes muettes. En fait, toutes ces grosses têtes la mettent mal à l'aise. Elle trouve la plupart des énarques bouffis de suffisance. Et ce François Hollande en fait partie. Il a déjà tous les tics du politicien, l'habileté, l'art de l'esquive, le goût du combat syndical, l'obsession de la règle à calcul pour les pourcentages de votes. Diplômé d'HEC, il adore les statistiques. Et puis, elle ne supporte pas ce sourire de candidat à la Maison-Blanche qu'il arbore en permanence. Certes, son ironie piquante le sauve parfois, mais elle le croit tout aussi arrogant que les autres. Non, vraiment, cet homme n'est pas son type.

Pourtant, au cours de l'année 1979, quelque chose va changer. Guillaume de Chanlaire est nommé en Égypte. Ségolène fait plusieurs fois le voyage Paris-Le Caire. Peu à peu, ses visites s'espacent. François, lui, ne voit pratiquement plus son amie. Et puis survient ce stage en banlieue difficile, à Chanteloup-les-Vignes. Quinze jours au contact des jeunes en difficulté au cœur de la cité « La Noé », ville-dortoir construite au début des années 1970, sous Jacques Chaban-Delmas. Cet ensemble de tours devait accueillir les habitants des bidonvilles de la région parisienne et les ouvriers des usines Simca-Chrysler de Poissy. C'était l'époque des architectes de l'école d'Athènes, qui revendiquait pour les travailleurs « le droit de toucher le ciel ». Une ville nouvelle était prévue autour, mais la crise pétrolière a tout balayé. La cité « La Noé » est restée seule au milieu de nulle part. Le rêve des architectes des Trente Glorieuses s'est transformé en cauchemar. La cité radieuse n'est plus qu'un ghetto. C'est cette réalité que Ségolène Royal veut connaître. François Hollande s'est greffé sur le projet quelque temps plus tard. Est-ce pour se rapprocher d'elle et mieux la connaître ? Ils sont les seuls de la promotion à avoir choisi Chanteloup-les-Vignes. Ils se retrouvent chaque matin sur le quai de la gare parisienne et prennent le train de banlieue en direction de l'ouest. Durant ce trajet de près de une heure, ils ont le temps de se découvrir. Surprise : ils ne sont pas si différents et leurs histoires ont bien des points communs. Ils ont, tous les deux, été élèves dans des écoles catholiques. À des degrés divers, ils ont vécu à l'ombre d'un père autoritaire et d'une mère trop soumise. Ségolène vient de vivre un drame familial : la séparation de ses parents. Hélène Royal, femme d'officier de carrière, après des années de silence et de docilité, a repris sa liberté. Mère de huit enfants, elle a attendu qu'ils grandissent pour échapper à la « prison domestique », à l'étouffement d'un mari qui, pour résumer sa vision des femmes, disait de ses descendants : « J'ai cinq enfants… et trois filles. » Ce départ d'une mère en quête d'émancipation, François en a rêvé toute son enfance, et même plus tard. Comme Ségolène, il a souffert de voir sa mère Nicole dans le rôle de la « sacrifiée », alors qu'elle avait « tant de possibilités d'épanouissement ». Longtemps, elle est restée la « collaboratrice de Georges », à la clinique de Rouen. Longtemps, elle a tenté de pondérer les jugements rugueux de son époux. Longtemps, elle s'est tue, pour les enfants. Longtemps, le jeune François a espéré la voir sortir de sa cage. Divorcer, comme la mère de Ségolène ? Après le déménagement à Neuilly, Nicole Hollande, libérée des contraintes de la vie provinciale, prend un peu d'autonomie et se dégage peu à peu du joug domestique. Elle travaille comme assistante sociale à la mairie du XVIe arrondissement de Paris. Elle adore ce nouveau travail et s'y épanouit, ce qui ravit ses deux fils. Nicole Hollande découvre que les femmes battues ne vivent pas uniquement dans les quartiers pauvres. Les pires crimes se commettent aussi chez les riches. Incestes, violences conjugales, abus de pouvoir sur les personnes âgées. Elle sensibilise François à toutes ces questions. Et l'itinéraire de Ségolène ne lui est pas indifférent. Mieux, il se sent très proche de cette jeune femme qui, en apparence, lui est si dissemblable. Ils rient en pensant que, sans ces petites tragédies familiales, ils n'auraient ni l'un ni l'autre été parachutés à Paris. Ils seraient sans doute restés des petits bourgeois de province. Elle, à Nancy. Lui, à Rouen. Sans l'éclatement de la cellule familiale de Chamagne, la petite étudiante de la faculté économique de Nancy n'aurait jamais trouvé la force ou la détermination de passer l'examen de Sciences Po, à Paris. Sans les errements immobiliers de son père et ce départ précipité vers la capitale, François aurait sans doute été médecin. Il lui aurait succédé à la clinique du Trianon et aurait pu finir président du club des Diables rouges du FC Rouen. Deux notables respectables.

Ils se retrouvent, à vingt-cinq ans, à sillonner les barres HLM de la lointaine banlieue ouest. Leur guide : un homme qui suscite leur admiration et qui va les marquer à jamais. Il a vingt-six ans, sort tout juste de Polytechnique et a décidé d'abandonner sa carrière pour devenir éducateur de rue. Il vient de fonder un club de prévention pour jeunes en difficulté, « Oxygène ». Jean-Marie Petitclerc[1] se destine à la prêtrise. Il les reçoit dans son petit appartement de fonction, rue de l'Échelle, au cœur de la cité. Il est un peu surpris de voir deux jeunes énarques dans cette « pétaudière ». C'est la première fois que Paris lui envoie de tels « clients ». Il leur décrit la « bombe à retardement » sur laquelle le pays est assis. « Ici, leur explique-t-il, plus de cinquante pour cent des habitants ont moins de dix-huit ans et leur moyenne d'âge est de sept ans. Ils sont déjà condamnés au chômage avant même d'avoir fini leurs études. Si

1. Ordonné prêtre salésien en 1984, il travaillera par la suite avec Michel Rocard, Ségolène Royal, Pierre Cardo et Christine Boutin. Auteur de dizaines d'ouvrages, il est aujourd'hui prêtre à Tassin-la-Demi-Lune.

rien n'est fait aujourd'hui, il y aura le feu dans dix ans. » Les deux futurs hauts fonctionnaires suivent cet intellectuel engagé aux quatre coins de « La Noé », impressionnés et admiratifs, côtoient la délinquance au quotidien, le désœuvrement, l'ennui, la rage. Ils jouent au tarot avec les jeunes, vont trinquer au bistrot du coin, « Le Penalty », place de l'Arcade. Hors de leur environnement parisien, ils commencent à se regarder autrement. Ils sont seuls. Et ils se parlent, longuement. De leurs engagements respectifs. De leurs ambitions. François Hollande révise son jugement. « Miss Glaçon » est une grande sensible. Sous ses airs de directrice de prison se dissimule une jeune femme blessée. Pour eux, le mariage en tant qu'institution est un naufrage. Leur expérience familiale les a vaccinés. Ces enfants de Mai 68 ont vécu, chacun à leur manière, de l'intérieur, la lente érosion des valeurs matrimoniales. Comment concilier couple, épanouissement personnel et liberté ? À la fin de ce stage, Ségolène Royal se rapproche doucement du groupe du Carena. Elle est moins crispée et plus réceptive aux sollicitations. Elle n'est plus cassante avec François comme elle avait pu l'être quelques mois auparavant. Mais aucun signe extérieur d'une quelconque romance n'apparaît. Les deux nouveaux amis ont d'autres soucis. Il faut se concentrer sur cette ultime année d'études, décisive pour leur avenir qu'ils voient grand : se préparer à la bataille du classement pour sortir dans les meilleurs, ce qu'ils appellent être « dans la botte ». La rivalité entre élèves des grandes écoles est impitoyable et ne permet aucun relâchement.

Pourtant, les proches de François, Jean-Pierre Jouyet, Jean-Maurice Ripert, Michel Sapin, sentent bien que leur ami a du vague à l'âme. Un détail, quelque chose dans son regard. Mais, comme toujours avec lui, c'est imperceptible. Ceux qu'on surnomme les « conjurés de Coëtquidan » ne s'attardent pas sur les émois de celui qu'ils considèrent comme leur leader naturel. Ils ont d'autres chats à fouetter. À un peu plus de un an de l'élection présidentielle de 1981, ils décident de se mobiliser et d'organiser un coup d'éclat pour faire parler d'eux. Il est impératif que les hiérarques socialistes les remarquent. En cas de victoire, ils envahiront les ministères, et, surtout, la perspective des nationalisations promises par Mitterrand étend sérieusement le domaine de l'État. Les jeunes énarques de gauche seront alors de précieux soutiens. Les portes des palais pourront s'ouvrir largement à eux. La pluie des postes va bientôt tomber. Encore faut-il se faire entendre. Leur idée : créer une section du Parti socialiste au cœur même de l'Ena. Du jamais vu. Ils prennent rendez-vous au siège du parti, place du Palais-Bourbon. Surprise : la délégation est reçue par un *apparatchik* de second ordre qui leur conseille d'oublier cette idée saugrenue et de s'inscrire dans la section de leur quartier. Déçu, François Hollande, qui dirige l'opération, prend sa carte dans l'Eure, où ses parents possèdent une maison de campagne, et non pas à Neuilly, où il est domicilié. A-t-il déjà une idée derrière la tête ? Celle de devenir un élu de province, comme son modèle, l'homme de la Nièvre ? En tout cas, le revers de la place du Palais-Bourbon ne le décourage en rien. Il entre dans la famille socialiste, au moment où le rival de Mitterrand, Michel Rocard, est au zénith dans les sondages. L'homme de la modernité et du « parler vrai » séduit la plupart des jeunes de la génération du nouvel adhérent. Nombre de ses proches sont rocardiens, François Hollande les comprend. Il partage les idées du maire de Conflans-Sainte-Honorine sur la politique économique à conduire pour la France. Pour le reste, il a quelque réticence. Cette deuxième gauche qui surgit au début des années 1980 lui plaît dans son approche idéologique, mais il la trouve trop naïve tactiquement. Avant de gouverner, il faut conquérir le pouvoir. Malgré les sirènes rocardiennes, le tout nouveau militant socialiste reste bien calé sur ses fondations : celles de son soutien à l'« oncle de la Nièvre » et de sa stratégie d'union de la gauche. Il a suivi le congrès de Metz à la loupe, en avril 1979, ses petites cuisines internes, ses jeux des motions, la victoire finale de Mitterrand le Florentin contre Rocard le boy-scout. C'est sûr, François se mettra dans la roue des mitterrandistes quand l'heure sera venue.

À la fin de l'année 1979, au retour d'un stage en Somalie, lors d'une escale à l'aéroport de Rome, François Hollande, accompagné de Jean-Pierre Jouyet et de Jean-Maurice Ripert, apprend l'invasion soviétique en Afghanistan. Il la soutient sans hésitation. Tout comme Jean-Pierre Jouyet. Les deux hommes, bien sûr, n'ont pas tout à fait les mêmes arguments que le très stalinien secrétaire général du PC, Georges Marchais. Une discussion vive s'engage. « Ce qui est en cause, c'est l'équilibre géostratégique de toute la région », maintient François. Renvoyer ce pays au Moyen Âge, le livrer aux tribus, aux fondamentalistes ? Le jeune socialiste perçoit le danger de déstabilisation de toute la zone. Au fil de l'échange, ses interlocuteurs sentent que leur ami n'est plus vraiment avec eux. Son regard s'embrume. À leur grande surprise, il se met à leur parler de Ségolène Royal, de ses qualités, de son charme, du mauvais jugement qu'on a pu avoir sur elle. Ils comprennent qu'il s'est passé quelque chose à Chanteloup-les-Vignes.

À leur retour à Paris, début 1980, ils sont tous invités à une fête chez Michel Sapin, à Argentan, dans l'Orne, pour tuer le cochon. De nombreux camarades de la promotion « Voltaire » sont attendus. François doit venir seul. Michel Sapin, à sa grande surprise, voit arriver un couple. Celle que les copains de François appelaient « la petite suffragette » lui tient le bras. Elle est rayonnante, un peu intimidée. Ils ne se cachent plus. Michel Sapin, qui avait proposé à François de rester dormir, en bon maître des lieux, pose la question de circonstance : « Une ou deux chambres ? » Réponse de François Hollande : « Une seule suffira. »

Chapitre 4

La vengeance du labrador

Il a enfin réussi. Entrer dans le premier cercle. Presque en douceur. Certes, ce n'est pas un tête-à-tête. Il y a avant lui tout un aréopage de fidèles, ceux que Mitterrand considère comme sa garde rapprochée. Mais François a pénétré la « sainte chapelle », le club des proches. Il fait figure de novice, de petite main, mais il est entré dans le sérail. Il y a Jacques Attali, le conseiller très spécial, Alain Boublil, Maurice Benassayag, l'ami de toujours, Serge Moati, pour l'audiovisuel, Jean-Martin Cohen Solal, conseiller pour les questions de santé… Au siège du PS, rue de Solférino, en pleine campagne pour l'élection présidentielle de 1981, l'atmosphère est à la ruche bourdonnante. Le tout jeune énarque, en quelques mois, est parvenu à ses fins. Le pari était risqué. Quand, à l'automne 1980, il intègre la Cour des comptes, après être sorti huitième de la prestigieuse maison de la rue des Saints-Pères, il ne pensait pas que les choses allaient s'accélérer ainsi. François Hollande, en choisissant de pantoufler dans cette machine à contrôler la régularité des comptes publics, signifiait clairement qu'il voulait consacrer sa vie à la politique. Dès l'automne 1980, sur les conseils de Jean Rosenwald, son supérieur à la Cour des comptes, ancien collaborateur de Guy Mollet, il rend visite, accompagné de Ségolène Royal, à Jacques Attali, chargé par Mitterrand de constituer une petite cellule d'experts pour préparer dans le secret sa campagne électorale à venir. Une mission quasi impossible. Les jeunes sortis des grandes écoles ne se bousculent pas au portillon. C'est même le vide sidéral. Pourquoi aller se caler sous la bannière d'un perdant ? François Mitterrand non seulement n'est pas encore candidat, mais il est dans une situation politique catastrophique. « L'offre de service de deux énarques dans cette période plutôt néfaste était une belle surprise, pour ne pas dire une rareté, raconte Jacques Attali. J'ai vite compris qu'ils étaient, malgré leur jeunesse, déjà très affûtés politiquement. » La mode est au rocardisme échevelé, à la modernité libérale et sociale. Rocard le novateur, leader de cette deuxième gauche qui dit la vérité au peuple contre les idéologues « ringards » du programme commun. Les médias s'enflamment pour l'ancien patron du PSU, devenu l'apôtre de la rigueur économique. Un Mendès France à l'éloquence incertaine, qui débite à la mitraillette des slogans frappés au sceau du pragmatisme et du réalisme. Dans l'*intelligentsia* parisienne, le député de la Nièvre fait figure de brontosaure. Il est un anachronisme, une vieillerie. À soixante-deux ans, le premier secrétaire du PS ne s'en sort pas de cette image de politicien de la IVe République. Madré, trop madré, pour ne pas dire roué ? Les sondeurs ne donnent alors pas cher de sa peau.

François Hollande, lui, n'est pas de cet avis. Le jeune énarque fait ses classes au PS depuis deux ans. Il a, bien sûr, suivi le trajet de son « héros » à la loupe. Pendant dix ans, Mitterrand a labouré le parti, travaillé chaque fédération, chaque section, chaque élu, avec une minutie et une constance sans égales. Ce travail de général de corps d'armée qui inspecte ses troupes va finir par payer, Hollande en est sûr. La légende court, entretenue par Mitterrand lui-même avec un brin d'ironie, qu'il connaît la France comme sa poche, commune par commune. L'ancien premier opposant au général de Gaulle a le pays chevillé au corps. Ce n'est pas « la terre ne ment pas », mais la terre me parle… Fils de chef de gare, il connaîtrait chaque gare, chaque barrière de l'Hexagone. C'est évidemment exagéré. Mais François Hollande aime cette légende, et s'en nourrit.

Aussi, quand Jacques Attali lui propose de le rejoindre rue de Solférino pour lui concocter quelques notes à l'intention du « candidat fantôme », pas encore déclaré, celui que Bernard Tapie surnomme alors « le loser », il n'hésite pas une seconde. Le pari est risqué. Après tout, il monte un peu sur le radeau de la *Méduse*. La plupart de ses congénères sortis des grandes écoles ont filé chez Giscard ou dans les équipes de Rocard. Au moins, là où il est, il n'est pas gêné par la concurrence. « On travaillait dans les soupentes de Solférino, quasi clandestinement, se souvient Serge Moati. On se réunissait tous les jeudis, à déjeuner autour d'un poulet froid-mayonnaise. On avait un peu l'impression d'être des travailleurs turcs, car personne ne devait savoir que nous produisions des notes pour l'élection présidentielle, alors que Mitterrand n'était pas officiellement candidat. Un jour, Attali est arrivé avec des jeunots, Ségolène et François. Ils avaient l'air de deux gamins timides. Attali nous a dit qu'ils allaient faire le secrétariat de nos réunions… » Le couple ne se souvient pas d'avoir joué les secrétaires, mais peu importe, ils sont présents. Ils sont les petites mains du *shadow cabinet* d'un homme politique dont le destin ne tient qu'à un fil. Très vite pourtant, Hollande le kamikaze est convaincu qu'il a choisi le bon cheval. Il en a la preuve éclatante le jour de la déclaration officielle de candidature de Michel Rocard. Un fiasco de haut vol. Le 19 octobre 1980, le favori des sondages commet une bourde monumentale. Depuis Conflans-Sainte-Honorine, commune dont il est le maire, il confirme une candidature plusieurs fois annoncée tout en ajoutant… qu'il se retirera si François Mitterrand se présente. Erreur fatale. Rocard se positionne en simple dauphin. La baudruche se dégonfle brutalement. Et intenable posture que cette sédition en forme d'acte d'allégeance. Allez comprendre. « Il veut ou il ne veut pas ? » Les Français s'y perdent et commencent à douter de la détermination de celui qui n'a pas su s'extirper de sa condition de challenger. Le fils n'a pas tué le père. Les militants socialistes s'interrogent sur la pusillanimité de ce voltigeur brillant et sympathique, mais un peu trop « technocrate », finalement, à leur goût. La vague de l'opinion commence à stagner et se perd dans les méandres de la pensée rocardienne. François Hollande a des débats épiques avec la bande des « Voltaire », ses amis de l'Ena, qui ont presque tous misé sur Rocard et qui applaudissent le discours de Conflans, un peu aveuglés par la passion. Seule Ségolène Royal soutient son compagnon.

Sortie soixantième de l'Ena, elle a obtenu un poste de magistrat au tribunal administratif de Paris. Comme François Hollande, elle a du temps pour militer. Le couple a emménagé dans un petit appartement, rue de Rennes, dans le VIe arrondissement. Ils roulent en Renault 5, n'ont aucun goût pour le luxe et donnent l'impression de vivre comme des étudiants. Elle a vingt-sept ans et lui vingt-six. Les deux hauts fonctionnaires en herbe n'ont rien de grands bourgeois. « C'est assez rare pour le signaler, mais leur mobilier était rudimentaire, un petit côté Ikea, fait de bric et de broc, se souvient un de leurs proches amis. On sentait que le confort matériel, ou même la simple apparence du confort n'était pas leur préoccupation. » Depuis qu'ils vivent ensemble, Ségolène a appris à mieux connaître celui qui partage désormais sa vie. Il lui dispense une précieuse leçon : savoir rire de tout, même de soi-même. Elle se destinait à une carrière dans l'administration, rêvait d'être indépendante, d'avoir de quoi subsister sans avoir à mendier auprès de qui que ce soit. Cette obsession de ne dépendre financièrement d'aucun homme vient de son enfance. Elle ne sera jamais une mère soumise. En ce début des années 1980, elle est en pleine guerre judiciaire avec son propre père, qui refuse de verser une pension pour elle et ses frères et sœurs. Ségolène gère ce dossier douloureux et finira par avoir gain de cause. François, bien sûr, la soutient dans ce combat intime et pénible. Il n'a pas toujours bien saisi les mystères du divorce des parents de Ségolène, de ce couple catholique presque intégriste, viscéralement attaché à l'institution du mariage, qui a huit enfants, et qui, brutalement, se sépare. La raison officielle est celle présentée par Ségolène Royal : une révolte soudaine et définitive d'Hélène Royal face à son tyran domestique de mari. Ce dernier n'a jamais donné sa propre version. Curieusement, en pleine crise conjugale, il quitte l'armée, la Lorraine et devient représentant dans une société fabriquant des prothèses, en Allemagne. L'officier de carrière abandonne alors deux familles, la maisonnée de Chamagne et la Grande Muette. Quelle étrange fuite ! François Hollande, comme à son habitude, n'est pas homme à fouiller dans les histoires des autres. Sa pudeur instinctive lui commande de se contenter de cette version. Et puis Ségolène a besoin de lui. Il l'épaule dans cette affaire. Il lui donne un coup de main aussi quand il lui propose de l'accompagner dans l'équipe de Jacques Attali. À force de débats, de dîners bien arrosés avec Sapin, Jouyet, Ripert et quelques autres, il finit par lui transmettre le virus de la politique, et de l'ambition. Ensemble, ils doivent viser les hautes sphères, pour être enfin utiles. Dans la logique de François, il faut rester fidèle à l'esprit du Carena, du texte fondateur de la bande de Coëtquidan, « investir l'appareil d'État pour le transformer de l'intérieur ». Ségolène et François se retrouvent donc sous les toits, rue de Solférino, puis au siège de campagne du candidat Mitterrand, à jouer les petites fourmis du patron du PS.

Le 24 janvier 1981, au congrès de Créteil, celui-ci est officiellement investi, à l'unanimité, candidat à l'élection présidentielle. Les « travailleurs turcs » peuvent sortir des caves. Fini la clandestinité. François Hollande, qui n'a aucun mandat, assiste au congrès en témoin attentif. Il suit le triomphe du « maître » avec gourmandise, et, surtout, il apprend. Il fait ses classes. Désormais, il participe à la campagne au plus près de Mitterrand. Il n'est encore qu'un tout jeune expert, ne fait qu'apercevoir le candidat, mais il est dans la roue de ceux qui comptent. Derrière Jacques Attali. Avec Ségolène, bien sûr. La petite entreprise « Hollande-Royal », ou « Royal-Hollande », selon les circonstances, est bel et bien lancée. Elle reste discrète et efficace. Elle va devenir très vite une marque dans les milieux politiques et une histoire hors du commun. Si Mitterrand l'emporte, espèrent-ils, Attali est promis aux plus hautes destinées, au château, au plus près du prince. Ils seront dans ses bagages.

Le 10 mai 1981, contrairement à ce qu'il espérait, Jacques Attali n'est pas désigné secrétaire général de l'Élysée. Le président préfère jouer la carte du parti et nomme un de ses plus fidèles lieutenants, Pierre Bérégovoy, plus en empathie avec les caciques du PS. Bérégovoy, le vieux grognard, ancien ouvrier ajusteur, ancien cheminot, qui a adhéré à la SFIO en 1947, compte plus de trente ans de militantisme. Il a un profil marqué à gauche qui rassure les socialistes. Attali est trop atypique, trop voltigeur, pour ne pas inquiéter. Pied noir, né à Alger en 1943, fils d'un autodidacte qui a fait fortune dans la parfumerie et la bijouterie, débarqué en France à l'âge de treize ans, avec son frère jumeau Bernard, cet intellectuel, ce touche-à-tout surdiplômé, Polytechnique, Ena, docteur d'État en sciences économiques, pianiste virtuose, fou de Bach et de Mozart, n'est pas dans le moule des éléphants du PS. Son talent aux multiples facettes agace. Certes, son voisinage avec Mitterrand n'est pas récent et le protège de toute critique d'opportunisme. Il rencontre le tout nouveau chef de l'État en 1968, alors qu'il fait son stage de l'Ena à la préfecture de Nevers, dans la Nièvre. Depuis, il est resté dans son sillage, délivrant ses conseils d'expert au gré des circonstances.

François Hollande est un peu déçu du revers de son protecteur. Mais très vite, il est soulagé. Le président ne veut pas se passer de ce collaborateur hors norme. Il le nomme conseiller spécial et lui attribue le lieu le plus convoité de l'Élysée, l'ancien salon des aides de camp qui jouxte son propre bureau. Le message est clair : Attali reste une pièce centrale du dispositif mitterrandien, ce qui provoque quelques aigreurs d'estomac dans la machine administrative élyséenne. Certains chargés de mission le traitent de « concierge du président ». François Mitterrand s'en amuse. Depuis toujours, il a mis en place un système de petits cercles qui travaillent pour lui sans savoir ce que font les autres. Du pur jeu florentin qui lui permet de toujours garder la main. Attali doit constituer une petite équipe, un *think tank* réduit mais qui aura une totale liberté d'action pour fournir des notes au président, en dehors des circuits élyséens classiques. Outre cette activité de « boîte à idées » de Mitterrand, Attali est aussi nommé « sherpa » du président, pour les sommets internationaux. « Pour mon équipe, Mitterrand m'a autorisé deux personnes, précise Jacques Attali. Je lui en demande quatre. Le président accepte, en me prévenant que les deux derniers devront être officieux, pour des raisons budgétaires. » Les deux « off » ? Les deux plus jeunes, Ségolène et François, bien sûr. Ils n'ont pas trente ans. En deux mots, après quelques mois en pleine lumière, les « tourtereaux » retournent dans l'ombre de la clandestinité. Ainsi, quelques jours après la victoire du 10 mai, le couple se retrouve installé face à face dans un bureau du 2, rue de l'Élysée, sans titre, sans existence légale. Ils restent attachés à leur corps d'origine, la Cour des comptes et le tribunal administratif, qui ne les harcèlent pas de demandes de rapports. Tout près d'eux, dans le bureau voisin, les deux quadragénaires qui bénéficient du statut officiel de conseillers, Pierre Morel et Jean-Louis Bianco. Ce dernier, un vieil ami de Jacques Attali au lycée Janson-de-Sailly, était « exilé » dans les Alpes-de-

Haute-Provence, où il occupait un poste de chargé de mission du syndicat intercommunal de développement des vallées de la Durance et de la Bléone, et non pas, comme la légende l'a parfois colporté, de gardien de moutons. Pierre Morel est diplomate de carrière. Il était en poste à Moscou, avant de répondre favorablement, comme Jean-Louis Bianco, ami de l'Ena, promotion « Thomas More » (1971), à l'appel du conseiller très spécial du président. Entre les quadras et le couple de « jeunots », le courant passe. Mieux, on se paye de belles tranches de rigolade. « François y était pour beaucoup, se souvient Jean-Louis Bianco. Il était rapide, intelligent, et surtout incroyablement sympathique. Cela détendait sacrément l'atmosphère. » Ces quatre énarques regardent avec effarement l'inexpérience des socialistes au pouvoir, les improvisations, la méconnaissance par bon nombre de militants de l'administration française. François Hollande est chargé des dossiers économiques. Une de ses premières notes au président concerne l'état des finances publiques. Il suit particulièrement les nationalisations, occasion pour lui de rencontrer Jacques Delors, ministre des Finances. Il fait aussi une note sur la situation de l'industrie sidérurgique, sur HEC, dont il a été élève. Ségolène Royal suit les thèmes de la jeunesse et les sujets de société. La « cellule Attali » n'a pas que des amis à l'Élysée. Elle est considérée par beaucoup comme un « cabinet double emploi », donc inutile. Ou au mieux une équipe de « chouchous du président ». Les chargés de mission du château se trompent.

À l'exception de Jacques Attali, son voisin immédiat, François Mitterrand ne voit pratiquement jamais les « trois mousquetaires » du 2, rue de l'Élysée. Il les suit de loin. Il reste intrigué par ce jeune couple si ambitieux, si efficace, si désireux de bien faire. Plusieurs sources lui ont fait parvenir le bruit des frasques de Ségolène. Elle a tendance à court-circuiter ses homologues de l'Élysée. La jeune femme travaille sabre au clair et monte des dossiers « à l'arrache », sans se soucier de marcher sur les plates-bandes des voisins. François Mitterrand s'en amuse. Il aime ce côté Madame Sans-Gêne, un peu pétroleuse, qui le change des courtisans qu'il côtoie. Très vite, en quelques semaines en effet, le système monarchique a pris le dessus sur les rêves républicains. La gauche n'a pas fait la révolution au palais. François Mitterrand s'est glissé dans le costume du roi sans trop de difficultés. Mais il garde cette petite distance, cette causticité de l'homme de lettres qui le protège parfois des flatteurs. Ségolène Royal est tout sauf une courtisane. Elle irrite, bouscule, monte sur ses grands chevaux, mais rend toujours des notes impeccables. Courtes, concises, jamais plus de deux pages, comme l'exige le « patron ». Et ce Hollande, le président a évidemment décortiqué son CV. Déjà, à vingt ans, en 1974, ce petit provincial, jeune étudiant à HEC venu de Rouen, avait frappé à la porte de son siège de campagne, à Montparnasse, pour offrir ses services. Et puis, il est encore réapparu au siège du PS pour proposer la création d'une section socialiste au cœur de l'Ena. Il a ensuite pris sa carte du PS dans l'Eure, sur le territoire de son enfance. Le type a de la suite dans les idées.

François Mitterrand est vraiment bluffé quand il apprend qu'à vingt-six ans François Hollande part affronter, aux prochaines législatives, son adversaire politique numéro un, le patron de la droite après la défaite de Valéry Giscard d'Estaing, Jacques Chirac. Dans un premier temps, deux ténors du parti, Pierre Bérégovoy, puis Jacques Delors, avaient été pressentis pour aller faire tomber le « roitelet de Corrèze ». Refus des deux. Trop risqué. La circonscription d'Ussel a pourtant voté à 57 % pour François Mitterrand au deuxième tour de l'élection présidentielle. Certes, Jacques Chirac y est très enraciné. Il est élu depuis 1967. Et puis, on soupçonne le patron du RPR[1] d'avoir favorisé l'élection de François Mitterrand pour éliminer définitivement son rival de droite, Valéry Giscard d'Estaing. Cette accusation de trahison laissera des traces profondes au sein de la droite française. Quand Jacques Delors lui propose de prendre sa place, François Hollande n'hésite pas une seconde. Il bondit sur l'occasion. Il espérait dégotter une circonscription dans l'Eure, où il comptait s'implanter, mais les places étaient toutes prises. Ussel est un peu trop loin de Paris, à cinq heures de voiture. La zone est enclavée, difficile d'accès. Mais c'est une chance inespérée de crever l'écran. Et, pourquoi pas, de provoquer la surprise ? Il imagine les manchettes de

1. Rassemblement pour la République, fondé en 1976 par Jacques Chirac.

journaux, « Hollande tombeur de Chirac », « Un jeune socialiste élimine le maire de Paris ». Le coup est jouable. La circonscription, après tout, est historiquement ancrée à gauche. Chirac y a perpétré un hold-up en jouant les rad-socs et en pratiquant, depuis quatorze ans, un clientélisme effréné. Gonflé à bloc, le jeune candidat fonce gare d'Austerlitz, direction Limoges. À son arrivée, une terrible déconvenue l'attend. Entre-temps, un candidat local, rocardien, s'est présenté. Dépité, François Hollande s'apprête à repartir par le premier train. Mais quelques militants mitterrandistes le supplient de rester et de participer à la réunion de désignation du candidat. Un peu tremblant, le haut fonctionnaire parisien se retrouve devant un parterre de deux cents militants locaux peu enthousiastes. Très vite, son naturel jovial et amical reprend le dessus. Son rival, trop agressif, s'enlise dans des propos anti-Mitterrand. François Hollande laisse glisser et emporte la mise avec huit voix d'avance. Il revient de loin. Cette anecdote, rapportée à François Mitterrand, ravit le président. Ce petit Hollande vient de terrasser un rocardien chez Chirac, c'est déjà un exploit.

François Hollande, persuadé que son heure est venue, file rue de Solférino demander une aide logistique à la direction du parti et surtout la venue de plusieurs ténors nationaux pour le soutenir. Il peut l'emporter, soutient-il. On lui murmure que les agendas sont bouclés, que sa candidature a été trop tardive et qu'il faudra faire avec les moyens du bord. Même Jacques Delors oublie de venir prêter main-forte à son remplaçant. Le candidat de raccroc a compris. Le PS ne fera rien pour abattre Chirac, l'homme qui a aidé Mitterrand à atteindre le pouvoir suprême. Un pacte secret a sans doute été scellé en haut lieu. Que faire ? Appeler à la rescousse les potes de Coëtquidan. Eux n'ont pas d'états d'âme. Si personne ne veut affronter publiquement le « marquis du plateau de Millevaches », lui, François Hollande, ira. Avec Jouyet, Ripert et Cottin, il part à l'aventure dans une 104 blanche. Ségolène est de l'expédition. Un seul objectif : interpeller Chirac publiquement et lui faire ravaler sa petite phrase humiliante à son égard. « Le nom de mon adversaire socialiste ? avait lâché un maire de Paris goguenard. Il est moins connu que le labrador de Mitterrand. » La formule fait le bonheur des gazettes locales et provoque la colère du jeune conseiller socialiste. Il faut laver l'affront. « On a tout fait à l'esbroufe, raconte Jean-Maurice Ripert. D'abord, on a dormi dans un hôtel tenu par un responsable RPR, ce qui n'était pas vraiment idéal. On a couru les marchés pour coincer Chirac, en vain. On a fait une réunion devant vingt-cinq personnes. Finalement, on a décidé de provoquer Chirac dans son propre fief, pendant son meeting à la halle municipale de Neuvic. En entrant dans la salle, au milieu de quatre cents personnes, on n'en menait pas large… » Les quatre intrus, sous le regard noir de la foule chiraquienne, sentent qu'ils doivent agir vite. Il ne faut pas que les choses traînent. Ils se sont jetés dans la gueule du loup. François Hollande prend crânement la parole. Chirac ne lui laisse pas le temps de poursuivre :

— Qui êtes-vous, monsieur ? Ayez au moins l'amabilité de vous présenter !

— Je suis François Hollande, monsieur le Premier ministre, je suis conseiller à la Cour des comptes et le candidat du Parti socialiste. Je suis celui que vous comparez au labrador de Mitterrand…

Un ange passe dans la salle, tendue comme un arc. Les regards, alentour, se durcissent. Quel toupet, ce gamin ! Venir narguer Chirac, le seigneur et maître des lieux ! L'impudent ne sait pas où il a mis les pieds.

— Vous êtes de la Cour des comptes ? semble se réjouir Chirac. Nous sommes donc du même corps administratif. Dans ce cas, si vous aviez été courtois et poli, vous auriez dû m'écrire, selon l'habitude.

— Je vous ai écrit, monsieur le Premier ministre. Pas seulement pour me présenter, mais pour vous proposer un débat.

Interloqué par tant d'audace, le patron du RPR cherche une parade. Un débat ? Quelle idée saugrenue ! Le petit ne boxe pas dans la même catégorie que lui. Finalement, Chirac trouve l'argument fatal :

— C'est vrai, vous m'avez écrit. Mais, voyez-vous, si vous aviez respecté la coutume de la Cour des comptes, vous auriez dû m'écrire une lettre manuscrite, et non pas dactylographiée. Nous ne répondons pas aux lettres dactylographiées.

Fermez le ban. Le freluquet est prié de retourner à ses chères études. Le débat n'aura duré qu'une centaine de secondes, mais il était chargé d'électricité. Les intrus, devant la foule hostile, opèrent un retrait stratégique. En sortant, ils respirent un grand coup, soulagés et fiers de leur champion. David a affronté Goliath. Il l'a fait. Le gamin est allé au charbon. Certes, le débat a été plus rapide que prévu. Mais il a osé. Le lendemain, la presse locale rapporte la bravade du petit Parisien. Quelques jours plus tôt, il était inconnu. Grâce à cette longue minute sous le feu des chiraquiens de Corrèze, il a battu le labrador de Mitterrand en popularité. L'exploit n'est pas mince. Jusqu'au dernier jour de la campagne, le candidat socialiste sillonne la circonscription, court les chemins vicinaux, les fermes. Il se bat avec l'énergie des challengers. Il est convaincu qu'il a une chance de vaincre, malgré tous les signaux négatifs qu'il a perçus depuis Paris. Au soir du premier tour, Chirac l'emporte avec trois cent cinquante voix d'avance. « Le ballottage était possible, répète Hollande. Le ballottage était possible… »

Chapitre 5

L'ESPION DU ROI

Décidément, les Français sont des ingrats. Charles de Gaulle, un jour de grande lassitude, devant les humeurs changeantes de ce peuple si versatile, les avait même traités de veaux. François Mitterrand, ce soir de défaite électorale de la gauche, le 21 mars 1982, n'est pas loin de penser la même chose. Son gouvernement vient d'enregistrer une cuisante déculottée aux élections cantonales. Huit départements perdus, livrés à la droite revancharde, et, surtout, le début de l'effondrement du Parti communiste, qui voit quarante-cinq sièges de conseillers généraux lui échapper. Le RPR et l'UDF sont désormais largement majoritaires au Sénat. Le PS n'a perdu que dix sièges, mais commence à douter de sa stratégie d'alliance avec les communistes. La présence de quatre ministres « rouges » au cœur de l'appareil d'État devient un problème. Comment a-t-on pu en arriver si vite à ce point de rupture ? Mitterrand n'a fait qu'appliquer une partie des cent dix propositions pour lesquelles les Français l'ont élu. Pas plus, pas moins. Après la mise en application de la semaine de trente-neuf heures, de la cinquième semaine de congés payés, les nationalisations, la retraite à soixante ans, la promulgation de la loi de décentralisation qui va enfin ouvrir la France aux régions, que veulent-ils ? Mitterrand tient ses promesses et déjà ces satanés Gaulois bougonnent.

Rue du Faubourg-Saint-Honoré, on cherche à comprendre. François Hollande est sollicité pour « pondre » une note précise sur le sujet. C'est sa première incursion dans le sacro-saint domaine politique à l'Élysée. Pas forcément un cadeau, mais le signe que le boss s'intéresse à lui. Jusqu'à présent, le jeune conseiller se cantonnait aux notes économiques. Sa petite virée corrézienne et la polémique qu'il a suscitée dans la presse autour du labrador, le célébrissime Baltique, ont ravi le prince. D'une certaine manière, François Hollande s'est glissé dans le cercle intime du roi. Jacques Chirac, en le comparant au compagnon le plus proche de Mitterrand, lui a rendu un immense service. La race canine peut parfois aider les jeunes aux dents longues. Mais là, il ne s'agit pas d'un os à ronger, mais d'une note à haut risque à rédiger de toute urgence. François Hollande a pour mission d'expliquer la défaite. Chaque mot compte. C'est le genre d'exercice qui peut briser une carrière. Les élections cantonales, il les a vécues sur le terrain, dans le canton de Bort-les-Orgues, où il a été opposé à une figure de la droite locale, Jean-Pierre Dupont. Il a perdu. Cette campagne corrézienne lui a au moins permis de sillonner la région, de découvrir l'incroyable écheveau de chemins vicinaux, de départementales sinueuses à perte de vue. Il a perçu la toute-puissance du système chiraquien. Depuis qu'il est maire de Paris, le patron du RPR vient moins souvent sur ses terres, mais ses affidés veillent au grain, et le maillage clientéliste est d'une efficacité redoutable. Pas un habitant qui n'ait un frère, un cousin, une grand-mère ayant obtenu un service, une aide, un emploi grâce au « Grand ». François Hollande poursuit son apprentissage. Il emmagasine. Il saisit sur le terrain à quel point les plus défavorisés n'ont pas perçu les indéniables avancées sociales mises en place par le gouvernement Mauroy et qui hérissent tant la droite.

Le message du pouvoir n'est pas passé. C'est la principale faille de cette campagne, analyse le jeune conseiller. Il l'écrit sans hésiter. La grande coupable, c'est la communication. Mitterrand lui renvoie un « Vu » écrit de sa main, le premier qui revient sur son propre bureau. Un petit signe que le président n'a pas été insensible à ses arguments. Une semaine plus tard, il le convoque dans son bureau. C'est leur premier tête-à-tête. François le Florentin et François le fort en thème. Ce dernier n'a que vingt-sept ans. Il flotte un peu devant celui qu'il considère comme un monument. Pense-t-il alors à sa grand-mère Antoinette, l'institutrice de Saint-Avertin, d'origine charentaise, qui a lu tous les livres de son idole, du *Coup d'État permanent* à *La Paille et le grain*, œuvres qu'il a lui-même lues sous sa houlette ? Mitterrand, d'humeur aimable, le questionne sur son périple corrézien. Cet énarque qui rêve de mettre les pieds dans le crottin et qui est allé titiller les bottes du hussard Chirac ne peut que l'intéresser.

Hollande ne s'est pas trompé en fonçant tête baissée dans le fief du maire de Paris. Il a excité la curiosité du patron. Les deux hommes discutent de la nécessité vitale d'une implantation locale pour un homme politique qui veut durer. Mitterrand connaît sa Corrèze par cœur. Neuvic, bien sûr, le fief d'Henri Queuille, grand ministre de l'Agriculture de la IIIe République et président du Conseil, à trois reprises, sous la IVe. On lui doit la création de la SCNF. Pour la plupart des hommes politiques, et pour Mitterrand en particulier, Queuille est un modèle de longévité, et, contrairement à la légende qui en a fait un bon député radical-cassoulet, un homme d'État. Jacques Chirac a accaparé la légende de cet élu enraciné dans la glaise et s'est calé sans vergogne à l'ombre de la statue du grand homme. Mitterrand conseille-t-il au novice d'aller déloger l'impétrant de cette posture si confortable ? François Hollande garde le secret de cette conversation. Il raconte, en revanche, que les deux hommes ont discuté du fonctionnement de la cellule Attali, qui provoque tant de grincements au château. Le président a lâché : « Laissez-les dire, poursuivez votre tâche. » Et puis vient le sujet principal de la réunion. Danielle Mitterrand, qui n'a pas l'intention de jouer les potiches à l'Élysée, a créé une association caritative, « Cause commune », pour ne pas rester confinée au rôle de première dame. Elle recherche un trésorier chargé de surveiller les comptes de son projet. Il lui faut quelqu'un de confiance. François Hollande se sent-il d'attaque pour cette mission ? interroge le président. Il n'aura de comptes à rendre qu'à lui-même, et devra observer une discrétion absolue. Moins il y a d'intermédiaires dans ce genre de dossiers, mieux cela vaut. Mitterrand désire seulement recevoir régulièrement des notes sur la gestion de l'association. Principe de précaution. François Hollande accepte sans hésiter. Il entre, cette fois, dans le domaine des « affaires réservées » du président. Certes, ce n'est pas le dossier Farewell[1], mais c'est une marque de confiance très particulière. Quelques mois plus tard, le président fait à nouveau appel à lui pour une mission spéciale. Elle a pour nom de code « opération Caton ».

À l'automne 1982, les nuages s'amoncellent sur le gouvernement Mauroy et sur l'Élysée. Il y a cette affaire des Irlandais de Vincennes qui pourrait bien impliquer un collaborateur du président, le capitaine Baril[2], il y a les manifestations des petits patrons et des petits commerçants ; il y a la dévaluation du franc et la perte de confiance des marchés. François

1. Espion soviétique retourné au début des années 1980 par la direction de la surveillance du territoire. Il livra, au début du septennat de François Mitterrand, une cinquantaine de noms d'espions soviétiques opérant sur le sol français.

2. Membre de la cellule antiterroriste de l'Élysée, le capitaine Baril est soupçonné d'avoir déposé des armes chez des activistes irlandais pour les confondre.

Hollande y ajouterait bien la défaite des Bleus en demi-finale de la Coupe du monde de football, en Espagne. Bref, l'atmosphère est à la morosité. En juin, Mitterrand a opéré un léger remaniement. Le fidèle Pierre Bérégovoy part aux Affaires sociales et laisse son poste de secrétaire général de l'Élysée. Mitterrand s'apprête à y installer Jacques Attali. À sa stupéfaction, le président fait face à une minifronde chez ses propres conseillers de l'Élysée, mais aussi chez bon nombre de ses ministres. Un mouvement TSA – « tout sauf Attali » – se constitue. Dépité, Mitterrand cède et convoque son conseiller très spécial. « Je ne peux pas vous nommer, dit-il, mais je vous laisse le choix de désigner le titulaire du poste. » Attali propose Bianco. Un an après avoir quitté les alpages de Manosque, Jean-Louis Bianco se retrouve propulsé numéro deux de l'Élysée, aux commandes techniques de la machine à gouverner la France.

Le soir de sa nomination, il fête cette promotion chez Ségolène et François, dans leur appartement de la rue de Rennes, à deux pas de Saint-Germain-des-Prés. « Nous venions de passer une année formidable avec eux, se souvient Jean-Louis Bianco. Il y avait une vraie joie à travailler ensemble, beaucoup de bonne humeur, de confiance. Et pas seulement de l'ambition. » Après tout, les deux peuvent aller de pair. Et c'est ce que dégage François Hollande en permanence. À l'Élysée, les secrétaires ont un faible pour ce jeune homme toujours affable et qui demande des nouvelles de tout le monde.

Bianco quitte la cellule du 2, rue de l'Élysée, mais il ne part pas très loin, il traverse la rue. L'ami Jean-Louis est désormais au sommet de la hiérarchie. L'énarque qui avait choisi de vivre loin des ors du pouvoir est rattrapé par son CV. Il sait que les temps difficiles sont devant lui. Il faut préparer les prochaines échéances électorales, les élections locales de mars 1983. Il est impératif de redonner du punch à un gouvernement en difficulté. Durant l'été, Mitterrand a une idée. Pourquoi ne pas faire écrire un livre par une « personnalité de droite, sous couvert d'anonymat, qui raconterait les coulisses de la gauche, en la critiquant tout en critiquant encore plus la droite » ? En d'autres termes, la gauche n'est pas brillante, mais la droite au pouvoir serait bien pire. Entre deux maux…

Jacques Attali en parle à Claude Durand, son éditeur, le P-DG des éditions Fayard. Les deux hommes cherchent le bon « nègre ». Ils pensent à André Bercoff, auteur d'un pamphlet à succès, sous le pseudonyme de Philippe de Commines, *Les 180 Jours de Mitterrand*[1]. Bercoff, écrivain prolifique, et avant tout d'une drôlerie décapante, accepte le jeu. Le livre s'appellera *De la reconquête* et sera signé Caton. Attali fournit quelques secrets du Conseil des ministres, qu'il remet à Bercoff, via Claude Durand. Le scribe a un problème : pour les questions économiques, il n'est pas fortiche. Il réclame

1. Belfond, 1977.

un conseiller. Attali propose immédiatement François Hollande qui devient le « nègre du nègre ». Au début, le jeu ne l'enthousiasme guère, mais il sait qu'il est en service commandé pour Mitterrand. Alors, il fait contre mauvaise fortune bon cœur. Il finit même par s'amuser en alimentant Bercoff en informations de première main. Le scénario d'un homme de droite qui se moque de la gauche qui « fait le sale boulot du capitalisme » est tarabiscoté ? Quand le livre sort, en janvier 1983, le succès est fulgurant. Toute la presse est en chasse derrière Caton. Qui est donc cette éminence qui révèle tant de petits secrets et qui assassine la droite chiraquienne sans en avoir l'air ? Le nom qui revient le plus souvent dans les gazettes est Raymond Barre, l'ancien Premier ministre de Giscard. Les spécialistes économiques sentent sa patte, sa causticité, et, bien sûr, son besoin de vengeance. Ségolène Royal, mise dans la confidence, rit beaucoup du rôle joué par le gentil Hollande, devenu espion du roi. L'hebdomadaire *VSD* réclame une chronique à Caton, qui devient une petite célébrité de la presse. Mieux, quand les radios proposent à Claude Durand des entretiens avec cet « homme de droite » dissimulé sous le masque de Caton, c'est François Hollande qui, depuis son domicile, sur Europe 1 et sur RTL, joue le rôle de l'auteur-mystère, sans même déguiser sa voix. Après tout, il est totalement inconnu du grand public. « Il a joué sa partition avec une aisance incroyable, se souvient André Bercoff. J'en étais soufflé. Il s'était mis dans la peau d'un homme de droite. Il en avait tous les réflexes. J'avais l'impression de voir un vieux briscard radical-socialiste. » Un seul auditeur découvre l'identité du Caton radiophonique, un copain de la promotion « Voltaire » de l'Ena, le fils de Jacques Duquesne, le chroniqueur religieux de *L'Express*. Mais la révélation reste confinée à un cercle suffisamment restreint pour que le secret ne soit pas éventé. Le livre est un *best-seller* et se vend à plus de quatre-vingt mille exemplaires.

Les Français adorent les renégats qui tirent contre leur propre camp, mais aussi contre leurs ennemis. Le Gaulois, par nature, aime le jeu de massacre. Malgré le succès du livre, la gauche subit, en mars 1983, un nouvel échec. Elle perd trente villes de plus de 30 000 habitants. À Paris, Jacques Chirac, le principal opposant, celui qu'on voulait atteindre avec « Caton », fait un carton plein. Il l'emporte dans les vingt arrondissements. La gauche n'est pas en perdition, mais elle frôle la déculottée. Mitterrand opère un troisième remaniement du gouvernement Mauroy. Sa principale nouveauté : la présence d'un porte-parole, Max Gallo, nommé secrétaire d'État. Sa mission : éviter les couacs de communication et parler d'une seule voix. Autant dire que la création de cette structure, directement liée à l'Élysée, fait tousser à Matignon mais aussi dans la plupart des grands ministères. On la surnomme « l'officine de la propagande ». Certains traduisent le message présidentiel par : « Silence dans les rangs ! » Dans les faits, Mitterrand vient de s'adjoindre les services d'un expert en communication hors pair, Jacques

Pilhan, chargé désormais de gérer l'image publique du président. Féru d'anthropologie et de psychanalyse, Pilhan[1] ne croit pas à la communication politique traditionnelle, mais aux effets des messages subliminaux, au rôle de l'implicite dans les stratégies de conquête de l'opinion. Il n'est pas totalement étranger à la création du porte-parolat confié à Max Gallo, homme de lettres et non professionnel de la politique. L'écrivain niçois, député socialiste, ancien communiste, ancien éditorialiste de *L'Express*, grand connaisseur des médias et du monde de l'édition, que Mitterrand apprécie en tant qu'historien, est un bleu dans le domaine administratif. « Je ne connaissais rien aux méandres des structures de l'État, reconnaît-il. J'avais besoin d'un énarque solide sur toutes ces questions, qui pouvait servir d'interface. » C'est Mitterrand lui-même qui donne le nom de François Hollande à Jean-Louis Bianco. Après tout, n'est-ce pas le petit Corrézien qui l'a convaincu de faire un effort sur la communication ? Il aurait peut-être même dû l'écouter plus tôt. Au printemps 1983, l'ancien élève de Saint-Jean-Baptiste-de-La-Salle devient directeur de cabinet de Max Gallo. Une petite cellule se constitue rue de Varenne, à deux pas de Matignon, pour rassurer Pierre Mauroy et son équipe qui se sentent dépossédés de l'espace « com » du gouvernement. Autour de l'historien, il y a un duo constitué de François Hollande et Jean-Marc Salmon,

1. Lire *Le Sorcier de l'Élysée. L'histoire secrète de Jacques Pilhan*, François Bazin, Plon, 2009.

directeur d'études à Ipsos, proche de Jean-Marc Lech. Salmon a connu Gallo à la faculté de Nice, quand ce dernier y enseignait l'histoire. Salmon était alors un des dirigeants locaux de l'Unef-Renouveau, comme François. Ce point commun dans leur CV les rapproche instantanément. Salmon est envoyé à la Maison-Blanche, à Washington, pour faire un repérage sur les méthodes de communication de Ronald Reagan. Les prémices de la politique spectacle sont là.

Le trio s'entend comme larrons en foire, organise des déjeuners quasi quotidiens avec les représentants de la presse. Tous les patrons de journaux écrits, radio, télévisés, viennent ripailler rue de Varenne avec les trois compères et s'étonnent de la curiosité insatiable de ce jeune homme à lunettes, au visage un peu poupin, qui vous fait subir un interrogatoire sous l'apparence bonhomme du néophyte. Hollande veut tout savoir sur le fonctionnement des journaux, les impératifs des journalistes, leurs besoins, leurs problèmes, la gestion des sources, leur protection aussi. Il a une expression fétiche : « Comment ça marche ? » Son côté étudiant met tout le monde à l'aise. Il apprend le « off », les formules « selon l'entourage » ou « un proche de » qui permettent aux chroniqueurs politiques de citer les petites phrases qui font mouche. Il remarque que les « journaleux » raffolent de petites anecdotes et de bruits de couloir, qu'ils ont horreur du vide, que, quoi qu'il arrive, il leur faudra remplir leur page. Alors, autant leur donner du grain à moudre. Cette philosophie, le jeune énarque l'intègre parfaitement. Hollande, durant cette période, est en « stage » au cœur de la machine à informer. « Sa grande force est qu'il était irrévérencieux, malicieux, toujours de bonne humeur, souligne Jean-Marc Salmon. Il avait une forme de causticité et d'indépendance qui surprenait ses interlocuteurs. Il avait un regard amusé sur le monde, une forme de mise à distance qui rendait les choses faciles. Nos invités n'avaient jamais rencontré ce style d'énarque qui se lâche. Mais son rôle dépassait largement le domaine de la presse. »

En fait, derrière cette activité vibrionnante de relations publiques, François Hollande est chargé de préparer les dossiers de Max Gallo pour le Conseil des ministres. Il n'est pas qu'attaché de presse. Il joue à plein son rôle d'énarque. Il décrypte les « bleus », les notes confidentielles de Matignon ou de l'Élysée pour son patron. Il est en amont de tous les projets de loi qui seront discutés au Parlement. Il doit connaître tous les dessous des cartes, les attitudes des groupes de pression, des lobbies, des ministres. Ses notes serviront au château. Il les fait parvenir à son ami Jean-Louis Bianco. Max Gallo lui rend compte de ses rendez-vous hebdomadaires avec Mitterrand à l'Élysée, et Mauroy à Matignon. Leur plus grosse mission : « faire passer la pilule de la politique de rigueur », celle de l'atterrissage de la gauche dans le réel. Sur plusieurs dossiers, Gallo est impressionné par la capacité d'adaptation de son « élève », sa ductilité. Quand l'armée française intervient au Tchad, sous le nom de l'« opération Épervier », pour réparer les bévues de communication de l'équipe de Charles Hernu à la Défense, Hollande a la lourde mission de prendre la relève, dans l'ombre, et joue le messager entre tous les ministères pour que « la France parle d'une seule voix ». Officiellement, il n'existe pas. Sur la crise de l'école et le débat autour de la loi Savary, qui va conduire des millions de Français dans les rues, contre l'avis de Matignon il pousse Max Gallo à prévenir très tôt Mitterrand de la « déflagration à venir[1] ». Des rencontres sont organisées discrètement pour le président par la cellule Gallo avec la presse catholique. Hollande joue les intermédiaires afin de désamorcer le conflit. En vain.

Un autre dossier, top secret, qui concerne la vie privée du président, lui tombe entre les mains à cette époque. Un dossier plus que brûlant. Il apprend l'existence de Mazarine Pingeot, qui n'a alors que neuf ans. L'écrivain Jean-Edern Hallier lui téléphone à plusieurs reprises en menaçant de publier un brûlot[2] sur cette « fille cachée » et aussi sur les persécutions qu'il aurait subies de la part des « sbires du président ». Hallier se plaint d'être sur écoute téléphonique. François Hollande ne sait comment se

---

1. Le 24 juin 1984, à Paris, deux millions de personnes manifestent contre la loi Savary visant à l'unification d'un grand service public dans lequel l'école privée serait intégrée. À la tête du cortège, Mgr Lustiger, Simone Veil, Jacques Chirac, Jacques Chaban-Delmas et Valéry Giscard d'Estaing.

2. Le livre, *L'Honneur perdu de François Mitterrand*, sera finalement publié aux éditions du Rocher.

dépêtrer de ce piège. Le polémiste provocateur, ancien directeur de la revue littéraire *Tel quel*, est un déçu du mitterrandisme. Il réclame, contre son silence, une ambassade ou une direction de chaîne de télévision que Mitterrand lui aurait promises. Spécialiste des coups tordus et des impostures, Hallier, au talent reconnu, est un génie en perdition. Finalement, Max Gallo et François Hollande parviennent à calmer les ardeurs belliqueuses du patron de *L'Idiot international.* L'histoire ne dit pas si François Hollande a rencontré secrètement le maître chanteur afin de négocier. Certains le prétendent. L'intéressé dément.

Malgré la situation politique de plus en plus tendue, les Mousquetaires de la rue de Varenne restent très soudés. Ils dînent les uns chez les autres. On se retrouve rue de Rennes, où Gallo croise les amis de François, les « Voltaire », Ségolène en premier lieu, et puis Jouyet, Sapin, Ripert, Cottin, parfois Bianco. Gallo le quinquagénaire prend plaisir à côtoyer cette bande de trentenaires aux dents longues et au coup de fourchette tout aussi acéré. On refait la gauche autour de bonnes bouteilles de bordeaux et de côtes de bœuf saignantes. On critique les écuries naissantes au PS, celle de Lionel Jospin, nommé premier secrétaire, celle de Laurent Fabius, l'ambitieux ministre de l'Industrie qui fait le siège du président. « J'ai conseillé à François de ne pas entrer dans ces batailles intestines, mortifères, ajoute Max Gallo. Il lui fallait trouver un mouvement qui dépasse ces clivages et qui donne la parole à cette génération montante. » Max Gallo est impressionné aussi par la détermination du « gamin » à vouloir s'implanter en Corrèze, malgré les revers successifs. Battu aux cantonales en 1982, aux municipales à Ussel en 1983. « Tous les vendredis soir, il partait pour la gare, avec son petit cartable, poursuit l'écrivain. Sans jamais rechigner, il creusait son sillon. » Le secrétaire d'État de Mitterrand n'a pas que des lauriers à tresser à l'endroit de ce « disciple zélé et loyal ». Il lui reproche son excès de pragmatisme. Un jour, il lui lance : « Tu es trop jeune pour être d'un si grand opportunisme ! » Des multiples leçons que lui a dispensées ce maître si différent de ceux qu'il a connus jusqu'à présent, si féru d'histoire et de littérature, si indépendant, si obsédé d'écriture, Hollande en retient une : celle de ne jamais se laisser enfermer dans un courant politique. Max Gallo, qui, malgré son travail ministériel, continue de martyriser sa machine à écrire, entre deux réunions, pour finir tel ou tel roman historique, fascine littéralement François Hollande. Celui-ci ne cache pas son admiration. Quand l'écrivain quitte le gouvernement, en juin 1984, après la déroute de la gauche aux élections européennes[1], il est un peu désemparé. Max, dans la tourmente, est devenu député européen. L'écrivain lui confie que la ronde des courtisans entourant désormais le « souverain » l'irrite prodigieu-

1. Le 17 juin, la liste de gauche, conduite par Lionel Jospin, obtient moins de 21 % des suffrages, contre 43 % à la liste dirigée par Simone Veil. Jean-Marie Le Pen entre au Parlement européen.

sement. Lui qui a tant écrit sur les monarques ne supporte pas le tour « cour de Versailles » que prend l'Élysée. Il s'en va sans regret. François Hollande comprend que ses jours sont comptés dans ce petit ministère et qu'il va falloir regarder ailleurs. Laurent Fabius, à trente-sept ans, est nommé Premier ministre et a bien l'intention de reprendre la main sur la communication du gouvernement. François Hollande se doute que le porte-parolat ne sera bientôt qu'une coquille vide. Fabius, la nouvelle star des médias, n'a nul besoin de lui. Roland Dumas, tout en restant ministre des Affaires européennes, remplace Max Gallo sans grande conviction, pour « rendre service au président ». François Hollande ne l'accompagne que deux mois. Un petit purgatoire. Au fond, il ne sait pas très bien où se diriger. Il a bien évoqué avec Jean-Louis Bianco la possibilité d'obtenir un poste de préfet, mais cela ne le tente guère. Cette option lui fermerait les portes de la politique.

Quand Max Gallo l'appelle pour lui proposer de le rejoindre au *Matin de Paris*, dont il vient de prendre la direction de la rédaction, il accourt. Le quotidien de la rue Hérold, créé par Claude Perdriel, propriétaire du *Nouvel Observateur*, vient d'être vendu à Max Théret, le fondateur de la Fnac, grande figure de la Résistance, proche de François Mitterrand. *Le Matin*, journal de gauche, mais qui n'est inféodé à aucun parti ni à aucun courant du PS, devient alors, même si Max Gallo s'en défend, l'organe officiel de la gauche au pouvoir. Il sombrera, comme tous les titres corsetés par une « ligne officielle ». Dans ce *Titanic* de papier, François joue les chroniqueurs économiques. Il se fait discret et intervient peu dans les débats qui font rage dans le journal au bord du gouffre. Les journalistes ne comprennent pas très bien quel est son rôle. Un conseiller occulte ? Un espion de l'Élysée ? Il n'a pas sa carte de presse et n'est pas salarié du titre non plus. Drôle de passager clandestin. Il reste conseiller référendaire à la Cour des comptes. Il pourrait presque être considéré comme un stagiaire. Mais pourra-t-il longtemps rester dans cette ambiguïté ? Comme toujours, il sourit, sympathise avec les uns et les autres, en profite pour comprendre de l'intérieur la mécanique d'un journal. Il garnit encore un peu plus son carnet d'adresses. Il connaît désormais le Tout-Paris journalistique. Ses « confrères » le surprennent souvent à téléphoner en Corrèze où il tente de grignoter du terrain au sein de la fédération socialiste. Là aussi, il rame.

Limoges est à cinq heures de Paris. Les week-ends passés dans les marchés aux bestiaux, dans les comices agricoles, les cours d'école ou les salles municipales l'éloignent de Ségolène. Pendant qu'il charmait Serge July, Pierre Lescure, Philippe Alexandre ou Hervé Chabalier, et d'autres grands noms du journalisme, sa compagne faisait le siège de Mitterrand. Elle a fini par séduire le président, qui l'a nommée chargée de mission à l'Élysée pour les questions sociales et environnementales. Elle a obtenu ce poste au forceps et ne s'est pas fait que des amis au château. Peu lui importe : elle est enfin conseillère officielle du président. Elle n'a que vingt-neuf ans. Son style un peu pète-sec détonne dans ce lieu policé, plus habitué aux chuchotements qu'aux éclats de voix. Mais la « petite Lorraine » a l'oreille de Jean-Louis Bianco, le secrétaire général, et du président lui-même, qui prend plaisir à lui faire jouer le rôle du renard dans le poulailler. Un renard en talons aiguilles, qui n'hésite pas à porter un tailleur en cuir noir quand il s'agit d'obtenir un dossier. Elle étonne et détonne, mais a une qualité que personne ne lui dénie : c'est une bûcheuse.

En cette fin d'année 1984, le 4 décembre, le couple fête la naissance de son premier enfant, Thomas. Ségolène Royal, deux jours avant l'accouchement, travaillait encore. Elle avait fait basculer ses lignes téléphoniques depuis l'Élysée à son domicile, avec fax, afin de continuer à suivre ses dossiers jusqu'au bout. Mais, ce soir du 4 décembre, on décrète une pause chez les Hollande. Enfin, presque. On trinque à la santé du nouveau-né. Ségolène se repose dans son lit. Thomas dort. François casse la croûte avec trois amis qui vont jouer un rôle considérable dans sa vie. Au menu : pâté, carottes râpées et gâteau au chocolat, sa petite faiblesse. Les trois invités ont un point commun avec François. Ils partagent le point de vue de Max Gallo sur la mission de leur génération : faire bouger les lignes du PS, sortir de la logique suicidaire des courants en inventant autre chose. Une autre logique. Mais laquelle ?

Chapitre 6

LE CHARME DE LORIENT

Curieusement, François Hollande ne s'est rangé sous aucune bannière. Ni Jospin, ni Fabius, ni Rocard. Est-ce parce que les ténors du PS l'ont tout simplement oublié ? Ou ses activités discrètes pour l'Élysée, puis pour Max Gallo, l'empêchent-elles de faire allégeance à telle ou telle faction ? Pour beaucoup, il n'est encore qu'un obscur technocrate. Malgré tous ses efforts, François Hollande, à trente ans, n'est ni membre de la direction du PS ni député. Il n'est qu'un modeste conseiller municipal d'Ussel, le fief de Jacques Chirac. Son coup d'éclat de 1981, face au patron du RPR, a vite été dissipé et noyé dans les brumes opaques du plateau de Millevaches. Le trio d'amis avec qui il dîne à son domicile, ce soir d'hiver 1984, va l'aider à sortir de l'anonymat, du moins l'espère-t-il.

Le premier d'entre eux, Jean-Pierre Mignard, est une vieille connaissance. Et un personnage singulier. Il entre à la direction du PSU de Michel

Rocard en 1972. Il n'a alors que dix-neuf ans. Avocat un brin gauchiste, il intègre le cabinet du grand pénaliste Henri Leclerc, défend les indépendantistes bretons et les autonomes, casseurs de toutes sortes, mais aussi les sidérurgistes en lutte. C'est un des piliers de la défense de tous ceux qui passent devant la Cour de sûreté de l'État. À droite, on le traite d'« avocat de terroriste ». En 1979, François Hollande, qui travaille « en clandestin » pour Jacques Attali au PS, veut connaître de plus près les mouvements autonomes, ces groupes d'extrême gauche qui prônent la violence de classe. Il rencontre le tout jeune avocat, à son domicile, dans le XIXe arrondissement de Paris. « Je lui organise alors des rencontres avec des militants, précise Jean-Pierre Mignard. Il découvre que ces gars étaient des intellectuels-prolos, lecteurs de Toni Negri, de Félix Guattari et de Gilles Deleuze, et pas de vagues casseurs de banlieue. » Peu à peu, les deux hommes, en apparence si différents, sympathisent. Ils fondent une association, le club des Cordeliers, en référence au club de la Révolution française dont le symbole est un « œil toujours ouvert ». L'idée étant de réunir avocats, fonctionnaires, journalistes, qui débattent librement, sans *a priori* idéologique, de l'évolution de la société française. La bande des « Voltaire » est conviée aux premières réunions qui ont lieu au cabinet d'Henri Leclerc, boulevard Ornano, dans le XVIIIe arrondissement. Mais très vite d'autres les rejoignent, comme Frédérique Bredin, camarade de l'Ena elle aussi.

Le deuxième protagoniste de cette « soirée historique », fondatrice, disent les proches de François Hollande, est Jean-Yves Le Drian, député du Morbihan. Un Breton taillé dans de la pierre de menhir, agrégé d'histoire, que le turbulent maître Mignard a fait témoigner devant la Cour de sûreté de l'État sur le thème de l'identité de la Bretagne profonde. François Hollande assiste au procès. Les trois hommes décident de se revoir très vite. Le Drian organise un déjeuner à l'Assemblée nationale. « Je me souviens de Hollande arrivant en scooter, rappelle l'élu breton. Nous étions obsédés par l'idée de ne pas nous laisser enfermer dans des chapelles. Mais nous cherchions comment nous organiser, sans créer un nouveau courant, un de plus. C'était encore très flou. »

Le troisième invité ? Jean-Michel Gaillard, conseiller à l'Élysée. C'est un vieux copain de Le Drian, depuis l'université de Rennes où ils ont été assistants d'histoire. Jean-Michel Gaillard a passé le concours d'entrée à l'Ena par la voie externe et il a été nommé chargé de mission à l'Élysée, sous la direction d'Hubert Védrine, alors responsable des affaires diplomatiques pour François Mitterrand. Hollande, Mignard, Le Drian, Gaillard. Le quatuor invente ce soir-là la formule des « transcourants », un mouvement insaisissable et protéiforme dont le but est de transcender les courants au sein du parti. Une belle utopie ? Une manière d'exister, en tout cas, sans être pris dans les filets de telle ou telle écurie. André Bercoff, que François Hollande voit de temps en temps, trouve une formule drôle pour les définir : « Il y a des gens qui courent sans entrer en transe, et il y a ceux qui entrent en transe sans courir… Ce sont les transcourants. » Au-delà du jeu de mots, François Hollande invente une structure nouvelle dans l'histoire du PS : un club de dissidents sympas. Il râle contre les grand-messes des congrès, auxquelles il n'a pas vraiment participé. Il revendique une social-démocratie éclairée. Il souhaite un rajeunissement des cadres. Bref, il veut trouver son propre espace sans passer sous les fourches caudines des trois « manitous » du PS, Fabius, Jospin, Rocard. Il lui faut d'abord élargir le cercle de ses amis. Et obtenir le feu vert de l'Élysée. Pas question de heurter la sensibilité du président, qui pourrait bien conseiller à tous ces jeunes loups d'aller se ranger derrière Laurent Fabius. N'incarne-t-il pas, mieux que quiconque, la modernité et l'ouverture ? Pourquoi s'embarrasser d'une nouvelle structure qui risque de semer un peu plus la confusion ? François Hollande se confie à Jean-Louis Bianco au cours des déjeuners que Max Gallo organise chez lui, place du Panthéon. Surprise : Bianco soutient le projet sans réserve. Mieux, il veut en être, ou au moins le suivre régulièrement, afin d'alimenter Mitterrand en idées nouvelles pour les combats futurs. Hollande et les siens sont rassurés. Ils sont adoubés en haut lieu et peuvent jouer les opposants sans craindre les foudres du Tout-Puissant.

Ils publient une tribune dans *Le Monde*, le 16 décembre 1984, intitulée « Pour être modernes, soyons démocrates », puis, un an plus tard, un livre, *La gauche bouge*[1]. Leur entrée est fracassante… dans les médias. Au sein de la direction du parti, en revanche, pas une onde à la surface de l'eau. Les hiérarques observent ces « petites fourmis » s'agiter avec le regard froid de l'entomologiste blasé. Les « transcourants » ? Des petits arrivistes qui tentent un coup pour « se faire mousser ». Certains, tout de même, sont agacés, comme Jean Poperen, ou Lionel Jospin. Celui-ci imagine un complot des fabiusiens pour le déstabiliser. Il réagit par cette formule, en pensant à la bande de Coëtquidan : « Il ne suffit pas d'avoir été copains de régiment pour avoir des idées neuves. » Pour Jospin, il ne fait pratiquement aucun doute que ces « trois mousquetaires » sont téléguidés par l'Élysée. Gaillard, Hollande et Ségolène Royal, qui n'est jamais très loin, sont à des degrés divers des « agents » du château. Leur petit mouvement d'humeur dans la presse ne vise-t-il pas à le ringardiser face à Fabius le Magnifique ? D'un côté, Lionel le Rigide, chef des archaïques, des éléphants à la lourdeur idéologique paralysante. De l'autre, Fabius le Cavalier avec ses Cosaques, l'homme aux idées fluides, toujours en mouvement. Les « transcourants » agacent, mais paraissent bien inoffensifs, jusqu'au jour où François Hollande décide de présenter une contribution pour le congrès de Toulouse, en octobre 1985. La faute tactique est tellement grosse : pour les éléphants,

1. *La gauche bouge*, Jean-Claude Lattès, 1985.

celui qui a ses entrées à l'Élysée, le petit conseiller municipal corrézien, est tout bonnement en train de constituer un courant. Plus personne n'est dupe. Sa petite entreprise des « transcourants » n'est qu'un faux nez. La foudre tombe aussitôt. Les signataires de la contribution Hollande sont pressés d'aller voir ailleurs, sous peine de ne pas bénéficier de l'investiture de la direction du parti pour les prochaines échéances électorales. En quelques semaines, une salve d'intimidations tombe sur les comploteurs. Hollande fait marche arrière et range ses ambitions au placard.

Lionel Jospin, pour marquer le coup, convoque les agitateurs rue de Solférino, et leur passe un savon. Il leur inflige un : « Mon club, c'est le parti ! » qui en fait pouffer plus d'un. Malgré cette retraite en rase campagne, Hollande a gagné. En montant cette opération « Transcourants », il est sorti de l'ombre. Il s'est fait remonter les bretelles, mais il est enfin sur le devant de la scène. Avec sa méthode, toujours en zigzag. Pour atteindre un point donné, il ne prend jamais la ligne droite. Il ne passe jamais en force. Il attend que le courant lui soit favorable. C'est parfois ce qui déroute ses amis. Les plus proches finissent par s'y habituer. Les « Coëtquidan », les « Voltaire », eux, savent décrypter le « hollandisme » naissant. Il faut juste un peu de temps pour le déchiffrer.

Après ce joli coup médiatique, comment durer face aux mastodontes de l'appareil ? Quel parrain pourrait donner une plus grande légitimité au mouvement ? Jean-Pierre Jouyet, l'ami de toujours, vient d'être nommé à Bruxelles directeur adjoint de Jacques Delors, tout nouveau président de la Commission européenne. Il confie à François Hollande que son patron est très sensible aux thèses des « transcourants ». Comment l'appâter ? Jean-Yves Le Drian, maire de Lorient, va accueillir une régate, la Course de l'Europe, parrainée par l'homme de Bruxelles. Delors sera présent. Les « trans » organisent, le même jour, le 22 août 1985, à Lorient, un séminaire d'études dans un centre de vacances nommé Amzer Nevez, appartenant à la Fédération des sonneurs bretons, les joueurs de cornemuse. Il suffit d'inviter Delors à cette réunion, de lui réserver une ovation de tous les diables. L'opération « guet-apens » réussit au-delà des espérances de Hollande et de ses amis. Jacques Delors est sous le charme. Il accepte le titre de « parrain » de Lorient. Il ne saisit pas à ce moment-là qu'une petite écurie présidentielle, sous une forme nouvelle, est en train de voir le jour. Ils sont une soixantaine à participer à cette messe politique. Un aréopage disparate, avec des gens comme l'ancien communiste Alexandre Adler, l'ancien leader de Mai 68 Jacques Sauvageot, ou le journaliste Laurent Joffrin, auteur d'un livre que Hollande ne renierait pas, *La Gauche en voie de disparition*[1], et bien sûr tous ceux qui gravitent autour de François Hollande depuis les années Sciences Po ou l'Ena. Ils fondent alors un nouveau club, Démo-

1. Le Seuil, 1984.

cratie 2000. Jean-Pierre Jouyet est bombardé président du mouvement. Le nom de l'organisation est révélateur de l'objectif des « visiteurs » de Lorient : Démocratie 2000, être au pouvoir à cette date…

Durant cette période, travaillant toujours au *Matin*, Hollande poursuit son implantation en Corrèze, tout en gardant un contact permanent avec l'Élysée. Le président lui confie une nouvelle mission de confiance : le contrôle des comptes de l'association antiraciste qu'il parraine, SOS Racisme. En pleine ascension du Front national qui, d'élection en élection, grignote les voix du Parti communiste, il faut à tout prix reconquérir les quartiers populaires, s'agréger au mouvement « La marche des Beurs », et surtout récupérer les voix de la jeunesse. Jean-Louis Bianco présente Hollande aux dirigeants de SOS Racisme, Julien Dray et Harlem Désir. À l'Élysée, un homme supervise l'opération : Jacques Pilhan, le conseiller en communication de Mitterrand. Pilhan organise de nombreuses réunions à son bureau, cours Albert-Ier, sur les quais de la Seine, à deux pas de l'ambassade du Brésil. Au cours de ces conclaves, Hollande sympathise avec Julien Dray, ancien dirigeant de la Ligue communiste révolutionnaire. Celui qu'il surnommera très vite « Juju » séduit François, qui n'a pourtant jamais eu d'atomes crochus avec les trotskistes. « Juju » est une boule d'affectivité, un passionné et, en même temps, un expert en manipulations d'arrière-cuisine. Il est flamboyant et hypocondriaque. Le message de Jacques Pilhan à ce commando mitterrandien : rajeunir l'image de

« Tonton », comme le surnomme *Le Canard enchaîné*. Il faut ringardiser Chirac, en faire une vieille baderne politicienne. Lancer la mode de la « tontonmania ». Ce petit club a, bien sûr, le soutien de Ségolène Royal qui poursuit inlassablement son ascension dans les couloirs du château. Mitterrand lui fait de plus en plus confiance, après lui avoir confié, avec d'autres, l'organisation du sommet des pays les plus industrialisés. Elle propose comme endroit symbolique de la réunion une ville ouvrière en pleine déshérence, Le Creusot, dans une usine désaffectée. Mitterrand choisit finalement les ors et les fastes du château de Versailles. Signe que l'homme de gauche a très vite enfilé le costume du monarque ? C'est ce que de nombreux socialistes pressentent.

Ségolène Royal élargit son espace d'intervention, entre les questions de femmes, de la jeunesse, de l'environnement. Son côté dame patronnesse surfant sur l'époque, avide de médias, indispose. Mais le bulldozer lorrain avance sans se préoccuper des jaloux. Ségolène Royal doit traverser une épreuve délicate durant sa période élyséenne. Son frère, Gérard Royal, membre des commandos de nageurs de combat basés à Aspretto, en Corse, participe à une mission en Nouvelle-Zélande. But de l'opération : neutraliser le *Rainbow Warrior*, un bateau affrété par des militants de Greenpeace qui se dirige vers l'atoll de Mururoa pour protester contre les essais nucléaires français dans le Pacifique. « Les responsables ont décidé de faire exploser le bateau, raconte un officier de la DGSE de l'époque. Il suffisait de mettre un kilo de sucre dans l'essence pour le bloquer. » La mission est un fiasco. Un photographe portugais, Fernando Pereira, est tué dans l'explosion. Deux agents secrets français sont interceptés en territoire néo-zélandais. Énorme scandale international. En France, le gouvernement de Laurent Fabius est sur la sellette. Les policiers néo-zélandais recherchent l'identité du conducteur du canot pneumatique qui a transporté les explosifs. On le surnomme « l'homme au bonnet rouge ». Selon toute vraisemblance, il s'agit du frère de Ségolène, Gérard Royal. Si, par hasard, l'information parvient à la presse, ce sera catastrophique pour la carrière de la conseillère. Et aussi pour Mitterrand lui-même. Imaginez les manchettes des journaux : « Le frère d'une conseillère du président transportait les explosifs ! »

L'été précédent, François Hollande et Ségolène Royal lui avaient rendu visite à Aspretto, centre d'entraînement des nageurs de combat de la DGSE. Ils ne pourront pas dire qu'ils ne connaissaient pas les activités de Gérard Royal ! Finalement, les services spéciaux parviennent tant bien que mal à préserver l'anonymat de l'homme au bonnet rouge. Ségolène Royal a eu chaud, et, par ricochet, François Hollande. Car, qu'ils le veuillent ou non, leur image est indissociée. Ils sont devenus un « couple politique ». Fait rarissime dans l'histoire, voire inédit. Ils travaillent en osmose, en binôme. François aide Ségolène à rédiger ses rapports. Ségolène est consultée pour chacune des initiatives de François, même si elle passe la plus grande part de son temps à l'Élysée. Elle est à Lorient, elle participe aux réunions de SOS Racisme, elle assiste également à celles d'experts que son compagnon organise pour son compte. La légende de la « petite entreprise » Royal-Hollande fait son chemin.

Pourtant, dans l'appareil socialiste, ils ne sont encore que des bleus qui se poussent du col. On les observe sans très bien comprendre leur trajectoire. Il faut dire que les états-majors socialistes sont plus préoccupés par les scènes de ménage permanentes auxquelles se livrent Laurent Fabius et Lionel Jospin. Entre le Premier ministre et le patron du PS, la guerre est totale. Fabius n'a aucun atome crochu avec Lionel Jospin, qu'il considère comme un petit bureaucrate. En octobre 1985, au congrès de Toulouse, les deux hommes ne cachent pas leur rivalité. Ils se chamaillent, quelques semaines plus tard, pour le leadership de la campagne électorale des législatives de mars 1986. Jospin menace de démissionner. C'est dans une atmosphère de vaisselle brisée que le PS part au combat. Le résultat est calamiteux[1]. La gauche est balayée et François Mitterrand doit subir une cohabitation douloureuse avec Jacques Chirac, qui devient Premier ministre, fait sans précédent sous la Ve République.

François Hollande, lui, voit sa tâche se compliquer un peu plus en Corrèze. Deuxième sur une liste

1. Le 16 mars 1986, la droite (RPR et UDF) obtient 286 sièges à l'Assemblée nationale, contre 247 sièges à gauche (PS et PC).

départementale à la proportionnelle, derrière le baron local, le député Jean-Claude Cassaing, il n'est pas parvenu à se faire élire. Pour lui, l'heure du bilan a sonné. En cinq ans, il n'a réussi à obtenir qu'une malheureuse place de conseiller municipal à Ussel. Pas de quoi pavoiser pour quelqu'un qui se dit dans les « petits papiers » du président de la République ! D'autre part, le retour de Chirac dans les plus hautes sphères ne l'arrange guère. Le seigneur du plateau de Millevaches va accentuer son emprise sur le département. Que doit faire le jeune Hollande ? S'exiler ? Chercher de nouvelles terres d'élection ? Il a pourtant beaucoup appris en labourant la terre corrézienne, dans ce département où rien n'est simple. Entre les terres arides et agricoles de la haute Corrèze, son plateau venteux au nord, la ville ouvrière de Tulle et sa manufacture d'armes au centre, et Brive la bourgeoise au sud, les tensions sont permanentes. Spécialement entre Tulle l'austère et Brive la délurée. Appréhender les particularismes dans un département très enclavé n'est pas de tout repos. « Un jour, raconte Philippe Rousseau, rédacteur en chef de *La Montagne*, François Hollande se trouve en haute Corrèze, quelques jours avant un match de rugby, Brive contre Clermont-Ferrand. Et bien sûr, il lance un tonitruant "Allez Brive !" qui tombe totalement à plat. En fait, en haute Corrèze, les gens se sentent plus auvergnats que brivistes et soutiennent l'équipe de Montferrand. Il a très vite compris qu'il avait commis une bourde. Au fil des mois, il a fini par saisir l'âme de cette région, sa complexité. »

Hollande, l'homme qui n'aime pas les lignes droites, est servi : en Corrèze, tout est sinueux. L'esprit de vallée est partout, les querelles ancestrales aussi. Il faut donc y avancer avec prudence. Mais combien de temps doit-il encore attendre pour plaire à ces Corréziens si rétifs ?

À Paris, on lui propose alors de se présenter à Saint-Quentin, dans l'Aisne, en région picarde. L'idée est séduisante. Partir dans le Nord, sur les terres plates de ses ancêtres, est peut-être la bonne option. Et même un signe du destin. Il pourra sillonner la région de ses aïeuls. Ici, il sera en terre connue. Plus de cent cinquante personnes portant le patronyme Hollande habitent dans le Nord. Il sera donc un peu en famille. Saint-Quentin n'est qu'à une dizaine de kilomètres de Plouvain, le berceau de la famille Hollande. Va-t-il franchir le pas ? L'idée de repartir de zéro ne le séduit pas. Il préfère rester en Limousin. D'autant que le destin lui sourit : Charles Pasqua, ministre de l'Intérieur de Jacques Chirac, lui rend un fier service. Pour le plus grand profit du RPR, l'ancien représentant de Pernod-Ricard, devenu ministre, s'est lancé dans un découpage électoral pour les élections législatives de 1988. Dans ses petits calculs, le premier flic de France a abandonné la circonscription de Tulle aux communistes. Plusieurs responsables locaux poussent Hollande à sauter sur l'occasion et à s'y présenter. Il finit par se laisser convaincre.

Tulle, lovée sur les bords de la Corrèze, ville de gauche, dirigée par un communiste, Jean Combasteil, où la CGT est toute-puissante. Ville de paradoxe aussi, qui fabrique des armes et… de la dentelle. Mais aussi des accordéons. Le niveau de vie, grâce à la manufacture d'armes, est plutôt élevé. Préfecture de la Corrèze, la commune a une réputation de ville froide, austère et méfiante. À tort. Les Tullistes, pas farouches, adoptent très vite le « petit François ». Plus vite que les paysans madrés des collines du Nord, fief de Jacques Chirac.

Tout en poursuivant son aventure corrézienne, à Paris, François Hollande est récupéré par Claude Allègre, chargé par Lionel Jospin, après la débâcle de 1986, de former un groupe d'experts autour de lui. C'est Jean-Marie Colombani, le patron du *Monde*, qui lui a conseillé de prendre ce « brillant économiste », qui donne des cours à Sciences Po depuis 1981 avec son copain Jean-Pierre Jouyet. Lionel Jospin, enfermé par Fabius dans un rôle d'*apparatchik* isolé dans son antre de la rue de Solférino, a besoin d'ouvrir les fenêtres et cherche à rameuter du sang frais autour de lui. Le groupe des experts doit lui permettre de renouveler le logiciel du parti. On voit le premier secrétaire à toutes les réunions, avec Henri Nallet, Michel Delebarre, Henri Emmanuelli, François Roussely, Jean Pisani-Ferry, Christian Sautter, Marie-Pierre de La Gontrie et… François Hollande. « Il était plutôt prudent, presque effacé, se souvient Claude Allègre. J'ai pensé que Jospin l'intimidait. Mais très vite, on a compris qu'il était d'une grande vélocité intellectuelle. Je suis allé dîner plusieurs fois chez lui. Nous sommes devenus proches. » Entre le tonitruant géologue et le sémillant énarque, le courant passe. Le Corrézien ne s'inscrit pas pour autant dans l'écurie jospiniste. Comme toujours, il butine d'un côté ou de l'autre, incapable de s'affilier à un clan. Prudence extrême ou manière de n'être le second de personne ? Hollande l'insaisissable a beau courir les clubs et les cercles parisiens, il sait que, pour peser, pour être enfin reconnu, il lui faut à tout prix être élu aux élections législatives de 1988. Sans mandat, il ne sera jamais qu'un intellectuel remplissant des fiches d'expertise. La réélection de François Mitterrand, le 8 mai, avec 54 % des suffrages, lui ouvre de nouvelles perspectives. Pour lui, la défaite de Chirac le Corrézien est une très bonne nouvelle. On murmure que ce dernier déprime, qu'il est cloîtré dans sa mairie de Paris et qu'il ne met plus les pieds dans son fief. Le bruit court un temps qu'il va peut-être même abandonner la politique. Tous les feux sont au vert pour que François Hollande sorte de la spirale de la défaite, et se fasse une place au soleil en Corrèze.

Il est élu député le 12 juin 1988. Au premier tour, il a devancé de deux cents voix le candidat communiste, maire de Tulle, Jean Combasteil, contre qui il a mené une campagne « courtoise ». Résultat : les voix communistes ne lui ont pas fait défaut au second tour. Sept ans après avoir été parachuté sur le plateau de Millevaches, il est enfin arrivé au port. « Il a fait une campagne avec une minutie qui nous a laissés pantois », se souvient Jean-Claude Darmengeat, son directeur de campagne, un des patrons du PS local. « Ce n'était pas gagné, car, malgré son activité sur

Ussel, il était toujours le Parisien pour beaucoup. Mais il a fait un travail de terrain à la Chirac, visitant les communes les plus éloignées, serrant des mains et des mains, s'intéressant à chaque famille, et toujours avec cette bonhomie qui vous donne l'impression que vous avez toujours été son copain. » Il a aussi potassé l'histoire du pays. Ici, la Résistance a laissé de fortes traces. À Tulle en particulier, ville martyre qui fut le théâtre d'un massacre perpétré par les SS, le 9 juin 1944, trois jours après le débarquement allié. Pour se venger d'une opération des Francs-tireurs et Partisans, très implantés dans la région, les Allemands raflent 120 habitants de Tulle et pendent 99 d'entre eux aux balcons du centre-ville. Depuis, tous les 9 juin, une procession a lieu, depuis la gare jusqu'au mausolée érigé en souvenir des victimes, à l'extérieur de la ville. Chaque balcon où un supplicié a trouvé la mort est orné d'une guirlande. La cérémonie est impressionnante, car le cortège reste silencieux du début jusqu'à la fin, et aucun discours n'est prononcé. François Hollande est sûr d'une chose. S'il veut rester longtemps à Tulle, et peut-être un jour prendre la mairie, il devra ne jamais manquer la cérémonie du 9 juin. Et apprendre à se taire. Pour honorer la mémoire des morts… et plaire aux vivants.

Chapitre 7

MONSIEUR ROYAL

En elle, quelque chose a changé. Imperceptiblement. Une lueur dans le regard. Une manière de prendre la parole dans les soirées entre amis. Une posture plus libre. Elle n'est plus tout à fait la « compagne de ». Jusqu'à présent, même si tout donnait à penser que, dans leur couple, le principe d'égalité prévalait, on sentait bien qu'elle était en retrait, sous le charme de ce coureur d'estrades et de tribunes, dont elle paraissait follement éprise. Dans les dîners, tous les amis remarquent une femme attentionnée et surtout à l'écoute des longues tirades passionnées de son compagnon. Ah ! ce terme, « compagnon », impossible de leur faire prononcer autre chose pour désigner leur alliance. Le compagnon, littéralement, est celui avec qui on partage le pain. Si certains utilisent les mots « mari » ou « femme » devant eux, ils sont rembarrés immédiatement. Ces expressions atroces ne font pas partie de leur vocabulaire. Trop ringards ? Ni l'un ni l'autre ne sont pourtant des adeptes de l'amour libre vanté par la génération des soixante-huitards. Ni libertins ni puritains, Ségolène et François n'aiment pas les mots qui tournent autour des épousailles. Ils leur rappellent à tous les deux de mauvais souvenirs, ceux de leurs parents mariés devant la Sainte Église, et qui n'ont pas tout à fait respecté le pacte qu'ils avaient signé. Trop de drames intimes les rendent rétifs à l'institution matrimoniale. Ils sont donc concubins et fiers de l'être.

Ce curieux couple qui revendique avec conviction, sur tous les toits, que le mariage n'est qu'un carcan, a fait trois enfants. Après Thomas en 1984, vinrent Clémence en 1986, et Julien en 1987. Pour chacun, François Mitterrand, à la naissance, a envoyé une timbale gravée de ses armes, un chêne et un olivier entremêlés. Comme tous les couples modernes, dans lesquels les parents sont débordés, il a fallu serrer les agendas au plus près. Heureusement, il y a eu la crèche de l'Élysée, et puis les grands-mères, Hélène Royal, et surtout Nicole Hollande, omniprésente, et toujours prête à aider pour que la carrière de son fils ne soit pas entravée. L'assistante sociale n'a jamais caché qu'elle imaginait un immense destin pour son rejeton. Il y a aussi Aurèle, la nounou antillaise, installée à domicile, qui pallie tout changement d'horaires d'un des deux parents. Une aide précieuse pour le turbo-couple qui parvient, tant bien que mal, à mener une vie de famille. De nombreuses soirées sont réservées aux enfants et restent un domaine intouchable. Ségolène Royal, moins impliquée dans la vie du Parti socialiste avec son poste à l'Élysée, a une vie plus stable que son conjoint. La distribution des rôles semblait claire. François courant les chemins vicinaux de Corrèze du vendredi soir au dimanche matin, bondissant de réunion d'experts en réunion d'experts, cherchant à entrer par n'importe quel trou de souris à la direction du PS. Ségolène, conseillère du président, avec un job plus administratif, peut jouer les « bonnes mères de famille ». Et puis vint la réélection de François Mitterrand. Quel motif pousse alors la maman poule à bouleverser ce scénario bien huilé ?

Le 21 mai 1988, dans son bureau de l'Élysée, elle attend la cérémonie d'investiture de Mitterrand, qui va avoir lieu dans quelques minutes. À ses côtés, François Hollande, Julien Dray et Harlem Désir, l'équipe de SOS Racisme, savourent la victoire du candidat de la gauche. Julien et Harlem sont devenus des intimes de la famille. Il leur arrive de passer quelques jours de vacances ensemble. Ségolène Royal, alors que l'atmosphère est à la fête, a du vague à l'âme. La perspective d'entamer une nouvelle saison à l'Élysée ne l'enchante guère. Sa place n'est plus rue du Faubourg-Saint-Honoré, confie-t-elle. Elle lâche tout à coup, dans un soupir de regret : « Je crois que j'ai commis une erreur. Ce n'est pas à l'Élysée que l'essentiel va se jouer. J'aurais dû demander une circonscription. » Trop tard, lui rétorquent les trois hommes. La campagne électorale va commencer dans quelques jours et les circonscriptions ont toutes été affectées. L'affaire est râpée : le lendemain, le parti doit entériner les candidatures.

Ségolène Royal regarde François Hollande et ses deux amis et lâche, implorante : « Vous pourriez en parler au président ? »

Quelques minutes plus tard, ils se retrouvent face à François Mitterrand pour le pince-fesse qui suit le discours officiel. Tout le gratin de la République est là : Conseil constitutionnel, responsables des corps constitués. Mitterrand, d'humeur badine, plaisante avec Julien Dray, lui conseille de se raser la barbe, qui lui donne un faux air de Che Guevara. Le chef de l'État lui demande des nouvelles de sa campagne électorale dans l'Essonne, où il est candidat pour la première fois, grâce au soutien appuyé du maître de l'Élysée. Il glisse vers François Hollande et l'encourage à ne pas lâcher prise en Corrèze. « Cette fois, ce sera la bonne », lui souffle-t-il, bienveillant. Soudain, alors que personne n'osait poser la question qui fâche, Harlem Désir s'avance : « Monsieur le président, ne pensez-vous pas que Ségolène peut être, elle aussi, député ? » Mitterrand, médusé, se tourne sèchement vers sa conseillère, et, d'un ton sévère, lui assène : « Si vous vouliez être député, il fallait me le dire ! » La jeune femme, avec une voix de petite fille, bredouille : « Je n'ai pas osé… » Pour le groupe, l'affaire est entendue. Le président est courroucé par ce qui apparaît comme un caprice de trop. Il tourne les talons sans un mot. Pour lui, croit comprendre le quatuor, Ségolène Royal n'est qu'une énarque et n'est pas faite pour le terrain. Son vieil ami Louis Mexandeau, élu du Calvados, a sans doute narré à Mitterrand sa catastrophique tentative d'implantation à Trouville, épisode qu'elle a gommé de sa biographie, où, avec un toupet inouï, elle s'est tellement réclamée du président qu'elle s'est mis à dos tous les élus locaux. Elle fut contrainte de rentrer à Paris, dépitée et furieuse. Elle a commis trop d'impairs. Mitterrand ne bougera pas le petit doigt pour elle.

À sa grande surprise, Ségolène Royal, quelques minutes plus tard, est convoquée dans le bureau du président. « Tonton » a décidément un gros faible pour elle. Après quelques coups de téléphone, il lui a dégotté une circonscription, dans les Deux-Sèvres. Un petit miracle. Le candidat pressenti s'est désisté au dernier moment. Mitterrand, tout sourire, lui dit : « À vous de jouer, maintenant. » Il lâche, avant de la libérer : « Vous allez vous faire battre, mais c'est comme ça qu'on commence. »

Une véritable course contre la montre s'engage pour Ségolène Royal, devant un François Hollande éberlué. Elle n'a que quelques heures pour déposer sa candidature à la préfecture de Niort. Elle saute dans un train, se fait prêter les dix mille francs de caution indispensables pour déposer sa candidature. Personne ne parierait un kopeck sur sa victoire. Elle atterrit dans une circonscription rurale, peu encline à voter à gauche. Et puis son parachutage est tellement improvisé. Les caciques locaux traînent des pieds pour aider cette « bourgeoise collet monté » qui va défaillir à la première odeur de fumier. Ils ne savent pas que cette énarque habituée aux lambris des palais nationaux est une petite paysanne lorraine dans l'âme. Sa mère, Hélène, lui a enseigné, enfant, le goût de la terre et de la culture des plantes. Sur le terrain, Ségolène étonne les plus grincheux. Elle fait une campagne *blitzkrieg* époustouflante. Son adversaire UDF, pour la contrer, n'a trouvé qu'un malheureux slogan qu'on peut lire sur ses propres affiches : « Un homme bien de chez nous ». La femme venue d'ailleurs sort victorieuse de ce combat express. Elle a vaincu les machistes et les snobs. À l'Élysée, son parrain ne regrette pas d'avoir misé sur elle, sur un coup de dés : « Ségolène, cette petite bourgeoise, élevée dans le catholicisme, elle va tâter le cul des vaches et elle gagne, lance-t-il fièrement. Elle a du sens politique, elle. » Ainsi, presque sur un coup de tête, Ségolène Royal devient député, en même temps que son compagnon.

Les médias se précipitent sur eux. On les prend en photo devant l'Assemblée nationale, avec leur petit cartable de parlementaires. Ils sont jeunes, sympathiques, énarques, mais élus de province. Ils ont déjà trois enfants. Ils incarnent la modernité, celle d'une jeune génération qui parvient à allier vie de famille, réussite sociale et goût de l'aventure. Et puis, cette Ségolène, avec ce sourire de Joconde du Poitou, attire la lumière comme personne. Elle intéresse les médias. Si François Hollande n'y prend pas garde, elle pourrait bien l'éclipser. Ironie du destin : il a besogné sept ans sa circonscription pour parvenir à ses fins, s'est usé la paume des mains et s'est crotté les mocassins plus que de raison. Sa compagne, elle, sur un coup de téléphone du prince, et une campagne éclair de quinze jours, a réussi l'exploit. On a beau avoir le sens du partage, le coup est rude pour le moral du Corrézien. D'autant qu'il sent bien qu'il s'est passé quelque chose durant cette bataille des Deux-Sèvres. Elle lui a d'ailleurs avoué, et aussi à ses proches, qu'elle s'était révélée à elle-même. « Avant cette campagne, confie-t-elle, j'avais un problème avec la parole. J'étais toujours en retrait, sans doute à cause de mon éducation. Au contact des gens, au cours des réunions et des meetings, je me suis découverte. J'aime être au milieu des gens, prendre la parole en public. Quelque chose s'est débloqué en moi. »

Dans le tourbillon de la victoire, François Hollande ne s'inquiète pas outre mesure de ce brutal changement de scénario. Ils vont désormais être deux à passer leurs week-ends sur les routes. Entre Poitiers et Tulle, il y a tout de même trois cent cinquante kilomètres, soit à peu près quatre heures de route. Pas simple, mais envisageable. Il faut faire preuve de méthode et de rigueur dans les emplois du temps, solliciter un peu plus les grands-mères. Pour leur rendre hommage, Ségolène Royal écrit un livre, *Le Printemps des grands-parents*[1], édité par André Bercoff, l'ami du couple. La vie quotidienne va devenir un peu plus compliquée ? À coup sûr, mais tant d'exploits les attendent ! Ils ont toujours le soutien de « Tonton » qui les invite à déjeuner à l'Élysée

1. Robert Laffont, 1987.

pour fêter leur victoire. Ils sont dans tous les réseaux, SOS Racisme, Démocratie 2000. François, de son côté, multiplie les réunions politiques à la Maison de l'Amérique latine. Au programme de ces conclaves : dépasser les clivages entre la première et la deuxième gauche. François Hollande l'activiste grenouille dans le groupe des experts de Jospin, mais aussi dans un club intitulé « Douze pour l'entreprise », une structure créée par le publicitaire et lobbyiste Paul Boury. Ce dernier organise des rencontres entre hommes politiques de tous bords et les fait plancher sur des thèmes tels que « le divorce entre la société et l'entreprise » ou encore « comment mieux répartir la consommation ». François Hollande y croise des parlementaires de droite comme Edmond Alphandéry, Ladislas Poniatowski ou encore le député RPR Michel Hanoun. Il collabore avec eux aisément.

Ne se bat-il pas depuis des années pour qu'on en finisse avec les clivages partisans ? Ne l'a-t-il pas écrit sur du marbre avec ses amis de Démocratie 2000, et appliqué à Lorient, où il accueille des gens comme Simone Veil ou Lionel Stoleru, des giscardiens vilipendés par les « staliniens » de l'aile gauche du PS ? Mitterrand vient de lancer la mode de l'« ouverture au centre », thème qui lui est cher. Ce vieux renard de Tonton a puisé dans la besace des transcourants, sans le dire. En oubliant de lui proposer le moindre maroquin. François Hollande croyait bien son heure venue. Il aurait pu obtenir un secrétariat d'État au Budget, ou le ministère de l'Agriculture, histoire d'imiter la trajectoire de Jacques Chirac ? Mais François Mitterrand n'a pas fait dans le rajeunissement des cadres. Il a nommé Rocard à Matignon, tout en l'encerclant de sa garde personnelle au gouvernement, Pierre Bérégovoy aux Finances, Roland Dumas au Quai d'Orsay, Michel Charasse au Budget et Pierre Joxe à l'Intérieur. Lionel Jospin, qui revendiquait bruyamment le poste de Premier ministre, puis les Affaires étrangères, a été envoyé en pénitence à l'Éducation nationale. François Hollande est le témoin fasciné et intrigué des méthodes de celui qu'il a tant admiré et qui commence à baisser dans son estime. Trop machiavélique pour lui. Il vénérait le tacticien hors pair. Il supporte moins le souverain cynique et cruel qu'il est devenu.

Paradoxe : Michel Rocard, l'éternel rival, est dans une posture impossible. Il est en résidence surveillée et n'a qu'une marge de manœuvre réduite. Il est littéralement muselé. Mitterrand, après l'avoir nommé, confie à Lionel Jospin : « Rocard n'est là que pour six mois. Il fallait bien lever l'hypothèque. Après, c'est votre tour. Préparez-vous. » Pour les proches de Mitterrand, la tactique du vieux Florentin est celle du boa constrictor : étouffer lentement sa proie pour mieux l'avaler. Il n'a jamais pardonné à l'ancien leader du PSU d'avoir voulu le transformer en statue de cire, en vieux débris de la politique. Et puis il n'a jamais aimé le bonhomme. Maurice Benassayag, vieil ami du président, se souvient d'une scène qui l'a marqué. Le soir de la première intervention télévisée de Michel Rocard, François Mitterrand est confortablement installé devant son poste. Il écoute, imperturbable, le chef du gouvernement. Au bout d'un moment, il se tourne vers son collaborateur et lui demande : « Benassayag, pouvez-vous noter la phrase que vient de prononcer Rocard, s'il vous plaît ? » Le conseiller s'exécute. La phrase de Rocard ? Une péroraison technocratique dans un sabir incompréhensible, hélas habituel chez Rocard. Au terme de l'allocution du locataire de Matignon, le président s'empare de son stylo Montblanc, avec une lenteur théâtrale, et insiste pour que Benassayag lui relise le texte. Avec l'application d'un écolier zélé, Mitterrand couche la phrase sur le papier, se lève, la relit en silence, et lâche, en quittant la pièce : « Pauvre type !… »

Michel Rocard n'est pas dupe de la souricière dans laquelle son vieil ennemi, devenu son patron, tente de l'enfermer. Par défi, et sans doute aussi pour se protéger, il prend comme conseiller en image le même que celui de François Mitterrand, Jacques Pilhan[1]. Par malice, ce grand amoureux des tragédies grecques et du vin de Bordeaux, ville d'où il est originaire, accepte de gérer les images de Rocard le Candide et de Mitterrand le Vieux Lion. Il donne ce conseil au locataire de Matignon : « Si vous voulez survivre, il vous faut adopter une tactique simple : vous attrapez la queue du Minotaure et vous ne la

1. Jacques Pilhan, qui fut conseiller de François Mitterrand puis de Jacques Chirac, est décédé le 28 juin 1998.

lâchez plus. Vous risquez d'être éclaboussé de merde, mais vous êtes sûr de ne pas prendre de coups de cornes. » François Hollande, au contact de Jacques Pilhan, a-t-il bénéficié de cette leçon de politique ? En tout cas, il sait alors que le Minotaure est très en colère contre son parti. Mitterrand a gardé en travers de la gorge la nomination de Pierre Mauroy par la direction du PS, en remplacement de Lionel Jospin, devenu ministre, alors qu'il avait appelé à voter pour son éternel poulain, Laurent Fabius. Pour consoler son favori, il l'a imposé au perchoir de l'Assemblée nationale. Le coupable de ce crime de lèse-majesté : Jospin le Teigneux, ce fils rebelle à qui Mitterrand a confié le parti et qui n'en finit pas de braver son autorité. Fabius-Jospin, toujours la même rengaine, la même tragédie shakespearienne entre le fils légitime et le fils maudit. Dans cette guerre de succession, aucun dirigeant socialiste n'échappe au ressentiment présidentiel. Décidément, ce parti n'a même pas la reconnaissance du ventre. Pour François Hollande, tout jeune député, dans une telle pétaudière, il est urgent d'attendre avant de choisir son camp. Les prétendants à la succession du monarque dansent tous sur un volcan. Le député de Corrèze n'imaginait pas un début de second septennat si agité.

L'ermite de Latché joue de plus en plus le roi solitaire. Il marche sur l'eau, persuadé que sa réélection n'est due qu'à lui-même, à son génie politique. Certainement pas aux hiérarques socialistes, ces ingrats. Certains perçoivent de légers signes d'un début de mégalomanie. Les flatteurs lui font de plus en plus facilement cligner les paupières. Le Parti socialiste et ses querelles de boutiquiers l'insupportent. Le député de Corrèze François Hollande, qui l'intriguait par ses jeux de billard à plusieurs bandes ? Il s'est noyé dans la masse du groupe parlementaire. Mitterrand paraît ne plus s'intéresser qu'aux questions internationales et délaisse la politique intérieure. « Il faut dire que l'actualité à l'étranger est particulièrement chargée, concède François Hollande. Il y a la chute du mur de Berlin qui bouleverse l'équilibre de l'Europe à venir. Logiquement, la construction européenne est, pour lui, devenue un enjeu majeur. Et puis, très vite, il y a la guerre d'Irak. Absorbé par ces problèmes d'une ampleur nouvelle, Mitterrand ne voyait les problèmes intérieurs que comme des questions d'intendance. On ne peut nier que la nouvelle forme de gouvernance du président, plus en majesté, inquiétait bon nombre de membres du groupe parlementaire socialiste. »

Nommé secrétaire de la commission des finances et du plan et rapporteur du budget de la Défense, Hollande, à ce poste d'observation, assiste, impuissant, à la dérive suicidaire du Parti socialiste. Il ne pèse rien dans le parti, ou si peu. Les fabiusiens tentent de le recruter, les rocardiens n'ont rien contre lui, les jospinistes l'observent avec curiosité. En fait, François Hollande n'a qu'un objectif : préparer le terrain pour Jacques Delors. Il veut s'éloigner des déflagrations à venir. Elles sont imminentes. Son pronostic s'avère d'une implacable justesse. En

1989 surgit l'affaire des fausses facture d'Urba-Gracco[1], qui révèle les troubles et illégaux circuits financiers du PS, et aussi le financement sans doute illicite de la campagne présidentielle de François Mitterrand. Ironie du sort : l'actuel garde des Sceaux, Henri Nallet, était le trésorier de la campagne du candidat Mitterrand. Il est à la fois juge et partie. L'enquête policière, démarrée à Marseille, est un véritable séisme politique. Toute la direction socialiste pourrait être emportée si les juges continuaient d'avancer dans ce dossier. Ces derniers multiplient les découvertes, en particulier dans la Nièvre, où un projet de circuit de formule 1 à Magny-Cours, soutenu par Pierre Bérégovoy et François Mitterrand, pourrait bien impliquer les deux hommes. Si l'enquête prouve qu'une partie de la campagne de Mitterrand a été financée avec de l'argent sale, l'élection pourrait être invalidée. Ce serait le plus grand scandale de l'histoire de la Ve République. Les magistrats n'auront pas le loisir de poursuivre leurs investigations. Le pouvoir a dressé les barbelés. Henri Nallet fait annuler en catastrophe l'intégralité de la procédure. Sur ordre de l'Élysée, Michel Rocard fait voter une peu glorieuse loi d'amnistie, en catimini, dans la nuit du 22 décembre 1989. La majorité des députés socialistes, honteux, déserte l'hémicycle, en laissant leur clé de vote en place, comble de l'hypocrisie. Ils jouent les Ponce Pilate. Ils votent en fermant

1. Lire *L'Enquête impossible*, Antoine Gaudino, Albin Michel, 1990.

les yeux. François Hollande aussi. La pilule a été dure à avaler pour des jeunes parlementaires comme lui, Ségolène Royal ou Julien Dray, qui découvrent la face sombre de la politique, mais ils ont été disciplinés. Ce jour-là, ils n'ont pas joué les Père-la-Morale. Ils ont sauvé le régime, et leur fauteuil de député. François Hollande a alors cette formule : « Quand nous sommes arrivés, c'était le temps des cerises, aujourd'hui, c'est le temps des noyaux. »

Deux responsables paieront pour tout le monde : Henri Emmanuelli, le nouveau trésorier du PS, et Michel Pezet, le patron de la toute-puissante fédération des Bouches-du-Rhône, que Mitterrand voulait mettre au pas parce qu'il le soupçonnait de vouloir le trahir au profit de Michel Rocard[1]. Dans la foulée de cette sordide affaire, étouffée pour raison d'État, François Hollande assiste au congrès de Rennes, le 16 mars, qui doit désigner le successeur de Pierre Mauroy. Une nuit des longs couteaux où se joue l'avenir politique de Jospin le Rigide, le gardien des tables de la loi du socialisme historique, et de Laurent Fabius, le « chouchou du Vieux ». Le président de l'Assemblée nationale, selon les jospinistes, a utilisé des méthodes de mafieux pour circonvenir le vote des délégués, subventions aux maires, chantage à l'emploi sur des employés municipaux, menaces contre des secrétaires fédéraux. Dans une ambiance faite de haine et de rancunes tenaces, Fabius, le

1. Lire de Serge Raffy, *Les Enfants de Gaston*, Jean-Claude Lattès, 1989.

favori du président, est battu. À la fin du congrès, aucune majorité n'est désignée. Quelques jours plus tard, la direction du PS réunit le conseil national, à Paris. Il faut trancher et se doter d'un chef. Jospin tente un coup de poker afin de barrer la route à Fabius : il s'apprête à s'allier avec Michel Rocard, Pierre Mauroy et Jean-Pierre Chevènement. François Hollande suit les péripéties de cet après-congrès, les marchandages dans la coulisse, les retournements de dernière minute. Le PS est un bateau ivre, un orchestre symphonique sans partition ni chef. Le député de Corrèze, tout comme Ségolène Royal, après avoir un temps hésité, soutient finalement Jospin. À l'Élysée, on comprend que ce qui semblait être une grogne vis-à-vis de Mitterrand est devenu une véritable fronde. François Hollande est convoqué par le chef de l'État. Ce dernier, dans tous ses états, lui confie une mission de la plus extrême importance. Il doit transmettre à Jospin un message. Hollande file dare-dare au ministère de l'Éducation nationale et fait suivre la missive de Mitterrand : si Jospin poursuit sa fronde et va au bout de sa démarche, s'il persiste dans son alliance avec Rocard, Mitterrand dissoudra l'Assemblée nationale. Pas moins. « Si Fabius, qui contrôle le groupe parlementaire, est marginalisé, dit en substance l'hôte de l'Élysée, il y aura une guerre ouverte entre le Premier ministre et sa majorité parlementaire. Et donc nous vivrons une crise de régime. Je n'aurai pas d'autre choix que la dissolution. » Mitterrand bluffe-t-il ? Ce chantage au cataclysme, transmis par Hollande, ébranle le ministre de l'Éducation nationale. Le président est-il vraiment prêt à jouer la politique du pire, à appeler à de nouvelles élections, au risque de provoquer une nouvelle cohabitation ? On n'est pas loin du hara-kiri politique. Après son entrevue avec Hollande, Jospin cède aux injonctions du président et brise l'accord avec Rocard. L'ancien premier secrétaire s'est dégonflé. Finalement, Pierre Mauroy est reconduit à la tête du parti, dans le rôle du grand modérateur. Les caciques du PS ont tenté de sauver les apparences. En fait, la France entière ne s'est pas trompée. Elle a assisté à un putsch en direct contre le président lui-même. Le *pronunciamiento* a échoué de justesse, mais l'autorité de Mitterrand est en lambeaux. Il a suivi le congrès, minute par minute, passé ses journées au téléphone. Il a dressé sa liste noire des traîtres et des conjurés.

Au cours de son entretien avec François Hollande, en présence de Ségolène Royal, François Mitterrand ne leur cache pas sa grande déception à leur égard. Comment ont-ils osé se rapprocher de Jospin le Félon ? Comment ont-ils pu le trahir ? Il leur a tout donné. À elle, une circonscription dans laquelle elle s'épanouit chaque jour un peu plus. Il lui a délivré force subventions pour le Marais poitevin. À lui, des missions de confiance et la liberté de jouer les francs-tireurs en s'affichant de plus en plus ouvertement avec Jacques Delors. Pourquoi l'ont-ils trahi ? Le ton est presque véhément. Ségolène et François sont stupéfaits et tétanisés par l'ire de cet homme généralement si maître de ses humeurs. Là, il est implacable, virulent. Il ne pardonne pas. C'est sans doute ce jour-là que François Hollande s'éloigne de celui qui l'a fait rêver depuis son adolescence et qui l'a conduit à s'engager en politique. Quelque chose s'est brisé.

Quand, l'année suivante, Pierre Bérégovoy, remplaçant la très fugace Édith Cresson à Matignon, nomme Ségolène Royal ministre de l'Environnement, François est à peine surpris. Elle a appris sa nomination par Mitterrand lui-même. Il lui a téléphoné pour la féliciter. Tout en remerciant le président de sa confiance, elle tente d'évoquer « le cas de François ».

— Je ne peux pas mettre la femme et le mari dans le même gouvernement.

— Mais nous ne sommes pas mariés !

— Peut-être, mais c'est tout comme.

— Peut-être, mais c'est injuste pour François...

— Je vous comprends... Je vais nommer François Hollande et pas vous.

— Ah là là, ce n'est pas ce que je vous demande ! On ne peut pas parler...

Malgré les efforts de Ségolène, son compagnon ne sera pas ministre. Il n'est plus dans les petits papiers du président. À cause de sa trop grande proximité avec Jacques Delors ? Le président de la Commission européenne, à la popularité grandissante, fait-il de l'ombre au président français ? Il est, certes, de plus en plus médiatique. Ce chrétien-démocrate au style austère et appliqué est en train de changer de dimension. Mais, au fond, le président fait payer au député de Corrèze ses louvoiements. Mitterrand n'aime pas qu'on lui manque. Ce n'est pas Delors qui l'inquiète mais les jeux tortueux de celui qui s'occupait dans l'ombre des comptes de Danielle Mitterrand. François Hollande n'a pas vu venir cette petite disgrâce. Il avait même cru un temps qu'Édith Cresson allait l'appeler au gouvernement. Elle lui avait fait vaguement miroiter le poste de secrétaire d'État au Budget. Encore le Budget ! Mais la promesse s'est perdue dans les limbes de la Mitterrandie finissante. Pour se consoler de son infortune, Hollande cherche un bon mot, comme toujours : « Nous avons été trop jeunes pour gérer les affaires de l'État pour ce coup-ci. Nous serons peut-être trop vieux la prochaine fois. »

Pourtant, il savait qu'avec Pierre Bérégovoy il n'avait aucune chance. Ce dernier ne l'aime pas. Hollande l'avait bien cherché. Ces dernières années, en effet, celui-ci n'a eu de cesse de contrer les initiatives du « petit ajusteur » de Bercy. « Béré » est contre la CSG de Rocard ? Hollande y est favorable et la soutient à l'Assemblée. « Béré » souhaite une cure de rigueur après la guerre du Golfe ? Hollande plaide publiquement pour une augmentation des dépenses. « Béré » est un fanatique du franc fort ? Hollande l'étrille dans un livre, *L'Heure des choix*[1], cosigné avec Pierre Moscovici, avec qui il dispense son cours à Sciences Po depuis 1991. Il y défend « l'industrie française qui pourrait être mise à mal par un

1. Odile Jacob, 1991.

affichage trop systématique du franc fort ». À Bercy, ce « Delors boy » était devenu la bête noire de Pierre Bérégovoy. Pas question qu'il entre dans son gouvernement. La nomination de Ségolène est une petite vengeance personnelle de « Béré ». Le donneur de leçons économiques peut continuer de faire cours aux étudiants de la rue Saint-Guillaume. Il n'y dérangera personne. François Hollande est sérieusement touché. Ségolène est sous les feux de la rampe et lui reste sur la touche. Le 14 juillet, à la garden-party de l'Élysée, toutes les caméras sont braquées sur le ministre de l'Écologie au visage de madone. Ségolène superstar crève l'écran. Elle éclabousse la petite cérémonie de sa vitalité et de sa beauté. À ses côtés, François joue les utilités. Il n'a pas l'habitude des seconds rôles. Un peu contraint, il sourit, serre des mains, grignote à la va-vite quelques toasts. Un inconnu s'approche de lui, presque bienveillant, et lui lance un cinglant : « Bonjour, Monsieur Royal ! »

Chapitre 8

La fièvre Delors

C'est sa petite entreprise. Elle prospère chaque année un peu plus. Elle s'appelle « Jacques Delors à l'Élysée ». Il y pense depuis plus de dix ans. Il est son dauphin, son aide de camp, son conseiller, son homme à tout faire, son porte-parole et son porte-flingue. François Hollande, depuis le premier colloque de Lorient, répète ses gammes avec application auprès des médias. Delors est le seul socialiste capable de rassembler derrière lui la gauche, puis tout le pays. Il est celui qui sortira ce malheureux Parti socialiste des dérives du sectarisme et de l'irréalisme ; et aussi de la débâcle des élections législatives de 1993[1]. Le gourou de Bruxelles, auréolé de sa cote internationale, peut

1. Le 28 mars 1993, le PS n'a que 57 députés contre 472 à la droite. C'est l'Assemblée élue la plus à droite de tout le XXe siècle. Mitterrand accepte une seconde cohabitation. Edouard Balladur devient Premier ministre.

aussi éviter la disparition politique du camarade Hollande. Le député de Corrèze, dont Mitterrand ne supportait plus le double jeu, un pied à l'Élysée, un autre à Bruxelles, a été battu chez lui aux législatives par un ancien camarade de l'Ena, le RPR Raymond-Max Aubert. Il n'existe plus au niveau national et n'a aucune chance d'être « repêché » par Mitterrand dans une quelconque mission pour l'Élysée. Ses soutiens sont partis en fumée. À Tulle, Hollande, qui était rapporteur du budget de la Défense nationale, a pourtant senti venir le vent de la défaite. Fin 1992, il est accroché durement par des ouvriers de « La Manu », la manufacture d'armes, entreprise nationale, premier employeur de la ville, fierté de toute une région. La gauche l'a privatisée, malgré l'opposition bruyante de la CGT. « La Manu » devient Giat Industrie, société de droit privé. Persuadé d'avoir « sauvé des emplois », François Hollande se défend devant les ouvriers en colère. L'anecdote, rapportée par Marie-Eve Malouines et Carl Meeus, respectivement journalistes à France Info et au *Figaro Magazine*, dans leur ouvrage *La Madone et le Culbuto*[1], est révélatrice du décalage entre le PS et la base du pays.

Alors que le député socialiste explique à ses interlocuteurs que le nouveau statut de l'entreprise permettra de préserver l'emploi, et non l'inverse, quelqu'un, dans la foule, lui lance :

1. Fayard, 2006.

— Ouais, c'est ça. Menteur ! Tu nous baratines ! Les emplois, ils resteront pas. T'en fais pas, va ! On s'en souviendra aux élections.

— Alors, tu préfères la droite ? lui rétorque Hollande.

— Tu es la droite ! lui assène l'intervenant.

Pour Hollande, la phrase est pire qu'une gifle. « Tu es la droite ! » Depuis Paris, malgré ses incessants allers-retours dans sa circonscription, l'élu comprend qu'il n'a pas suffisamment pris le pouls de ses électeurs. Trop accaparé par ses activités parisiennes, par les bisbilles du PS, par ses relations de plus en plus orageuses avec Mitterrand, par la gestion de Démocratie 2000, par les innombrables colloques qu'il a organisés pour l'ami Delors, il a pris les Corréziens à la légère. Il paye le prix fort de sa négligence sur le terrain. Tout le contraire de Ségolène Royal. Sa compagne a échappé au raz-de-marée anti-PS. Elle a été réélue, et même plutôt bien, dans son fief des Deux-Sèvres, sous l'œil admiratif du président qui n'en finit pas de la couvrir d'éloges. Hollande est un soldat perdu du mitterrandisme. Son moral est au plus bas. Il doit retourner dans l'anonymat de la Cour des comptes. Auprès de ses amis, il ne laisse rien paraître. « Il semble prendre cet échec avec un certain stoïcisme, raconte Jean-Pierre Jouyet. C'est sans doute sa manière de se protéger. Il cherche le côté positif des choses, même quand il n'y en a guère. » En fait, celui qui n'est plus qu'un modeste conseiller régional de Corrèze est plus blessé qu'il ne le laisse croire. Il ne rumine pas seulement un échec personnel mais une vraie défaite politique, presque morale. « Tu es la droite ! » Cette apostrophe coup de poing, il ne l'a pas digérée. Elle lui signale le fossé abyssal qui sépare aujourd'hui la gauche des couches populaires. Que reste-t-il de l'adolescent qui conservait précieusement le médaillon de Jaurès offert par sa grand-mère quand il était gamin ? Ne s'est-il pas abîmé dans les batailles de chiffonniers de ce parti où ne règnent que des Montaigus et des Capulets ? Quinze ans se sont écoulés depuis le début de l'aventure de la promotion « Voltaire ». Les rêves des « conjurés de Coëtquidan » se sont fracassés sur la dure réalité. Il est désemparé. Il a eu tant de couleuvres à avaler !

L'épisode Bernard Tapie, nommé ministre de la Ville par un Mitterrand goguenard, en 1992, l'a ébranlé. Pis, il se souvient que c'est Ségolène Royal, alors qu'elle était conseillère à l'Élysée, qui avait mis l'affairiste, roi des repreneurs, dans les pattes du président. « Nanard » avait même déjeuné avec François Hollande et Max Gallo, pour « faire connaissance », dans une salle à manger du secrétariat d'État, rue de Varenne. Hollande était sorti du déjeuner groggy, assommé, et agacé par le bagout de celui que Jacques Julliard, éditorialiste du *Nouvel Observateur*, traitera de « vendeur de bretelles ». L'homme d'affaires ne l'avait pas convaincu. Quand il apprend que le président le nomme au gouvernement, aux côtés de Ségolène, François Hollande est ulcéré. Il encaisse en serrant les dents. Quand il découvre que, pour les élections européennes de

1994[1], en pleine cohabitation, Mitterrand intrigue dans la coulisse pour envoyer le missile Tapie contre Michel Rocard, tête de liste des socialistes, il est abasourdi. Il fulmine contre ce « Néron qui incendie sa propre maison ». Le président, dévasté par le cancer qui le ronge, est prêt à toutes les vilenies pour jeter son ancien Premier ministre par-dessus bord avant de quitter la scène. C'est son « bon plaisir ».

Il va même jusqu'à financer clandestinement la liste radicale de gauche menée par « Nanard » avec les fonds secrets de l'Élysée. Cinq millions de francs auraient été prélevés sur la cagnotte présidentielle. Mitterrand concocte la liste ennemie lui-même, depuis son bureau de l'Élysée. François Hollande est au courant du jeu pervers de « Tonton ». Comment le président peut-il financer la mise à mort de son propre parti ? Après moi, le déluge ? Le Corrézien est persuadé que « le Vieux » est enfermé dans une logique mortifère. Il y a un côté « Tirano Banderas » chez Mitterrand. *Tirano Banderas* ? Un des chefs-d'œuvre de la littérature espagnole, écrit par Ramón del Valle-Inclán, romancier galicien du début du XXe siècle. Il raconte la lente descente aux enfers et la folie d'un tyranneau sud-américain capricieux et cruel, cloîtré dans le donjon de son château, insensible à la colère de son peuple.

1. Le 12 juin 1994, la liste Rocard n'obtient que 14,5 % des suffrages ; Bernard Tapie fait plus de 12 %. Michel Rocard abandonne son poste de premier secrétaire du PS.

François Hollande, à quarante ans, se demande ce qu'il fait encore dans ce navire en feu. Les rocardiens l'ont évincé du comité directeur du PS, tout comme Ségolène Royal, Martine Aubry ou Élisabeth Guigou, parce qu'il a refusé de rallier leur chef. Il envisage alors de quitter la politique. Pourquoi ne pas monter un cabinet d'avocats avec son copain Jouyet ? Ses diplômes lui permettent de prêter serment par le système des équivalences. D'autres combats peuvent être menés en portant la robe. Les deux amis se consultent, évoquent cette hypothèse avec Jean-Pierre Mignard, devenu un ténor du barreau. Problème : il leur faut trouver des capitaux, contracter un emprunt. Trop lourd pour eux. Ils renoncent. Au même moment, Ségolène Royal, elle, n'hésite pas. Sous la houlette du même Mignard, parrain des fils Hollande, Thomas et Julien, elle devient avocate et s'inscrit au barreau de Paris le 11 mai 1994. Elle rejoint le cabinet Teitgen. Si les choses tournent mal pour elle en 1995, si la marée « bleue » de 1993 se confirme et qu'elle subit le même sort que François, elle sera prête pour un changement radical de vie. Comme le père de ses enfants, elle a du vague à l'âme. Le combat politique est d'une férocité qui, parfois, la terrifie et l'écœure. Le jeu en vaut-il la chandelle ? Heureusement, il y a l'espoir Delors.

Après la Bérézina des élections de 1994, le président de la Commission européenne semble soudain décidé à s'impliquer davantage dans le jeu français. Jean-Pierre Jouyet, son chef adjoint de cabinet, prévient aussitôt François Hollande. Faut-il donner du crédit à ce nouvel intérêt pour l'Hexagone ? Jacques Delors répétait depuis tant d'années que l'Élysée ne l'intéressait pas ; il avait juré à sa femme qu'il n'irait jamais, il n'avait nulle envie de vivre le combat politique de trop. Et puis, avouait-il, les joutes électorales, les coups bas, les méthodes de soudards lui faisaient horreur. Il était un homme de dossiers, un technocrate. Pas un guerrier qui pratique l'art de la politique au bazooka. Il était prêt à aider cette jeune génération autour de Hollande à parvenir au pouvoir, mais la plus haute marche ne lui inspirait que mépris et méfiance. Là, quelque chose a changé en lui. Le déclic est-il venu des sondages qui lui confèrent un statut de grand favori de l'élection présidentielle ? ou aussi des scandales qui secouent la droite, dévorée à son tour par une guerre des chefs aux relents de massacre à la tronçonneuse ? La rivalité Chirac-Balladur prend des proportions telles que le RPR, comme le PS quelques années plus tôt, est menacé d'implosion[1]. Sans lever le petit doigt, ou si peu, Jacques Delors apparaît comme imbattable.

Hollande est requinqué. Celui pour qui il joue le rôle de poisson pilote depuis dix ans est prêt. Pas question de sortir du jeu maintenant. Le barreau attendra. Il faut au contraire passer à la vitesse supérieure et mettre en mouvement une organisation prête au combat pour 1995. En quelques jours, dans

1. Lire *La Guerre des trois*, Serge Raffy, Fayard, 2006.

l'entourage de François Hollande, on passe de l'abattement à l'enthousiasme. L'oracle de Bruxelles transforme l'association Démocratie 2000 en club « Témoin ». François Hollande et Jean-Pierre Mignard assurent la direction politique de la machine deloriste. Ce n'est pas un parti, mais cela y ressemble. Un conseil politique est créé, avec Jean-Yves Le Drian, Jean-Pierre Jouyet, Ségolène Royal, Martine Aubry, Élisabeth Guigou, Marie-Noëlle Lienemann, Bernard Poignant, Pascal Lamy, Jean-Marie Bockel, Frédérique Bredin et Jean-Michel Baer. Pour toute cette équipe de fidèles des rendez-vous de Lorient, « Témoin » est une rampe de lancement pour l'élection présidentielle. En quelques semaines, les soutiens affluent en masse. François Hollande fait un tour de France express. Alors que le PS n'en finit pas d'agoniser, des milliers de supporteurs du projet se manifestent. Des dizaines de clubs « Témoin » sont créés en province. « M. Royal » a, en quelques semaines, récupéré sa martingale. Il est devenu l'homme le plus courtisé de Paris. Il apparaît incontournable. Il est noyé sous les invitations à déjeuner.

Ce statut de conscience politique et de grand chambellan de Jacques Delors agace singulièrement un membre du conseil politique de « Témoin » : Martine Aubry. À la deuxième réunion de ce qui fait figure de bureau politique du parti du futur président, elle claque la porte, après avoir provoqué un clash. Officiellement, elle se sent mal à l'aise dans ce rôle de « fille de » et ne veut pas gêner son père. En fait, Martine Aubry enrage contre

François Hollande qu'elle soupçonne d'avoir commis une « captation d'héritage » sur son père en occupant sans scrupule la place du fils spirituel. « Martine Aubry ne s'est jamais remise du décès de son frère cadet, Jean-Paul, journaliste à *Libération*, confie un de ses proches. Emporté par une leucémie, ce spécialiste de la Corse, qui vécut longtemps à Toulouse, était un être rare. Passionné de rugby, il avait un flegme très britannique. Sa disparition provoqua une immense douleur dans la famille, bien sûr, et un grand vide chez Jacques Delors. On sentait que Martine avait un problème avec la relation que François entretenait avec son père. Le fils putatif prenait trop de place. Elle ne supportait pas cette situation. C'était un non-dit, mais tout le monde avait compris. » Au fond, Martine Aubry ne croit pas à la sincérité de François Hollande. Ni de certains des proches du Corrézien. Comme Ségolène Royal qui, à l'Assemblée nationale, n'en finit pas de faire du lobbying pour sa nouvelle idole. L'apôtre de la « chabichou attitude », comme toujours, en fait trop. Elle joue les disciples zélées de l'ancien employé de la Banque de France devenu la bouée de sauvetage de la gauche. Une formule de Jean-Pierre Mignard irrite Martine Aubry : « Delors, on le scotche, et lui, il nous coache… » Pour elle, ces ambitieux se servent de son père plus qu'ils ne le servent. Elle avait bien tenté de lancer une OPA sur l'association, quelques mois plus tôt, mais François le Roublard, avec son sourire de physionomiste de casino, l'a vue venir de loin et a conservé sa mainmise sur le club

« Témoin ». Malgré l'engouement dont fait l'objet son géniteur, Martine boude.

Il n'empêche, en septembre 1994, on se bouscule à Lorient pour assister à la grand-messe deloriste. Les visiteurs sont passés de soixante les années précédentes à six cents aujourd'hui. Il faut désormais réserver la grande salle du Palais des congrès pour accueillir la foule des nouveaux fidèles. Fini le placard à balais des joueurs de biniou. Jean-Yves Le Drian et toute l'équipe de François Hollande nagent en pleine euphorie. Au fil des ans, tous les courants du PS viennent se montrer. Les mitterrandistes orthodoxes ne sont pas les derniers, tels Élisabeth Guigou, Jack Lang, Henri Nallet, Louis Mermaz ou Pierre Joxe. À Paris, les transcourants sont cajolés comme les apôtres du Christ. François Hollande est requinqué, mais, au fond de lui, un terrible doute subsiste. Jacques Delors a beau avoir écrit en quatrième vitesse un livre qui ressemble à un programme présidentiel, *La Vérité d'un homme*[1], sa soudaine conversion à la monarchie républicaine, qu'il exècre au plus profond de lui, sent le toc. Quelque chose sonne faux dans l'attitude du président de la Commission. Pourtant, François Hollande fait semblant d'y croire. Dans ce jeu du mentir vrai, il trouve son compte. Il est revenu à flot. N'est-ce pas essentiel et même miraculeux ? Le PS lui fait désormais des yeux de Chimène. Henri Emmanuelli, le

1. Plon, 1994.

remplaçant de Rocard à la direction du parti, le réintègre au bureau national. Hollande l'Étrillé, Hollande le Pestiféré, Hollande l'Oublié, est à nouveau en piste. N'est-il pas celui qui peut faire fléchir définitivement Delors, le sphinx de Bruxelles, lequel persiste à garder le silence, à rester perché sur son Aventin, alors que le PS est au bord du gouffre ? Hollande, transformé en pompier volant du parti, est l'objet de toutes les attentions. De Lionel Jospin à Laurent Fabius, en passant par le président lui-même, qui lui a pardonné ses petites incartades et qui le reçoit à nouveau. Tout le monde l'aime. Tous les dirigeants socialistes ont le même objectif : sauver les meubles, et leur siège.

On lui demande d'attirer son patron au congrès de Liévin, qui doit se dérouler dans cette ville du Nord en novembre. Il aura droit à un plébiscite. L'ancien ministre de « Tonton » ne pourra pas rester insensible aux ovations des délégués du congrès, tous acquis à sa cause. Mitterrand lui-même viendra peut-être y faire une apparition et apporter l'onction présidentielle à Delors le Magnifique. Hélas, ce dernier déclare forfait. Delors l'Indécis, Delors le Pusillanime, fait sa coquette. « Avec Jacques Delors, c'est toujours un dilemme, confie François Hollande à François Bachy, chef du service politique de TF1[1]. Soit on le sollicite trop et il s'en inquiète, soit on ne le sollicite pas assez et il s'en plaint. » L'ancien colla-

1. *François Hollande. Un destin tranquille*, François Bachy, Plon, 2001.

borateur de Jacques Chaban-Delmas laisse celui que l'on qualifie déjà comme son futur Premier ministre le représenter au pays des corons. François Hollande, lui, ne veut pas rater une minute de la grande kermesse socialiste. Il aime ces ambiances de conclave, où les messes basses et les conciliabules rappellent l'atmosphère tendue des parties de poker. Hollande est un joueur. Il est accro à cette table de black jack des idées, avec ses bluffeurs, ses lâches, ses candides, ses aventuriers, ses *condottieri.* Il va donc à Liévin, tout excité, avec le joker Delors dans sa manche. Une carte pipée ?

Le 19 novembre au soir, à l'heure où les délégués affamés sont partis se restaurer, il s'attarde dans la grande salle du congrès, déjà très clairsemée. Il ne voulait pas rater ce moment. L'animal politique qu'il est devenu compte bien assister à une scène théâtrale qu'il pressent historique. Lionel Jospin, le fils indigne, l'homme qui a tout perdu dans la défaite de 1993, sa circonscription de Haute-Garonne, son rôle à la direction du parti, fait un discours devant une poignée de délégués et quelques-uns de ses derniers fidèles. Il a présenté une résolution en solitaire. Ce soir, dans ce hall sans âme, sans chaleur, il n'est plus rien. Dans une atmosphère sépulcrale, il dresse une forme d'inventaire du mitterrandisme. Lionel le mort-vivant bouge encore. Il s'en prend au caractère monarchique de la Ve République, propose un rôle accru du Parlement, sur le modèle américain, pour exercer un contrôle, au moins consultatif, sur l'Élysée. Pour sortir des guerres picrocholines du PS, pourquoi ne pas envisager une désignation du candidat à l'élection présidentielle par les militants ? Loin des flashes et des caméras des JT, celui que plus personne n'écoute fait un discours singulier, celui d'un homme seul qui n'a plus rien à perdre. François Hollande comprend que Jospin n'a rien abdiqué de ses ambitions. Si l'homme de Bruxelles renonce, aucun doute, Jospin est prêt à prendre la relève. Ce soir-là, l'élu corrézien pénètre le mystère d'une élection présidentielle. Celui du fameux désir. Vouloir atteindre la plus haute marche n'est pas un acte collectif, mais un choix individuel, quasi ontologique. Il ne sait pas si ce « cavalier sans monture », et sans troupes, qui prêche devant une salle presque déserte, a encore la capacité de ressusciter. Mais il remarque que cet homme est habité par une force nouvelle. Il a un côté desperado, celui d'un homme qui n'a plus rien à perdre, et une voix plus rauque qu'à l'accoutumée. Lionel Jospin aperçoit-il Hollande dans les travées, seul, au fond de la salle ? Celui qu'on lui présentait comme un arriviste forcené, roi des faux-fuyants et des jeux de miroirs, s'est donné la peine de l'écouter. Il ne lui a pas tourné le dos quand il était à terre, comme tant d'autres. En politique, ce genre de gestes ne s'oublie pas. Ils sont rares. Et Jospin n'oubliera pas.

Drôle de congrès, où l'on sent la mort rôder. Celle d'un président de la République en bout de course qui ne semble plus obsédé que par le duel pour sa succession à droite. Mitterrand s'est pris d'affection pour Jacques Chirac et ne peut plus voir en peinture son Premier ministre, Edouard Balladur. Ce type aux manières de prélat, à la suffisance sans borne, le rend nerveux. Chaque fois que ce cher Edouard lui serre la main, raconte Mitterrand, il a l'impression qu'il lui prend le pouls. Une mort prématurée du souverain épargnerait à ce Premier ministre aux airs de notaire une longue campagne présidentielle... Mitterrand fera tout pour faire battre cet archevêque du néolibéralisme. Drôle de congrès que celui de Liévin, qui célèbre la fin du mitterrandisme. Henri Emmanuelli est réélu premier secrétaire avec plus de 92 % des suffrages. L'unité de façade du parti est maintenue. Elle est totalement artificielle. Les hiérarques socialistes, pour survivre, sont condamnés à taire leurs divisions et à se ranger derrière Jacques Delors. Henri Emmanuelli, le premier d'entre eux, qui a rencontré François Hollande à plusieurs reprises, est chargé de lancer un ultimatum à Delors : « Jacques, fais ton devoir ! » À Liévin, la future pièce de la gauche est écrite : Mitterrand s'en va, Delors lui succède. À la surprise générale, Mitterrand, que l'on croyait indifférent au sort des « camarades », vient faire un saut dans le Pas-de-Calais. À la mairie de Liévin, il prononce un de ses derniers discours qui fait pleurer son auditoire. Malgré la maladie qui gagne du terrain, il veut encore sentir « l'odeur de la poudre et des hommes », être au milieu des siens, ceux qui restent, malgré les tiraillements, sa famille. Il déjeune dans un restaurant de Liévin avec quelques amis et un invité de dernière minute, Lionel Jospin. Mitterrand n'a jamais cru à la candidature de Delors, mais il n'est pas venu parler politique. Comme un patriarche dont les jours sont comptés, il vient délivrer un message à ses enfants. Il leur parle de la vie, du bonheur de voir le jour se lever. Il croise François Hollande, qui vient de finir de déjeuner avec des journalistes, Catherine Pégard et Philippe Alexandre, et Jean-Yves Le Drian, au buffet de la gare d'Arras. Le président, accompagné de Roland Dumas et de son médecin, Jean-Pierre Tarot, qui le suit comme son ombre, s'apprête à repartir pour Paris. Apercevant le sherpa de Jacques Delors, il fait vider les lieux pour être tranquille et bavarder un peu avec le « gamin » qui a pris du poids politique et quelques kilos. Malgré son parcours sinueux et ses jeux de billard à douze bandes, François Hollande fait lui aussi partie de la famille. Mitterrand, rendu chauve par la chimiothérapie, le visage quasi translucide, est en veine de confidences. François Hollande et Jean-Yves Le Drian devinent que le *pater familias* a dû fournir de gros efforts pour venir jusqu'à Liévin. Intimidés devant cet homme diminué, ils l'écoutent avec révérence. Ce Delors, leur avoue-t-il, pas une seconde il n'a cru qu'il irait jusqu'au bout. « Vous croyez que j'ai attendu qu'on m'appelle en 1965, et ensuite en 1974, et même en 1981 ? interroge le vieil homme. Non, évidemment. Ce poste, c'est une affaire personnelle. Il faut aller le chercher au plus profond de soi-même. » Entre deux prises de médicaments, Mitterrand leur glisse, dans un murmure : « Aimez la vie, par-dessus tout. Aimez ce qui est aimable. »

En cette fin novembre 1994, François Hollande s'interroge sur son avenir. Il voit de plus en plus régulièrement Lionel Jospin. Comme ce dernier, comme le président, il ne croit plus à une candidature de Jacques Delors. Tous les signaux des plus proches collaborateurs du sphinx de Bruxelles lui reviennent quotidiennement. Ils sont au rouge. Pascal Lamy, directeur de cabinet, Jean-Pierre Jouyet, directeur adjoint du cabinet, lui font comprendre que Delors ne cède pas aux sirènes parisiennes. En bon politique, Hollande fait semblant de croire que rien n'est joué. Il maintient le suspense. Il faut garder le secret et attendre le jour J, celui où Delors doit officiellement se déclarer. Le 5 décembre, au cours de la célèbre émission d'Anne Sinclair *7 sur 7*, sur TF1, l'ancien maire de Clichy renonce. Motif : les conditions politiques ne sont pas réunies en France pour qu'il puisse appliquer la politique qu'il préconise. La faute au PS qui n'est pas prêt à s'allier avec le centre. Foutaises ! pensent les amis de François Hollande. Toutes ces années, plus de douze exactement, à préparer le terrain pour lui. Des centaines de colloques, des milliers de coups de téléphone, d'heures passées à le servir, à façonner son image de candidat au-dessus des clans et des partis. Cet homme n'était qu'un mirage. L'hypothèse Delors n'était qu'une illusion. Bernard Tapie n'avait pas tout à fait tort quand il avait lâché à Henri Emmanuelli, après son appel de Liévin : « Toi, t'es là. T'attends Delors. T'es sur le billard, t'as le ventre ouvert et t'as un chirurgien qui te dit : “J'me tâte, je sais pas si je vais t'opérer.”

Eh ! mec, t'as intérêt à changer de toubib ! » Le style est rude mais cruellement juste. « Delors me confiait qu'il avait un problème de carapace, souligne Jean-Pierre Jouyet, présent dans le public de *7 sur 7*, avec Martine Aubry et Pascal Lamy. Il disait qu'il n'avait pas la capacité mentale de tout encaisser. »

En sortant des locaux de TF1, Jean-Pierre Jouyet, en larmes, file retrouver Hollande à son domicile, à Boulogne-Billancourt. Toute la famille est là. Ségolène, les enfants, mais aussi les parents de François, Georges et Nicole. Georges Hollande est déchaîné contre ce « traître de Delors ». Il passe un savon à Jouyet pour ne pas avoir été suffisamment habile pour convaincre son mentor. L'ancien candidat à Bois-Guillaume qui flirtait avec Le Pen est devenu un fervent supporteur de son fils. Il ne s'est pas rapproché des thèses du Parti socialiste. Il est impressionné par la constance et la persévérance de son rejeton. Moins par Ségolène qu'il a longtemps jugée « pas assez riche » pour François. Au cours de cette soirée, les amis sont étonnés par le flegme et la placidité du fils Hollande. Il n'exprime ni amertume ni ressentiment. Pas le moindre regret sur ces années de combat sous la bannière de Delors le Lâcheur. Il paraît en pleine forme, souriant, drôle, comme à son habitude. En fait, il a déjà tourné la page et se concentre sur la suivante. Sous ses allures patelines, l'ancien député de Corrèze cache un caractère de fer. Cette volonté d'acier sous une rondeur bonhomme surprend. Certains voient en lui un animal froid et insaisissable, un être sur lequel drames et controverses glissent comme l'eau sur les galets. Une forme suprême d'indifférence. Sa douceur n'est qu'apparente. Sous la jovialité, le serpent sommeille.

Le lendemain, il doit rencontrer Lionel Jospin dans le cadre d'une exposition de peinture à l'École des beaux-arts, où la fille de l'ancien ministre de l'Éducation nationale est étudiante. Il débarque avec Ségolène Royal. Jospin lui lance, rayonnant :

— Cela a dû être rude pour vous, ce renoncement : c'est un coup dur, non ?

Les deux hommes ne sont pas dupes. Ils savaient depuis des semaines qu'ils étaient condamnés à s'entendre après le retrait de Delors. Avec l'impératif de répondre à la question : qui pour lui succéder ? Ils ont fait le tour des prétendants à la candidature chez les socialistes. Sur l'échiquier, on n'est pas loin du désert. Laurent Fabius ? Plombé par l'affaire du sang contaminé. Il vient d'être inculpé. Michel Rocard ? Il est en pleine dépression et fait du catamaran dans les îles. Le maire de Conflans joue les tire-au-flanc sous les cocotiers.

Qui peut encore se risquer dans la cour des grands ? Pierre Mauroy ? Le job ne l'intéresse pas. Trop éreintant. Il n'a plus l'âge pour ce genre d'exercices. Il l'a dit à Jospin et lui a conseillé de se lancer dans la course. Il le soutiendra et tentera de radoucir Mitterrand à son endroit. Jack Lang ? Les militants socialistes, malgré sa popularité, ne l'aiment pas. Martine Aubry ? Trop tendre. Ségolène Royal ? Elle a tenté un coup de poker en se présentant au culot, sans le moindre soutien. Trop imprévisible. Il y aurait bien encore Robert Badinter, auréolé de la loi sur l'abolition de la peine de mort. Le brillant avocat a les reins trop délicats pour un combat de cette nature. Pierre Joxe ? Le premier président de la Cour des comptes, après avoir beaucoup consulté, ne prend pas le risque. Pas question d'entrer dans la fournaise. Il est bien là où il est. « J'ai beaucoup donné, dit-il. La politique est un vampire qui vous dévore. Quand on part dans le jeu de l'élection présidentielle, on n'est plus soi-même, on ne s'appartient plus. » Reste Jospin le Castagneur. Lui, au moins, a envie d'en découdre. Les soutiens inespérés des « orphelins du delorisme » lui donnent un coup de jeune. Jospin est en plein *revival*. La politique est ainsi faite qu'il ne faut jamais jurer de rien : un *apparatchik* morne et ennuyeux, par la magie des circonstances, peut se retrouver dans la peau d'un capitaine Fracasse fringant, prêt à toutes les pirouettes. Jospin le Triste s'est encanaillé avec les transcourants. Dans la presse, ce n'est pas rien. François Hollande fait jouer son réseau « médias ». Daniel Vaillant, l'indéfectible grognard, fait le tour des fédérations et sonne le rappel des militants. Il faut prendre de vitesse tout ce que la Mitterrandie compte encore de fidèles et qui vont tout faire pour lui barrer la route. Le 4 janvier 1995, Jospin annonce sa candidature devant le bureau national « si le parti le décide », devant un Henri Emmanuelli médusé, pris au dépourvu. Tout est allé trop vite. Les anti-Jospin ont beau tenter de dresser quelques chicanes, il est trop tard. « Jospin a placé un démarrage en côte et personne n'a pu le suivre, résume Gérard Le Gall, grand spécialiste des sondages du PS. Dans la descente, il s'est mis en roue libre et a pu préparer sa campagne en toute tranquillité. »

Le 5 février, moment historique pour les socialistes, les militants, au cours d'élections primaires inédites, désignent Jospin candidat officiel du Parti socialiste à l'élection présidentielle contre Henri Emmanuelli. Le Landais s'est présenté sans conviction, pour la forme. Pour la campagne présidentielle, le « Frisé » mène un combat plus qu'honorable contre Jacques Chirac. Le maire de Paris s'est vêtu pour la circonstance du costume du défenseur des plus défavorisés, au nom de la fameuse « fracture sociale ». Le leader socialiste est battu, mais obtient plus de 47 % des voix. Le score n'est pas olympique, mais il revient de si loin que tout le monde applaudit, rue de Solférino. Le *Titanic* n'a pas sombré. Il a évité l'iceberg au tout dernier moment. Le capitaine Jospin a bien manœuvré. Il sort auréolé de cette défaite, à tel point que, le 10 octobre, les militants le désignent premier secrétaire du parti avec 98 % des suffrages. Un plébiscite jamais connu dans l'histoire du PS. Il a désormais un pouvoir absolu au sein de la direction du parti. Il pourrait jouer les coupeurs de tête, ne placer que ses lieutenants aux postes clés. Là, surprise, il nomme François Hollande secrétaire national et en fait son porte-parole. Dans le landernau de la Jospinie pure et dure, on fronce le sourcil. Hollande le Renégat ? Ce caméléon qui change de couleur politique en fonction de ses interlocuteurs, le chantre de l'alliance avec le centre le lundi et le partisan de la lutte des classes le vendredi ?

« Lionel » lui confie le poste le plus exposé et le plus valorisant. Quelle ingratitude ! Les membres de la garde rapprochée du nouvel homme fort du parti, Moscovici, Valls, Cambadélis, Guigou, toussent un peu et se plaignent auprès du nouveau maître de la rue de Solférino. Martine Aubry, pour marquer elle aussi sa réprobation, refuse le poste d'animatrice du pôle intellectuel que lui propose Jospin. Tous sont renvoyés fermement dans les cordes. Ils ne savent pas qu'entre les deux hommes, depuis le congrès de Liévin, un lien intime s'est tissé. Ils se sont vus plusieurs fois. Claude Allègre, l'ami dévoué du premier secrétaire, est un fervent supporteur de François Hollande. C'est lui qui pousse à sa nomination. Il oblige même Jospin à regarder l'enregistrement d'une intervention télévisée de son favori pour le convaincre de ses qualités. Lionel Jospin est séduit. Il a besoin d'un homme qui apaise, qui apporte sérénité et concorde. Il faut sortir de cette guerre des Horaces et des Curiaces qui épuise les socialistes. Il faut un homme paisible. Hollande n'a-t-il pas le meilleur profil ? Il a l'âme d'un casque bleu et les nerfs d'acier d'un ranger. Après la mitraille, la ouate. Claude Allègre ne cesse de répéter à ses détracteurs : « Vous croyez que c'est un marshmallow ? Vous vous plantez complètement ! Sous l'édredon, il y a du calibre 12… » Allègre s'en va répétant son antienne. Il n'a pas tort. Derrière le gentil cueilleur de champignons, il y a un chasseur.

Chapitre 9

LE VICE-PREMIER MINISTRE

Il s'est glissé dans le costume avec une facilité déconcertante. Celui de fidèle des fidèles du « Frisé ». Un simple été a suffi pour qu'il apprenne sur le bout des doigts le lexique jospinien. Et qu'il oublie son ancien père spirituel, Jacques Delors. François Hollande est béni des dieux. Pour apprendre l'idiome du pasteur de Cintegabelle, il a un précepteur après Claude Allègre, et pas n'importe lequel. Il pèse lourd dans la galaxie du nouveau premier secrétaire du PS : Daniel Vaillant. Le maire du XVIIIe arrondissement a un faible pour l'homme, ce quadra aux rondeurs affables. Vaillant, le cerbère, le gardien du temple de la Jospinie, grand spécialiste des cartes électorales, met à l'épreuve le petit nouveau. Surprise : Hollande, l'économiste, le décortiqueur de budgets, le professeur d'économie de Sciences Po, le diplômé d'HEC, est un passionné de cuisine électorale. Il connaît l'histoire des circonscriptions françaises non seulement de la

Ve République, mais aussi de la IIIe et de la IVe. Mieux, il semble développer une addiction pour le sujet. Il est capable de tenir une conversation sur les résultats d'une législative dans le Morbihan ou dans les Bouches-du-Rhône avec la fièvre du collectionneur. Vaillant est sous le charme. Le maître en cuisine électorale de la rue de Solférino adoube l'élève. Grand ripailleur devant l'Éternel, il invite Hollande à participer aux agapes d'un cercle très fermé, constitué d'un groupe étroit d'hommes liges du « Pasteur », dans un restaurant des Invalides. On les surnomme les « cloportes[1] », parce que, comme le coléoptère qui porte ce nom, ils savent se mettre en boule quand vient le danger et n'offrir à l'ennemi que leur carapace blindée. Ce sont les mamelouks de Jospin, ceux qui ont traversé toutes les épreuves avec lui, sans jamais trahir. Autour de Daniel Vaillant se retrouvent Bertrand Delanoë, Stéphane Le Foll, Gérard Le Gall, Christophe Caresche et Pierre Guidoni. Le petit geste de Daniel Vaillant à l'égard du novice n'est pas anodin. Il le fait entrer dans le « premier cercle ».

Un autre « parrain » joue aussi un rôle dans ce rapprochement supersonique entre Hollande et Jospin : Sylviane Agacinski. La philosophe, disciple de Jacques Derrida, toute nouvelle épouse de « Lionel », a un faible pour le couple Royal-Hollande. Ségolène, comme à son habitude, a vampé Sylviane. Cette dernière, qui

1. L'expression a été inventée par Dominique Merchez, alors attaché de presse du PS.

vient de publier *Critique de l'égocentrisme. L'événement de l'autre*[1], rencontre la pasionaria du Poitou et la prend en sympathie. Les couples déjeunent plusieurs fois ensemble. Ont-ils discuté alors de l'avenir politique de François Hollande, toujours en suspens ? Lionel Jospin lui propose une circonscription plus sûre que la Corrèze, la première de l'Ariège, une terre indéfectiblement de gauche. Le député en place, Henri Nayrou, grand chroniqueur de *Midi olympique*, la bible du rugby, un hebdomadaire basé à Toulouse, ne renouvellera pas son mandat et cède la place avec joie. Nayrou préfère passer ses dimanches sur les terrains d'Ovalie plutôt qu'à couper des rubans. Un « caviar » pour le cacique parisien. Mais Hollande réserve sa réponse. Les élections législatives ne sont prévues que dans trois ans, en 1998. Il n'y a pas le feu. En fait, il ne parvient pas à se résoudre à quitter la Corrèze. Trop de choses l'attachent à cette terre. Il y a mené tant de combats, depuis quatorze ans, qu'il aurait l'impression de jouer les déserteurs. Après tout, par l'onction de Daniel Vaillant, il est devenu un « cloporte » lui aussi, un type qui sait se blinder quand l'adversité survient. À Paris, il s'est trouvé de nouveaux protecteurs. Mais en Corrèze ? Il a, certes, des soutiens, des partisans. Mais pas de parrain, pas d'homme de réseaux et d'influence sur qui il puisse s'appuyer les yeux fermés. Il cherche un Mazarin au pays de la truffe et du milhassou[2]. Cet oiseau rare

1. Galilée, 1994.

2. Genre d'omelette de pommes de terre accompagnée d'ail, de persil et d'échalote, cuite à la graisse d'oie.

existe. Il s'appelle René Teulade. Il a soixante-trois ans et rêve de conquérir la Corrèze non pas pour lui-même, mais au profit du Parti socialiste. Cet ancien professeur de mathématiques, ex-président de la Mutualité française, ancien ministre des Affaires sociales et de l'Intégration de Pierre Bérégovoy, qui prenait régulièrement son petit déjeuner avec François Mitterrand, a une revanche à prendre. Il subit la mainmise des chiraquiens sur le département depuis si longtemps, avec ses abus, son clientélisme, ses intimidations.

Chirac, installé à l'Élysée, ne vient plus. Les affaires des emplois fictifs de la Ville de Paris, le financement occulte du RPR et ses ramifications en Corrèze, commencent à affaiblir les représentants locaux du « Grand », comme l'appellent les paysans du coin. Ils sont même tétanisés par les scandales qui peuvent les éclabousser à tout moment. Il faut profiter des circonstances et organiser une offensive générale. Il propose son plan à François Hollande : préparer un hold-up sur la Chiraquie, souffler la Corrèze au maire de Paris, s'emparer du conseil général. Hollande en rêvait. Ce Teulade, avec ses airs de petit prof en semi-retraite, est un vieux briscard qui connaît son département comme personne.

— Tope là ! finit par concéder François Hollande. Je suis partant, mais à une condition, que tu deviennes mon suppléant.

— Accord conclu, rétorque René Teulade. Mais à une condition. Cesse de serrer la main des gens en regardant déjà les suivants…

Le nouveau gourou corrézien du porte-parole du PS a saisi un des gros points faibles de son poulain. Il va trop vite. Quand il est en tournée, sur les marchés, il est trop expéditif. Il bâcle. Certes, il sourit, joue la proximité, mais il fait le job à l'abattage, sans jamais fixer son interlocuteur, défaut classique de la plupart des énarques. « Mitterrand, lui glisse Teulade, regardait les gens droit dans les yeux. Il traînassait, s'il le fallait, avec la fromagère ou le marchand de volailles. Il ne faut pas faire semblant d'aimer ses administrés, il faut les aimer vraiment. » La leçon est rapidement retenue. Hollande apprend à « traînailler » sur les marchés. Résultat : il est toujours en retard. Il a une notion du temps élastique. Non pas qu'il singe Mitterrand, l'homme sans montre, qui voulait défier le temps. Il est diverti, au sens étymologique du terme, « détourné ».

Quand ils scellent leur pacte, le professeur de mathématiques et le « chouchou » de Jospin savent qu'ils ont une montagne à gravir. Les socialistes n'ont que quatre élus sur trente-sept au conseil général. Une misère. Il faudra faire preuve d'une grande prudence, de malice, et grignoter pas à pas le fief du président, sans en avoir l'air. Une conquête homéopathique telle que Hollande les affectionne. Ragaillardi par ce projet et par le soutien de Teulade, il reprend le chemin de Tulle avec entrain.

À Paris, il fait un sans-faute. Ses conférences de presse du lundi, en tant que porte-parole du PS, font un tabac. Pas une intervention de sa part qui n'ait été précédée d'une réunion ou d'un coup de fil au Patron. Ses détracteurs le trouvent « vraiment lèche-bottes ». Il en fait un peu trop dans la vénération de l'ancien élu de Cintegabelle. Pour reprendre l'expression de Jacques Pilhan, il « tient la queue du Minotaure ». Il est fermement décidé à ne pas la lâcher. Il colle à la roue du premier secrétaire qui ne tarit pas d'éloges sur « sa loyauté, sa dextérité, sa réactivité, sa proximité avec les journalistes ». Plus jospiniste que lui ? Impossible. Il participe auprès de Jospin aux premières tractations sur le projet de la gauche plurielle avec le PC, les radicaux de gauche et les Verts. Dans le même temps, il s'inscrit au barreau de Paris, début 1996. « Pierre Joxe, en tant que président de la Cour des comptes, me demande de choisir entre mon poste de conseiller à la Cour et celui de porte-parole du PS, explique-t-il. Il a raison, car je suis très exposé et surtout peu disponible pour produire des rapports pour la Cour. Je me mets donc en disponibilité et entre au cabinet de Jean-Pierre Mignard. » Ce dernier avoue que l'avocat débutant n'est pas d'une très grande productivité. « Il n'a pas eu une activité exagérée », ironise l'ami Mignard. Son nouveau collaborateur travaille sur une affaire concernant un contentieux entre l'État tchadien et des compagnies pétrolières, sur quelques dossiers fiscaux, sa spécialité incontestable. Il suit également des affaires de contrats d'assurance et des contentieux de régimes matrimoniaux. Mais il ne plaide pas. Il n'a pas le temps. Il est trop occupé à jouer le parfait lieutenant du général Jospin. Il lui apporte même les clubs « Témoin », avec les enfants perdus du « delorisme ».

La mort de François Mitterrand, le 8 janvier 1996, vient obscurcir durant quelques jours la lune de miel entre les deux hommes. Chacun, dans des histoires différentes, avait tissé des liens affectifs avec celui qui symbolise la gauche victorieuse, malgré les errements et les dérives du second septennat. Ils sont sous le choc. La figure tutélaire s'en est allée. Chacun, à Liévin, l'a croisé et a reçu sa part de testament politique. Au crépuscule de sa vie, il leur a demandé de préserver l'unité du parti à tout prix. Jospin applique la consigne et ne règle aucun compte avec les différentes factions du parti. Il faut respecter Fabius, ne pas froisser l'aile gauche du parti représentée par Julien Dray, Jean-Luc Mélenchon et Henri Emmanuelli, promouvoir la jeune garde tel Vincent Peillon, cajoler les DSK, Martine Aubry et autres Élisabeth Guigou. Avec Jacques Chirac à l'Élysée, il faut afficher une unité de béton. Le mot d'ordre de Jospin est : « Je ne veux voir qu'une seule tête. » Or, celui que l'on voit beaucoup, c'est François Hollande. Le porte-parole batifole dans les médias pendant que le premier secrétaire cogne sur le président, ce « roi fainéant » qui, malgré une majorité écrasante dans tout le pays, à l'Assemblée, au Sénat, dans les régions, les départements et les municipalités, ne parvient pas à endiguer une vague d'impopularité croissante. En décembre 1995, son Premier ministre, Alain Juppé, subit un mouvement social sans précédent depuis mai 1968. Quinze jours de grève contre sa réforme de la Sécurité sociale paralysent l'Hexagone et bénéficient d'un soutien populaire inédit. Chirac a une petite bombe à retardement sous son siège : un groupe parlementaire RPR incontrôlable, truffé d'anciens balladuriens, qu'il soupçonne des pires desseins. En fait, malgré sa victoire, Chirac est convaincu que les dagues n'ont pas été remisées dans son camp. Affaibli par les affaires de la mairie de Paris, atteint dans les sondages, il sait qu'il va devoir faire avaler la pilule aux Français pour le passage à l'euro et l'application du pacte de stabilité à Bruxelles. Des sacrifices sont inévitables. Il a besoin d'une armée en ordre de marche et pas d'une troupe prête à trahir à la première embardée. Il faut retourner aux urnes et provoquer des élections législatives anticipées. Curieux calcul qui en surprend plus d'un. Avec Dominique de Villepin, le secrétaire général de l'Élysée, que François Hollande a croisé à l'Ena, Chirac concocte une dissolution suicidaire. Une forme de hara-kiri politique quasi irrationnel. Le 1er juin 1997, la droite perd plus de deux cents sièges à l'Assemblée nationale. La gauche plurielle est majoritaire avec trois cent dix-neuf députés.

Le résultat est inespéré. Il survient presque trop tôt. Durant ces deux années, les hiérarques socialistes ont joué les « bisounours », pour faire oublier les calamiteuses années de fin de règne de Mitterrand. Ils ne sont pas en ordre de bataille pour revenir au pouvoir. « Nous avons été pris de court, se souvient François Hollande. Mais nous avions aussi profité de cette période assagie du PS pour travailler et réfléchir. Nous avions des propositions sur les emplois-jeunes, les trente-cinq heures, le Pacs, l'allocation personnalisée d'autonomie. » Ainsi, en Corrèze, dans sa circonscription de Tulle, François Hollande retrouve son siège, avec 54,52 % des voix et améliore son score de 1988. Son rêve va enfin se réaliser. Il est l'homme de confiance du nouveau Premier ministre, Lionel Jospin. Il va entrer au gouvernement, aux Finances ou au Budget. Sous Mitterrand, les occasions lui sont passées sous le nez à plusieurs reprises. Cette fois, il ne pourra pas ne pas être appelé.

Dès le lundi, Lionel Jospin, après avoir été nommé à Matignon, le convoque à son siège de campagne, rue de Vaugirard. Hollande accourt, persuadé que, cette fois, il va être ministre.

— Je ne vais pas rester premier secrétaire, lui annonce Jospin. Je ne veux pas être dans une relation partisane.

— Rien ne t'empêche de conserver le titre et de désigner un premier secrétaire délégué, lui conseille Hollande.

— Oui, tu as raison. C'est ce que je vais faire. Pour ce poste, j'ai pensé à toi. Je ne te cache pas que je l'ai proposé à Vaillant, mais il veut être ministre. Maintenant, je voudrais quelqu'un qui incarne une nouvelle génération. J'ai pensé à toi. Si tu ne veux pas, tu entres au gouvernement.

— Est-ce que je serai associé à toutes les décisions ? Il faudrait que je puisse te voir une ou deux fois par semaine.

— Pas de problème, nous aurons le même lien que celui que j'ai eu avec Mitterrand au cours du premier septennat. Nous ferons deux rencontres hebdomadaires. La première avec les présidents de groupe, le mardi, et l'autre, en tête à tête, le mercredi.

Au détour de la conversation, Lionel Jospin lâche incidemment :

— Au fait, Ségolène est candidate à la présidence de l'Assemblée nationale. Ce n'était pas prévu. C'est fâcheux. Je veux nommer Fabius au perchoir. Peux-tu lui demander de s'effacer ?

— Il faudrait lui proposer un poste au gouvernement.

— On verra. Je ne veux pas donner le sentiment de négocier quoi que ce soit.

En sortant du bureau du tout nouveau chef du gouvernement socialiste de la troisième cohabitation de la Ve République, François Hollande est habité par des sentiments mitigés. Il ne croyait pas vraiment à cette proposition, bien que Claude Allègre la lui eût laissé entendre quelques heures plus tôt. Prendre les rênes du parti en période de mer calme n'est pas une si mauvaise opportunité. Mais il a tellement envie d'être ministre. Et puis il y a cette affaire Ségolène « candidate au perchoir » qui complique le jeu. Elle n'a prévenu personne et s'est propulsée dans cette bataille sans soutien – sans le sien, en tout cas. Elle a joué les braqueuses, comme d'habitude. Elle a présenté une candidature au forceps. Le genre de coup de poker qui amusait tant François Mitterrand. Avec Jospin, ce n'est pas la même tambouille. La Madone du Marais poitevin est montée au filet à l'esbroufe, espérant prendre tout le monde de vitesse, alors que tout était scellé dans les états-majors. Elle n'a fait qu'irriter le nouveau Premier ministre, moins florentin que « Tonton », moins sensible à ses caprices. Lionel Jospin avait peu apprécié sa tentative de se présenter contre lui et Henri Emmanuelli, en 1995, à l'élection présidentielle. Elle en avait irrité plus d'un en lançant cette formule à propos de la candidature de Jospin et Emmanuelli : « Ce sont deux trains lancés à toute vitesse l'un contre l'autre. Écartez-vous des voies ! » La pétroleuse, sur l'injonction de François Hollande et de Julien Dray, avait battu en retraite. Cette fois, elle met son compagnon dans une situation inextricable. « Jusqu'à cette date, la petite entreprise Royal-Hollande fonctionnait plutôt bien, raconte un proche. Là, les rouages ont commencé à se gripper. Vu de l'extérieur, rien ne transpirait. Mais en interne… » En fait, le tout nouveau député de Corrèze est furibard, car la mère de ses enfants lui complique la tâche avec « Lionel ». Ses ambitions intempestives lui portent ombrage. Ce n'est pas de la concurrence, mais une forme de parasitage impromptu pour son propre itinéraire.

Officiellement, avec Ségolène, le ciel est bleu. Pas un nuage dans le couple. Dans la coulisse, ça grince. « François a ramé pour qu'elle obtienne un portefeuille ministériel, se souvient un proche du couple. Cela lui a coûté dans sa relation à Jospin. En politique, ce n'est jamais bon d'être débiteur. D'une certaine manière, ce choc des ambitions devenait un souci, surtout pour lui. » Finalement, l'indomptable Ségolène est nommée ministre délégué à l'Enseignement scolaire, sous la responsabilité de Claude Allègre, ministre de l'Éducation nationale. Elle est « sous surveillance ». Lionel Jospin ne souhaitait pas la faire entrer au gouvernement. La dame est trop « perso ». Elle ne joue jamais « en équipe », lui reproche-t-il. « Dans Ségo, dit-il, il y a *ego*… » Claude Allègre, pour ne pas embarrasser son ami Hollande, a pesé de toute son amitié pour faire céder le Premier ministre.

Pour Hollande, l'incident est clos. À tous ceux qui l'interrogent sur son couple, si singulier, il répond avec la placidité d'un père franciscain que leurs forces s'additionnent, que leur histoire est un modèle de modernité. Partage des tâches, égalité, écoute. Un vrai dépliant publicitaire. « C'est un privilège d'être lié à une personne qui, à son niveau et avec son talent personnel, a la même vocation que vous, confie-t-il au journal *La Montagne*[1]. Cela aide à comprendre les contraintes de chacun, ce n'est pas une gêne : l'un ne fait pas de l'ombre à l'autre, au contraire. C'est une heureuse complémentarité. Rien n'interdisait que Jacques Delors et Martine Aubry fussent au gouvernement comme nous aurions pu l'être tous les deux. » La formule en dit long sur son envie d'être ministre, aux côtés de sa compagne.

1. *La Montagne*, 5 juin 1997.

À la fin de son entretien avec Lionel Jospin, rue de Vaugirard, François Hollande avait sollicité quelques heures de réflexion et couru au cabinet de Jean-Pierre Mignard, rue de Rivoli, pour le consulter. L'ami avocat n'a pas une seconde d'hésitation : « Au gouvernement, tu vas être noyé, le prévient Mignard. Tu ne seras qu'un parmi tous les autres, les Aubry, Strauss-Kahn, Guigou. Il faut que tu te singularises. En étant premier secrétaire, tu vas enfin pouvoir transformer le parti dans le sens de ce que nous disons depuis tant d'années. » Hollande suit les conseils de Mignard et accepte la proposition de Jospin, sans enthousiasme excessif. Va-t-il mettre en pratique la philosophie des transcourants au sommet de la machine socialiste ? Va-t-il créer la troisième gauche, celle qui rassemble mitterrandiens, rocardiens, fabiusiens et même, pourquoi pas, la gauche socialiste, le courant des « gauchistes » du parti ? Le projet est exaltant. Il en mesure les risques. Être enfermé très vite dans un rôle de petit *apparatchik*, corseté par les chefs de courant. Ou encore n'être que le surveillant général d'un parti godillot aux ordres de Jospin. Déjà, ceux qu'il a évincés et qui guignaient son poste, comme Jean-Christophe Cambadélis, dit « le Grec », ou Pierre Moscovici, sont à la manœuvre : ils lancent la rumeur que « M. Petites Blagues », selon la formule de Laurent Fabius, n'est qu'un intérimaire et qu'il sautera au prochain congrès. Les petites rancœurs et les croche-pattes sont déjà de sortie. Le tout nouveau premier secrétaire délégué s'en désintéresse. Il fait le dos rond, comme toujours. Il a une mission au service du seul Jospin : administrer des doses massives de tranquillisant à un parti encore en pleine déprime, malgré ce succès inattendu. En période de cohabitation, Lionel Jospin ne veut pas d'un deuxième front dans son propre camp. L'opération « antidépresseurs » du PS réussit au-delà de toutes les espérances.

Les deux premières années de la gouvernance avec Jacques Chirac sont, à cet égard, exemplaires. Hollande est associé à toutes les décisions du gouvernement. Lionel Jospin y met un point d'honneur. À tel point qu'on surnomme le député de Corrèze « le vice-Premier ministre ». « C'est vrai, confirme Claude Allègre. Nous formions alors le gouvernement à quatre, entre Jospin, Schrameck, Hollande et moi. » Au congrès de Brest, en novembre 1997, Hollande est confirmé à son poste, avec plus de 84 % des voix. Il a eu le soutien de Rocard, Fabius et Strauss-Kahn. Malgré cette victoire à la soviétique, quelques jospinistes n'en continuent pas moins de le présenter comme « l'attaché de presse de Lionel », un simple subalterne qui, au fond, est resté le porte-parole du Boss. Les détracteurs de François Hollande commettent tous la même faute : ils le sous-estiment.

Pendant que ses contempteurs le traitent de clown, à cause de ses bons mots, le Petit Chose tisse sa toile. À Matignon, il a ses « grandes oreilles ». Dans l'entourage de Jospin, François Hollande compte en effet plusieurs de ses amis les plus proches : Jean-Pierre Jouyet, directeur adjoint de cabinet, collaborateur direct d'Olivier Schrameck, dir'cab' du Premier ministre ; Jean Maurice Ripert, conseiller diplomatique ; et trois autres camarades de la promotion « Voltaire » : Brigitte

Joseph-Jeanneney, conseillère pour la culture, Pierre Duquesne, conseiller économique, et Patrick Delage, conseiller à la réforme de l'État. Une petite équipe d'informateurs amis qui peuvent lui envoyer des messages à tout moment sur l'humeur du prince. Hollande, dévoreur de grandes et de petites informations, accroché en permanence au « fil » de l'AFP, aime maîtriser les événements en amont. La confiance est totale avec Jospin, mais c'est encore mieux de savoir ce qu'il pense avant qu'ils ne se voient. Jospin est un des rares hommes politiques à ne pas se laisser abuser par la face lisse du premier secrétaire qu'il a choisi pour le PS. L'animal politique qui a mené tant de combats depuis trente ans connaît la roublardise de son dauphin. Elle ne le dérange pas, au contraire. Jospin tiendra-t-il sa promesse à propos des deux rendez-vous hebdomadaires avec Hollande ? Il fait mieux : il lui téléphone quasi quotidiennement. « Je devais faire le lien entre le gouvernement et la majorité, explique François Hollande au journaliste Pierre Favier[1]. Je présidais le bureau national tous les mardis soir et veillais à associer le PS, et je devais entretenir une cohérence au sein de la gauche majoritaire avec les communistes, les Verts, les radicaux. » Bref, Hollande met de l'huile dans les rouages entre le gouvernement et la gauche plurielle. C'est le côté petit mécano de François l'Enjoué.

Il a une autre mission, plus palpitante : croiser le fer avec Chirac. Jospin étant empêché par sa fonction de

1. *Droit d'inventaires*, Le Seuil, 2009.

Premier ministre, c'est à lui de jouer les bretteurs. Jospin, tenu au devoir de réserve, laisse donc Hollande envoyer des grenades tous azimuts en Chiraquie. Dans l'opinion, le député de Corrèze marque des points. Au grand désespoir des « éléphants » du parti, les médias accourent rue de Solférino. Hollande est le client idéal. Il fait court, percutant, et il est drôle. L'« Intérimaire » a l'air de vouloir durer. Il n'est pas le seul à briller dans la presse. Au gouvernement, ceux qu'on surnomme la « *Dream Team* » connaissent une popularité exceptionnelle. Martine Aubry, Élisabeth Guigou, Dominique Strauss-Kahn, et aussi Ségolène Royal, sont sur un nuage. Les Français sont sous le charme de cette jeune génération, séduisante et compétente. Mais en politique, les embellies n'ont qu'un temps. Cette rutilante machine commence à se dérégler à l'automne 1998. Un dossier va sérieusement pourrir l'ambiance au gouvernement, et réveiller les vieux fantômes de la division : la Corse.

Le 2 septembre 1998, Jean-Pierre Chevènement, ministre de l'Intérieur, sombre dans le coma par suite d'un accident opératoire au cours d'une intervention à l'hôpital du Val-de-Grâce. Le président du MDC[1], chantre d'une politique sécuritaire de gauche, un des piliers du gouvernement Jospin, est entre la vie et la mort. Il laisse un dossier qui empoi-

1. Mouvement des citoyens, parti politique fondé par Jean-Pierre Chevènement en 1993, après la guerre du Golfe. Le MDC disparaît en 2002 et sera remplacé, en 2003, par le MRC, Mouvement républicain et citoyen.

sonnait ses relations avec Lionel Jospin depuis plusieurs mois : l'enquête sur la mort du préfet Claude Érignac, assassiné le 6 février de la même année alors qu'il se rendait à un concert d'œuvres d'Hector Berlioz, au théâtre municipal d'Ajaccio. Lionel Jospin connaissait personnellement Claude Érignac. Les deux hommes étaient coturnes. En 1958, ils étaient étudiants à la cité universitaire d'Antony, dans la banlieue sud de Paris. Pendant un an, ils ont pris leurs petits déjeuners ensemble, ont partagé les mêmes toilettes, les mêmes douches. Ils étaient tous deux militants à l'Unef et se côtoyaient quotidiennement à Sciences Po. Il leur arrivait de jouer au tennis ensemble. Le meurtre de cet homme à la distinction toute britannique, d'une grande élégance, bouleverse le Premier ministre. La traque des assassins de son ancien camarade d'études ? Il en fait une affaire personnelle. Il crée une petite cellule à Matignon, autour de son directeur de cabinet, Olivier Schrameck, de Christian Christnacht, responsable de la question corse, et de Clotilde Valter, conseillère sur les affaires de police, pour suivre le dossier au plus près. Ce petit commando, depuis Matignon, fonctionne très vite en autarcie. « Nous avions très peur que des fuites affaiblissent l'enquête, se souvient un conseiller de Lionel Jospin. Nous savions que la police judiciaire, sur l'île, était infiltrée par les autonomistes. Nous avons confié les investigations aux gendarmes. Cela a provoqué des tensions, dès le début. » Très vite, place Beauvau, Jean-Pierre Chevènement a le sentiment d'être mis à l'écart. Il rue dans les brancards, s'en prend plusieurs fois aux technocrates de Matignon qui jouent les inspecteurs Columbo au petit pied. Et puis survient l'accident chirurgical du Val-de-Grâce. Quand, quelques mois plus tard, il sort du coma et retourne à son poste, en février 1999, il a changé de statut. Le miraculé est devenu un héros national. Il est revenu du royaume des ombres. Sa cote de popularité connaît une ascension fulgurante. Cela se ressent au cours des Conseils des ministres. Le « Che » est davantage écouté. Son poids politique n'est plus le même. En outre, il est comme libéré et ne prend plus de gants avec l'hôte de Matignon. Une sourde rivalité est en train de renaître entre les deux hommes. Depuis son bureau de la rue de Solférino, le démineur Hollande commence à s'inquiéter. Il voit d'un très mauvais œil la nouvelle pugnacité du « caïman » de Belfort. Elle risque de faire exploser le beau scénario de la Jospinie heureuse. Le « Che », désormais, n'a plus de freins. Il a repris en main l'enquête, remis la PJ aux manettes, il a fait mettre en sourdine la cellule de Matignon. Tout semble être rentré dans l'ordre. Pas pour longtemps.

Au début de l'été, Chevènement le « Ressuscité » apprend que l'équipe Christnacht a encore fait des siennes. Matignon aurait négocié secrètement avec les autonomistes, par divers canaux, un nouveau statut pour la Corse, avec une « compétence législative décisive », sur le modèle des territoires d'outre-mer. Jean-Pierre Chevènement est au bord de l'apoplexie. Il fonce chez Jospin. L'empoignade est rude. Le « Che » reproche au Premier ministre d'avoir trahi ses engagements. La belle utopie de l'équipe soudée, transparente, refusant les coups tordus, revendiquant une nouvelle manière de faire de la politique ? Du vent. Une belle arnaque. Tout cela sent à plein nez le retour des officines, des émissaires douteux. « Ce ne sont pas les conseillers qui décident la politique de la France, lance le ministre de l'Intérieur. C'est au gouvernement de prendre ses responsabilités, dans la collégialité. » Le « Che » en rajoute. Lionel Jospin a toujours tenu le PS au courant de cette nouvelle orientation politique sur la Corse. Au cours de ses tête-à-tête hebdomadaires avec François Hollande, il l'a informé de la nouvelle stratégie. « L'opinion a pu croire que nous nous éloignions d'une politique sécuritaire en lançant le processus de Matignon, rappelle le patron du PS. Mais on oublie un peu vite qu'il y a eu l'affaire de l'incendie de la paillote[1], qui impliquait directement des officiers de gendarmerie et le préfet Bonnet. Le traumatisme était tel qu'il fallait infléchir notre attitude et surtout sortir du cycle infernal violence-répression. J'étais en

1. Le 19 avril 1999 un incendie ravage la paillote « Chez Francis » construite sur le domaine public maritime au sud du golfe d'Ajaccio. Le préfet Bernard Bonnet est mis en examen suite aux déclarations du colonel de gendarmerie Mazères, affirmant qu'il a agi avec ses hommes sous l'ordre du préfet. Bernard Bonnet sera condamné par la justice à trois ans de prison dont un ferme, le 11 janvier 2002.

accord avec le Premier ministre, même si certains ministres étaient flottants sur cette question. »

Le 6 juillet 2000, en effet, une réunion extravagante se tient à Matignon : Lionel Jospin est mis en minorité dans un débat sur la question corse. Jean-Pierre Chevènement est à la manœuvre. Il retourne une majorité de ministres, dont Martine Aubry, Jean Glavany, et le communiste Jean-Claude Gayssot. Les « rebelles » se déclarent clairement contre « la dévolution d'un quelconque pouvoir législatif à la Corse ». Jospin, l'homme qui revendiquait la liberté du débat au sein de son propre gouvernement, se sent humilié. Le dossier Érignac lui tient trop à cœur. Il en perd son *self control* et décide de foncer dans le tas. Il appelle tous les ministres frondeurs au téléphone et leur fait un petit chantage : s'ils ne rentrent pas dans le rang et s'ils ne soutiennent pas sa politique corse, il est prêt à démissionner. Il finit par gagner. Les rebelles font amende honorable. La tempête a été évitée de justesse. François Hollande, lui, comprend que Chevènement est déjà dans une logique de départ du gouvernement. C'est la première grande fissure de la gauche plurielle chère à Lionel Jospin et François Hollande. Il faut à tout prix empêcher le « Che » de démissionner, prévient le premier secrétaire du PS. En dehors du gouvernement, il serait infiniment plus nuisible qu'à l'intérieur. Car, pendant ce temps, le locataire de l'Élysée, toujours empêtré dans les affaires de la Ville de Paris, compte les points. Hollande conseille alors qu'on nomme Chevènement à un nouveau poste au gouvernement, pour sortir de cette spirale infernale, la Justice ou les Affaires sociales. « J'ai tout essayé, lui répond Jospin. Il ne veut pas. Il n'y a rien à faire. Il veut partir et qu'on nomme un de ses lieutenants du MDC. » Jean-Pierre Chevènement, lui, prétend que Jospin l'a pratiquement « poussé dehors », que celui-ci ne lui a proposé aucun maroquin digne de lui. Qui croire ? Il démissionne le 29 août 2000. Au cours de l'été, il a subi les assauts téléphoniques de François Hollande. En vain. Le premier secrétaire du Parti socialiste a tout fait pour le convaincre de ne pas partir. « C'est l'existence même de la gauche plurielle qui était en jeu, soutient François Hollande. Il fallait éviter que la fêlure provoquée par son départ ne fasse effondrer tout l'édifice. » Pressent-il que la « fêlure » de la démission du « Caïman » annonce une grande catastrophe ?

Chapitre 10

L'APOCALYPSE SELON SAINT FRANÇOIS

Comment pourrait-il en être autrement ? Le pouvoir vous change un homme, si rigoriste soit-il, si corseté de principes et d'éthique que soit Lionel Jospin. François Hollande a assisté à la lente métamorphose de son « associé », celui avec lequel il a signé un pacte quasi faustien : mettre le PS en catatonie pour que le Maître gouverne tranquillement. L'alliance a tenu deux ans, soit à peu près la moitié de la législature. François Hollande les appelle les « années bonheur », faites de loyauté, de confiance réciproque entre les deux hommes, mais aussi de mise en léthargie du parti. Il a fait le « sale boulot » avec un zèle de moine-soldat. Et puis la méfiance est revenue. Quand Lionel Jospin s'est-il éloigné de lui ? Quand l'a-t-il tenu à distance de ses prises de décision ? Difficile à dater précisément. Depuis son bureau de la rue de Solférino, François Hollande cherche à comprendre. Cet homme lui échappe. Il a quelque chose en lui d'insaisissable qui le trouble et le met mal à l'aise. Son patron, quand les ennuis ont commencé à s'accumuler au gouvernement, s'est peu à peu replié sur lui-même. Plus il répétait qu'il avait « fendu l'armure », plus il s'enfermait dans son bunker de Matignon, avec Olivier Schrameck, son directeur de cabinet. Au PS, on sent cruellement ce malaise. Le Pasteur est désormais entre les mains des technocrates. Il s'est « shrameckisé »... L'expression est à la mode chez les socialistes. François Hollande est la première victime de cette évolution. Pendant plus de deux ans, il a oublié ses projets de réforme du parti, par discipline. Il a étouffé ses propres ambitions. Plusieurs de ses proches lui ont conseillé de créer son propre courant, de renforcer ses positions au sein du PS. Il a décliné. « Il fallait à tout prix éviter de relancer la guerre des courants, se défend-il. Le rassemblement ne pouvait être solide que si j'étais un médiateur et pas un chef de meute. » Belle idée, qui ne va pas résister à la réalité.

Au début de l'été 1998, le patron du PS apprend qu'une sale affaire pourrait bientôt éclabousser le parti. Une enquête de la Cour des comptes concernant les finances de la Mnef[1] met en cause Dominique Strauss-Kahn et plusieurs hiérarques socialistes. On soupçonne la mutuelle étudiante, par un système de fausses factures, d'alimenter les caisses du parti, et plus particulièrement certains de ses dirigeants, tous jospinistes. François Hollande,

1. Mutuelle nationale des étudiants de France.

par ses réseaux à la Cour des comptes, corps d'où il est originaire et où il a gardé beaucoup d'amis, alerte Jospin : un nouveau scandale risque d'éclater. Le Premier ministre demande à Hollande de faire une contre-enquête secrète. Hollande vérifie si le dossier peut impliquer Jospin, à l'époque où il était patron du parti, et lui-même, en tant que premier secrétaire. Ses informateurs le rassurent. Ni lui ni Jospin ne sont dans le collimateur des enquêteurs de la rue Cambon. Il rassure le Premier ministre. Ce dernier lui glisse qu'il soupçonne Pierre Joxe, son vieil ennemi, d'être l'instigateur de cette opération « Mains propres ». L'ancien ministre de l'Intérieur de François Mitterrand, devenu premier président de la Cour des comptes, en voudrait à Jospin de ne pas l'avoir nommé ministre de la Justice en 1997, sous prétexte de « rajeunissement ». Depuis, il ruminerait sa vengeance. Et puis, le Sage de Bourgogne semble avoir de nouvelles ambitions. Il s'ennuie à la Cour des comptes et rêve d'être candidat à la mairie de Paris. Il le dit à qui veut l'entendre : « Je ne finirai pas ma carrière dans ces murs, en robe d'hermine. » Rue de Solférino, on s'inquiète du jeu de Pierre Joxe. Par ses propres informateurs, François Hollande sait qu'il invite régulièrement de nombreux socialistes parisiens rue Cambon. L'ancien ministre de la Défense leur prend le pouls. Il teste sa candidature à l'Hôtel de Ville. Mais comment devenir le candidat du parti alors que la fédération parisienne est totalement aux mains des proches de Jospin, la fameuse « bande du XVIIIe arrondissement » : Bertrand

Delanoë, Claude Estier, Pierre Shapira, Daniel Vaillant, d'un côté, et les « rénovateurs » – Jean-Christophe Cambadélis, Jean-Marie Le Guen, Dominique Strauss-Kahn – de l'autre ? Or, DSK, candidat probable des socialistes pour Paris, caracole en tête dans les sondages. Un bon scandale pourrait bien « déblayer le terrain ». Mais aussi atteindre par ricochet Jospin et Hollande, même si on ne peut rien leur reprocher judiciairement. Ils seront forcément éclaboussés. Pierre Joxe jure qu'il n'y est pour rien, « que le procureur qui suit le dossier est un proche de Nicolas Sarkozy ». En d'autres termes, la grenade est dégoupillée. Tous aux abris !

François Hollande reçoit la consigne de Matignon : il faut sauver le soldat DSK, ménager à tout prix son image dans la presse. L'ancien porte-parole doit mettre en branle son réseau de journalistes, qu'il cajole depuis plus de dix ans. Le Premier ministre a un besoin vital de son « chouchou » Dominique. Il rassure les marchés, offre une image séduisante du nouveau socialisme français. On le surnomme « Magic Strauss-Kahn » tant il parvient à mettre dans sa poche les grands capitaines d'industrie. Il a réussi à leur faire accepter les trente-cinq heures sans trop de dommage, malgré ses relations tendues avec Martine Aubry, ministre de l'Emploi et de la Solidarité. À l'étranger, on loue l'économiste polyglotte, sa faconde, son humour ravageur, son art de dénouer des dossiers inextricables. DSK le Démineur est l'image de marque de Jospin hors de l'Hexagone et dans la galaxie du Cac 40. Il est sa carte maîtresse dans sa stratégie présidentielle. Il est un pilier du gouvernement. Il est aussi un ami. Lionel Jospin a été son témoin de mariage avec la journaliste Anne Sinclair, grande prêtresse de l'information politique sur TF1. Entre le père la Raideur et le brillant désinvolte, il y a une relation forte qui en surprend plus d'un. Elle relève presque de l'énigme.

Que reproche exactement la justice au patron de Bercy ? Entre janvier 1995 et février 1997, il a servi d'intermédiaire entre la Mnef et le groupe Vivendi en tant qu'avocat d'affaires. La compagnie de Jean-Marie Messier a apporté 21 millions de francs en entrant dans le capital de la holding de la Mnef. Cette opération s'est déroulée dans le cadre de la diversification des activités de la mutuelle étudiante, voulue par Jospin lui-même quand il était ministre de l'Éducation nationale. DSK, en tant que consultant, a touché un peu plus de 600 000 francs pour superviser l'opération. *A priori*, pas de quoi décapiter un ministre des Finances. Pénalement, selon ses avocats, il ne risque rien. L'affaire va se dégonfler. Jospin et Hollande respirent. Pas très longtemps. Le cataclysme survient quelques mois plus tard.

À l'automne 1999, un dirigeant de la Mnef bouleverse le scénario à l'eau de rose. Il témoigne devant le magistrat instructeur et, sous serment, prétend que les lettres justifiant les prestations de DSK dans le dossier Vivendi sont antidatées et qu'elles ont servi à justifier une activité « peu consistante ». Le ministre a signé ces documents et ne peut plus échapper à la mise en examen pour « faux et usage de faux ». Ironie du sort : DSK le Flamboyant n'est pas poursuivi pour avoir peut-être touché de l'argent « en claquant des doigts », mais pour une vulgaire histoire de troubles jeux d'écriture. Une « faute de débutant », s'exclame Jospin, qui ne peut plus soutenir son ministre préféré. Le 2 novembre, DSK démissionne[1] et lâche à son mentor : « Je suis un con. Je suis un vrai con ! » Il fait la une des journaux. Il devient un héros de *sitcom*. Il n'est pas seulement un homme politique dans la tourmente mais le mari d'une star de la télé. DSK entre dans la catégorie des *people* que l'opinion condamne avec délice sur le bûcher médiatique. Le scandale a un effet collatéral : il réveille les vieux démons de la division au PS. Jospin et François Hollande sont tous les deux affaiblis par cette affaire. Les écuries présidentielles qu'on croyait endormies reprennent aussitôt du service. La mise à l'écart de DSK, même provisoire, sonne le glas de la « *Dream Team* ». Les « années bonheur » de François Hollande sont derrière lui. Malgré la croissance en hausse, le chômage en régression, l'opinion est en train de se retourner. Hollande doit colmater les brèches. Il ne peut plus continuer à « jouer les hypnotiseurs » au parti. La période du serpent Kaa est révolue. Il le dit à Lionel Jospin. Il faut bouger, proposer de nouvelles perspectives. Ça gronde dans les profondeurs du PS. Il pourrait peut-être lui-même changer de rôle. Il songe à être candidat

1. Dominique Strauss-Kahn sera relaxé en octobre 2001.

à Bercy, son ambition affichée depuis des années. Mais Jospin le veut à son poste de premier secrétaire. Il compte sur un retour rapide de DSK. Il est convaincu que son ministre sera lavé de tout soupçon dans les prochains mois. Il nomme pour « assurer l'intérim » Christian Sautter secrétaire d'État au Budget, homme de confiance de DSK. Choix malheureux : Sautter a les nerfs trop fragiles pour le poste. En outre, il doit appliquer la réforme du ministère des Finances, préparée par DSK. En l'absence du maître, Sautter, maladroit et peu réactif, provoque une grève des fonctionnaires de Bercy. Cas rarissime. Il est débarqué au bout de trois mois. Comment réparer cette erreur de casting ? Cette fois, le locataire de Matignon pourrait enfin offrir à François Hollande son bâton de maréchal et le nommer aux Finances. Après tout, il le mérite bien. Il a joué les gardes-chiourmes du parti sans rechigner. Dans son entourage, il se laisse un peu aller sur le mauvais côté de son job. « Premier secrétaire, confie-t-il, c'est une sorte de motocrotte : les conflits des uns, les engueulades des autres ; toute la semaine, je règle des problèmes, je ramasse des merdes. » Sur le plan électoral, il n'a pas démérité non plus. Il est allé au combat aux élections européennes en juin 1999 comme tête de liste du PS, alors qu'il espérait que Jacques Delors prendrait la tête de cette bataille. Mais ce dernier, une nouvelle fois, a renâclé en prétendant qu'il voulait occuper une position moins exposée sur la liste. Hollande lui a alors proposé la cinquième place. Réaction de l'ancien maire de Clichy : une longue fâcherie ; il ne voulait pas jouer les seconds rôles. Allez comprendre. « Il aurait pu devenir le premier président de l'Europe, regrette François Hollande. Je n'ai vraiment pas compris Jacques Delors. » L'ancien président de la Commission européenne fait alors courir le bruit que François Hollande l'a « entourloupé » : ce dernier n'aurait jamais envisagé de lui confier la tête de liste ; il a joué au plus malin avec lui. « Il se présente en saint François, dit un contempteur, mais sous la robe de bure il cache la dague ou le poison. » Depuis, les détracteurs de Hollande dans le parti le surnomment « l'Entourloupeur », ou encore « le Chinois », celui qui tue avec le sourire. On ne sait plus ce qu'il faut penser de cet homme. Est-il le clown Zavatta ou le cardinal Mazarin ?

Aux européennes, malgré les mauvaises langues socialistes, Martine Aubry en tête, François le Roublard réussit son coup au-delà de tout espoir. Il rapporte une belle victoire dans l'escarcelle de Jospin, faisant un des meilleurs scores jamais atteints par un socialiste dans ce genre de scrutin. Il l'emporte largement sur tous ses rivaux avec près de 22 % des voix, alors que son principal adversaire, Nicolas Sarkozy, parachuté dans la campagne après la défection loufoque et impromptue de Philippe Séguin, n'atteint pas les 13 %. Autre résultat à mettre à l'actif du candidat Hollande : Le Pen obtient un faible score, entre 5 % et 6 %. Le numéro un du PS a endigué la vague lepéniste. Ce n'est pas un mince exploit. Auréolé de cette victoire, il a toutes les qualités pour être propulsé à Bercy. Il est prêt.

Quand Jospin le convoque pour lui annoncer qu'il va nommer Laurent Fabius à ce poste, Hollande est estomaqué. Pour la première fois depuis trois ans, les deux hommes ont une très orageuse explication au cours de leur entretien du mercredi. Le premier secrétaire du PS ne comprend pas le retour du « dauphin de Mitterrand » sur le devant de la scène. Ni la nomination de Jack Lang au ministère de l'Éducation nationale, en remplacement de Claude Allègre, le « dégraisseur de mammouths » qui, à force de coups de menton et de coups de gueule contre les enseignants, avait fini par les avoir tous à dos. Il fallait agir vite avant une « révolution des blouses grises », qui sont, de surcroît, les bataillons électoraux de Jospin.

Lang, Fabius, le *come back* des figures de la Mitterrandie va provoquer une fronde dans le groupe socialiste mais aussi chez les militants, prévient François Hollande. Et puis Fabius n'est-il pas favorable à une politique de baisse des impôts, comme la droite, ce dont Jospin ne veut pas entendre parler ? Son arrivée aux commandes de l'économie risque de faire désordre. En remettant en selle ces « canassons du mitterrandisme », le Premier ministre risque aussi de froisser l'opinion, poursuit-il. Il faut au contraire aller puiser dans le vivier de la nouvelle génération, celle des Vincent Peillon, Julien Dray ou Harlem Désir. Ce remaniement ne sera pas perçu comme une nouvelle étape mais comme une marche arrière. À ces mots, Jospin se braque. Il réagit fermement et hausse le ton. Il ne cédera pas aux injonctions de Hollande. L'arrivée de Lang et de Fabius au gouvernement n'est pas discutable : c'est un signal de paix envoyé à tous les socialistes, lance-t-il. Jospin n'en démord pas. Il faut poursuivre sur la même ligne de crête. Le général « à la triste figure » ne sort pas de son idée du rassemblement « à l'ancienne » : il veut une armée en ordre de bataille pour s'engager dans l'élection présidentielle. Point barre. Il a besoin des mitterrandistes historiques. François Hollande bat en retraite et lui suggère alors de prononcer un nouveau discours de politique générale devant l'Assemblée nationale, histoire de donner un second souffle à son mandat. Et de provoquer un électrochoc dans l'opinion. Pas question, lui rétorque « le Frisé », sur un ton martial. François Hollande, désappointé, remballe ses idées de « second souffle » et se plie à la volonté de son mentor. À l'extérieur, il ne dira pas un mot de son différend.

Au fond de lui, il est meurtri. L'homme envers qui il a été d'une loyauté irréprochable l'a éconduit comme un domestique. Ce jour-là, quelque chose s'est définitivement brisé entre eux. Pour Jospin, la réaction de Hollande n'avait rien à voir avec la politique. Il voulait Bercy et un de ses pires ennemis au PS, celui avec qui il n'a jamais réussi à s'entendre, le supplantait. Il n'a pas encaissé. Fabius, le grand bourgeois, avec ses costumes taillés sur mesure, le col toujours impeccablement plissé, méprise depuis le premier jour le Petit Chose, ce Tintin de la politique, qui ne sera « jamais rien d'autre qu'un passeur de plats ». Il y a quelque part chez Fabius une détestation de classe pour cet énarque aux costumes trop grands, aux bas de pantalon qui rebiquent, ce parvenu dont les ancêtres sentaient le crottin et la paille séchée. François Hollande le ressent presque physiquement quand les deux hommes se croisent. Fabius lui serre la main du bout des doigts, de peur de se souiller. L'ancien Premier ministre ne voit en ce rival de pacotille qu'un usurpateur. Hollande ? Le concierge du PS. Il croit tenir le parti ? Il n'en est que le gardien en contrat à durée déterminée. Comme toujours, le député de Corrèze ne montre rien de ses véritables sentiments. Il est d'une pudeur légendaire. Il a été meurtri par Jospin ? C'est déjà oublié. « C'est une force très rare chez un homme politique, il semble insensible aux balles qui sifflent autour de lui », souligne son ami Michel Sapin, ministre de l'Économie et des Finances dans le gouvernement Bérégovoy, puis ministre de la Fonction publique et de la Réforme de l'État dans celui de Lionel Jospin. Le copain de chambrée de la caserne de Coëtquidan, maire d'Argenton-sur-Creuse, connaît son François depuis plus de vingt ans. Ils ont partagé victoires et débâcles ensemble. L'ami Michel continue d'être intrigué par l'étonnante carapace du « Petit ». D'où lui vient ce flegme si particulier de collégien en goguette ? Rien ne semble jamais l'atteindre. Ou alors pendant si peu de temps. En quelques secondes après un uppercut, il est à nouveau debout, le sourire aux lèvres. Il est bien le « Culbuto[1] », tel que le décrivent Marie-Eve Malouines et Carl Meeus. Le « Culbuto » ne tombe jamais par terre. Il a l'art de se relever instantanément. Jospin lui a refusé le maroquin des Finances ? Il l'a éconduit sur ses propositions d'une relance politique ? Il passe à autre chose. Les sujets ne manquent pas.

Le climat commence à se durcir sérieusement entre les différents partenaires de la gauche plurielle. Les mauvaises humeurs du Premier ministre se font de plus en plus fréquentes. Lors des dîners de la « gauche plurielle » qui se tiennent régulièrement à Matignon, Jospin est de plus en plus irritable. Un jour, il s'en prend à Dominique Voynet, dirigeante des Verts, un autre au patron du PC, Robert Hue. Son ton est cassant, agressif. Est-ce dû à sa maladie, qui s'est déclarée quelques années plus tôt, le syndrome de Basedow, une forme d'hyperthyroïdie dont un des symptômes est l'irruption de colères titanesques ? Ou bien à l'usure du pouvoir ? François Hollande joue alors, selon sa propre expression, l'« agent d'ambiance ». Il s'escrime à désamorcer les conflits, à dédramatiser les emportements de « Lionel ». Au PS, il est le conducteur de motocrotte. Dans la majorité, le « grand frère » qui évite la « baston ». Il est fatigué de ce rôle de médiateur tout-terrain. Mais il doit tenir. Il a conclu un pacte de cinq ans avec Jospin, le temps de la mandature. Il

1. *La Madone et le Culbuto*, *op. cit.*

l'accompagnera rue de Solférino, le doigt sur la couture du pantalon, jusqu'à l'élection présidentielle, sauf si le Premier ministre l'appelle pour d'autres tâches. Il y a tant de choses à réussir encore : le passage à l'euro, la création du géant industriel Areva[1] ou la consolidation d'EADS[2], nouveau rival européen de Boeing. Il faut préserver cette « majorité plurielle » qui prend l'eau. Alors, il écope, il écope sans cesse, pour le seul profit d'un homme qu'il connaît à peine. Devant lui, il n'a jamais fendu l'« armure ».

Jospin, cet inconnu. François Hollande n'en finit pas de s'interroger sur l'énigme du personnage. Début 2001, il apprend que des journalistes enquêtent sur le passé trotskiste du Premier ministre. Celui-ci était militant d'un groupuscule trotskiste, l'Oci, Organisation communiste internationale, dirigée par Pierre Lambert, un gourou qui tenait sa boutique d'une main de fer. Pseudonyme de Jospin dans ce mouvement légèrement paranoïaque auquel ont aussi appartenu Jean-Christophe Cambadélis ou l'historien Benjamin Stora : « Michel ». François Hollande sent que cette histoire peut avoir des effets dévastateurs sur l'image de Jospin. D'autant que le Premier ministre a

1. Areva, premier groupe mondial pour l'industrie nucléaire, est créé le 3 septembre 2001, par la fusion de CEA Industrie, Framatome et la Cogema.

2. EADS, European Aeronautic Defence and Space, compagnie européenne, née de la fusion du groupe français Matra, de l'allemand Dasa et de l'espagnol Casa, le 10 juillet 2000.

effacé de son curriculum vitæ cette période trotskiste. Pourquoi une telle omission ? Après tout, il n'y a aucune honte à avoir milité, dans sa jeunesse, dans un groupuscule de disciples du fondateur de l'Armée rouge. François Hollande a bien été à deux doigts d'adhérer aux Jeunesses communistes ! Mais là, c'est autre chose. Il a menti. En 1995, interrogé par Gérard Courtois, journaliste au *Monde*[1], Lionel Jospin jure qu'il n'a jamais été trotskiste et qu'on doit le confondre avec son frère, Olivier. Ce gros déni peut lui coûter très cher. Il faut à tout prix anticiper les révélations de la presse. François Hollande fait passer des messages, mais il sent que, pour Jospin, la question est taboue. Il n'ose l'aborder de front. Pour un homme politique, il n'y a rien de pire que d'être pris en flagrant délit de mensonge.

Quand, en juin 2001, *Le Monde* révèle le « scoop » sur l'appartenance de Jospin au groupe lambertiste, les socialistes ne savent pas s'il faut rire ou pleurer. Leur patron est-il un simple petit cachottier ou un « espion trotskiste », infiltré depuis longtemps dans l'appareil socialiste ? Jusqu'à quand a-t-il été un agent double ? Officiellement, il n'a jamais quitté l'Oci. Était-il encore un membre actif de l'organisation quand il a succédé à Mitterrand à la tête du PS, en 1981 ? Jospin s'empêtre dans des explications douteuses. Il s'enferre, esquive, refuse de s'expliquer sur ce « trou noir » de sa biographie. François

1. *Le Monde*, 11 avril 1995.

Hollande est atterré. Son mentor est un menteur. Ce scandale risque de barrer la route de Jospin à la présidentielle. À l'Élysée, les canons sont sortis. L'ex-camarade de promotion de l'Ena de Hollande, Dominique de Villepin, fait passer la consigne : il faut désormais surnommer Jospin « Pinocchio ». À tous ses visiteurs, Jacques Chirac, ragaillardi, lance : « S'il a menti une fois aux Français, il pourra mentir d'autres fois. » Le complexe de Pinocchio court les gazettes. François Hollande, lui, court les rédactions pour en savoir un peu plus sur le passé trotskiste du locataire de Matignon. Ce dernier n'a pas seulement menti aux Français, mais aussi à lui, son propre successeur à la tête du Parti socialiste. Il lui avait déjà un peu menti, à l'automne 2000, en le prévenant à la dernière seconde au congrès de Grenoble[1], juste avant de prononcer son discours, du coup de poker qu'il tentait pour la présidentielle : imposer la fin du septennat au profit du quinquennat, et l'inversion du calendrier électoral. Jospin, en solitaire, annonce alors qu'il est favorable à ce que l'élection présidentielle s'organise avant les législatives. François Hollande, désemparé par ce manquement à leur pacte, a bredouillé qu'il aurait peut-être fallu en parler avant. L'idée est-elle si géniale ? Ne fragilise-t-elle pas un peu plus la majorité plurielle qui verra surgir des candidatures tous azimuts ? Un grand débat au sein

1. Au congrès de Grenoble, le 26 novembre 2000, François Hollande est confirmé dans son poste de premier secrétaire, avec 73,2 % des suffrages des militants.

du parti n'aurait-il pas été nécessaire ? Jospin n'écoute plus. Il est dans sa bulle, obsédé par le combat singulier qu'il veut mener contre Chirac. Il piaffe d'impatience. Sous la carapace du « Frisé », il y a de la lave en fusion. Ce malheureux Parti socialiste l'intéresse à peine. Il ne voit plus que Chirac. Il va en faire de la pâtée, réduire en bouillie ce « roi fainéant », toujours empêtré dans ses affaires de la mairie de Paris. Jospin ressemble à un boxeur qui trépigne dans les vestiaires, avant le match. Il est trop sûr de lui, trop convaincu de sa victoire. « Battling Lionel » est submergé par l'envie d'en découdre. Conséquence : il perd de sa concentration. Il est aveuglé par la rage.

Le 14 juillet 2001, dernier grand rendez-vous de Chirac avec les Français avant l'élection présidentielle, le président « dilettante » fait une intervention télévisée très dure contre son Premier ministre et son gouvernement, qu'il juge incompétents. Curieusement, Jospin ne bronche pas. Depuis Tulle, François Hollande attaque ce président qui « se moque des Français ». À Matignon, silence radio. Pas le moindre clapotis. « Avec le recul, dit François Hollande, nous aurions dû faire réagir Lionel Jospin dès le journal de 20 heures. C'était peut-être une occasion de démissionner et de se préparer pour l'élection avec les mains totalement libres. J'avoue que j'ai eu des discussions avec lui sur ce thème et que nous étions très partagés. En fait, Jospin ne voulait pas se priver de sa puissance de tir depuis Matignon. Il n'avait pas tort. » Dans la coulisse, le débat se poursuit. L'hypothèse de la démission de Lionel Jospin est discutée durant tout l'été 2001.

François Hollande a, bien sûr, sa petite idée. Si Jospin s'en va, qui mieux que lui pourrait lui succéder à Matignon ? Il connaît tous les rouages de l'État. Il est surtout son plus loyal lieutenant, son homme de confiance. Jospin, exfiltré, aura toujours la machine de Matignon à son service. Le nom de Laurent Fabius est avancé également. Mais la seule option sérieuse est bien celle de Hollande. Il a raté Bercy. Il pourrait bien être propulsé à Matignon. Le scénario est sérieusement envisagé. Survient alors la tragédie du 11-Septembre.

Les images de la destruction des Twin Towers par les commandos suicide d'Al Qaida bouleversent la planète. Les Français sont tétanisés par l'événement, comme tous les autres peuples du monde. Jacques Chirac montre à tous ceux qui le croyaient mort et enterré, dans son bunker élyséen, qu'il a de la ressource. Il saute dans un avion pour New York. Il est un des premiers à se rendre sur les lieux du drame. L'image du président compassionnel, survolant en hélicoptère le cœur martyrisé de Manhattan, fait un tabac médiatique. En quelques jours, le chef de l'État a repris totalement la main sur son rival. On le voit partout. En tant que chef des armées, il organise l'envoi de troupes françaises en Afghanistan pour traquer Ben Laden. Lionel Jospin est aux abonnés absents. Il est sous le choc, persuadé que les questions de sécurité seront désormais le sujet central de la campagne, et que, sur ce terrain, la gauche bafouille son alphabet sécuritaire. « Ce fut un moment très difficile pour nous deux, rappelle François Hollande. Lionel Jospin pressentait que la peur allait gagner la société française. Il a eu comme une prémonition et a même envisagé de ne pas se présenter. Du moins, c'est ce qu'il m'a dit alors. Il semblait découragé. Je lui ai dit de ne pas douter, que nous avions plus de six mois devant nous. Par contre, nous avions rangé au vestiaire l'idée d'un départ de Matignon. » Démissionner après le traumatisme du 11-Septembre ? Impossible. Lionel Jospin aurait l'air d'un déserteur fuyant sous la mitraille. Il n'a plus le choix : il lui faut rester à son poste. Tant pis pour l'ambitieux François Hollande qui aurait pu retrouver à Matignon ses amis, les « Voltaire », Jean-Pierre Jouyet et Jean-Maurice Ripert. Le passage de témoin était presque évident. Mais l'histoire est impitoyable : un événement subit peut anéantir dix longues et patientes années de travail. François Hollande est une victime collatérale du 11-Septembre. Et peut-être Lionel Jospin lui-même, car, en se cantonnant dans son « refuge » de la rue de Varenne, le Premier ministre va s'isoler des Français.

Quand celui-ci déclare sa candidature, le 21 février 2002, par un communiqué presque anodin à l'AFP, comme un avis de décès, François Hollande revient à la charge et lui suggère encore de quitter Matignon. Cette fois, c'est le bon moment : Jospin a deux mois pour courir le pays et partir à la rencontre des Français. Le Parti socialiste est prêt. Il est en ordre de marche. Il faut profiter de ce moment fort pour le dynamiser et changer son équipe dirigeante. Certains proches de François Hollande ont concocté un scénario idéal : « saint François » à Matignon, pour deux mois ; Jospin devient président et conserve son Premier ministre. Ainsi, il n'y aurait pas de vacance du pouvoir. L'idée est séduisante, mais ne convainc pas le candidat. Jospin a changé de galaxie. Il s'est entouré de jeunes technocrates aux dents longues. Il est accaparé par l'équipe des publicitaires d'Euro RSCG, autour de Jacques Séguéla. Ces jeunes loups, adeptes du marketing politique à l'américaine, vont faire connaître l'enfer au malheureux Jospin. Et le couper de ses racines, le parti. En quelques semaines, le député de Corrèze comprend qu'il est mis à l'écart. « Saint François » le disciple est sacrifié sur l'autel de la modernité. Face à ces jeunes loups évoluant le plus souvent dans les salons feutrés des milliardaires du Cac 40, il apparaît comme un notaire de province, un représentant de la France des clochers. Un « plouc », en quelque sorte. Il devient le témoin effaré et impuissant d'une campagne calamiteuse. À l'Atelier, QG du candidat, il découvre un Jospin amorphe, dépassé par les événements. Un homme sans son oxygène : la politique. En le transformant en vulgaire objet publicitaire, ses géniaux conseillers l'ont coupé de ce qui a toujours fait sa force : le soutien des militants du PS. Il n'est plus qu'un spectre. Ces nouveaux thuriféraires, qui manient l'encensoir sans retenue, commettent une faute historique, impardonnable. Ils sont tous dans la bagarre du deuxième tour. Conséquences : les jospinistes oublient de porter le fer contre Jacques Chirac ou contre Jean-Marie Le Pen. Ils sont déjà en train de se partager les postes ministériels. Pathétique : ils mènent une campagne qu'on pourrait appeler de… troisième tour.

Le premier secrétaire, seul dans son camp retranché de la rue de Solférino, crie au feu. En vain. Durant le mois de mars, François Hollande devient le Grincheux, l'oiseau de mauvais augure, celui qui porte la poisse. Il ne cesse de répéter autour de lui, mais aussi aux réunions de l'Atelier où on le convie de temps en temps, qu'« il faut mener une campagne de premier tour, de toute urgence ». On ne le prend pas au sérieux. L'*apparatchik* cherche à faire son intéressant pour exister dans une équipe qui le regarde à peine. Jospin ne lui parle plus, trop absorbé par la composition de son prochain gouvernement. Le dimanche 7 avril, à la fin d'un déjeuner où François Hollande est convié à l'Atelier, il craque. Il prend Jospin à part. Il sort de ses gonds et se met en colère. Le premier secrétaire du PS n'a jamais parlé aussi brutalement à celui qui fut son patron durant cinq ans. Il vide son saç sans ménagement. Le ton monte entre les deux hommes. François Hollande le prévient du danger d'être éliminé dès le premier tour, qu'il n'a plus que quinze jours pour changer de braquet et se remettre dans une logique de premier tour. Trop de voix de gauche vont s'éparpiller sur les Verts ou sur Jean-Pierre Chevènement, lui lance-t-il. Jospin, vexé et éberlué, réplique qu'il n'a pas de leçon à recevoir en matière de campagne électorale.

Les deux hommes ne sont pas loin d'en venir aux mains.

François Hollande quitte l'Atelier, stupéfait de son audace. Il a osé ferrailler avec Lionel le Castagneur. Il a rué dans les brancards et ça lui a fait du bien. Il part pour Tulle rasséréné. Il a dit ses quatre vérités à celui qui l'avait mis sur la touche. Qu'importent les conséquences ! Surprise : son téléphone sonne. Lionel Jospin, ébranlé par leur engueulade, lui demande de diriger la campagne de second tour.

« Saint François » le bon soldat accepte. Mais il est beaucoup trop tard. Trop d'erreurs ont été commises. Le slogan « Présider autrement » ? En quoi peut-il séduire les Français, qui s'intéressent davantage à leur niveau de vie en berne qu'aux bonnes manières d'un candidat ? Et puis cette fameuse formule utilisée par Jospin, « Mon programme n'est pas socialiste », est tout simplement suicidaire. Sur les affiches, il n'y a même pas le nom du candidat, c'est plus chic, selon les têtes pensantes d'Euro RSCG. Dans la dernière ligne droite, Hollande s'interroge : comment sauver les meubles ? Il faut rameuter toutes les bonnes âmes pour appeler au « vote utile », slogan jugé ringard quelques jours plus tôt. Mais tous les sondeurs le savent : il est pratiquement impossible d'inverser une tendance à quelques jours du scrutin. À moins d'un miracle. François Hollande se souvient des tractations engagées, au printemps, avec la gauche plurielle avant la campagne électorale. Il a assisté à l'éclosion d'une multiplicité de candidatures, sous le regard indifférent de Jospin. Hollande a tout tenté, au printemps, pour convaincre Christiane Taubira, candidate des radicaux de gauche, de retirer sa candidature. Mais « le Frisé » a laissé faire, presque dédaigneux. Il a péché par arrogance et par orgueil. En politique, cela ne pardonne pas. Hollande est un de ceux qui ont senti le cataclysme arriver.

Quelques jours avant le premier tour, le 17 avril, le leader socialiste déjeune au siège du quotidien *Libération*, rue Béranger, dans le quartier de la République. Il est accompagné de son attachée de presse, Frédérique Espagnac. L'invité, très à l'aise avec les journalistes, comme à son habitude, fait le bilan de la campagne électorale. Au détour d'une phrase, comme par inadvertance, il glisse que le score de Jean-Marie Le Pen pourrait bien être plus important qu'on ne le croit. Devant des journalistes goguenards et incrédules, dont Serge July, il ajoute : « Il n'est pas impossible que Le Pen soit présent au deuxième tour. Et que Jospin n'y soit pas… » Les « journaleux » flairent le piège. Quelle entourloupe M. Petites Blagues leur mijote-t-il ? La rédaction de *Libération*, comme les autres journaux d'ailleurs, prend à la légère ce scénario catastrophe. L'apocalypse que prophétise « saint François » n'est encore qu'une ruse du Petit Mécano de Solférino pour se faire mousser. Une de plus. Ou un stratagème pour que la presse de gauche se convertisse à sa religion du « vote utile » ?

Le soir du 21 avril, quand Lionel Jospin, éliminé dès le premier tour, annonce son retrait de la vie politique, François Hollande n'est pas surpris. Le candidat, cinq jours plus tôt, l'avait prévenu, en présence de quelques fidèles, dont Jean-Christophe Cambadélis. « Si les Français ne me font pas passer le premier tour, je partirai. Il faut vous préparer à cette éventualité. » À l'Atelier, ce soir de défaite, après avoir fait son allocution télévisée, dans un climat de stupeur et d'effroi, Jospin prend Hollande en aparté : « Maintenant, c'est ton tour. Il faut tourner une page. Prépare-toi. » Est-il prêt ? A-t-il les épaules assez solides pour s'avancer devant le peuple de gauche et lui dire : « Ne désespérez pas, je suis là » ? Au cours de cette nuit de deuil pour la gauche, faite de larmes et de lamentations, François Hollande appelle, le premier, à voter clairement pour Jacques Chirac, bravant l'ordre d'attendre que lui avait donné Jospin. Il court les plateaux télé. Tout comme Laurent Fabius et DSK. Tous les dirigeants socialistes sont en état de sidération. La défection de leur chef au milieu du match est-elle un acte de bravoure ou un geste de lâcheté ?

En fin de soirée, François Hollande n'a pas le temps de se poser la question. Il retourne à l'Atelier pour remonter le moral des militants encore présents. À ses côtés, Ségolène Royal et Julien Dray traînent dans le QG, devenu un *Titanic* déserté par son équipage. Le trio ne parvient pas à quitter les lieux. Ils font et refont le film de la campagne électorale, sortent marcher autour du square qui jouxte l'Atelier. Ils sont les enfants perdus du jospinisme, errant dans la nuit parisienne, ne sachant vers quel nouveau guide se tourner. Vers 4 heures du matin, ils se retrouvent au bar d'un hôtel du quartier, incapables de rentrer chez eux. « C'est ton heure, François, l'exhorte Julien Dray. Il faut y aller. Tu as le bol d'être le premier secrétaire. Il faut foncer ! » Foncer ? Mais dans quelle direction ? La gauche est un tas de ruines. Faut-il qu'il danse comme un derviche tourneur sur le charnier de la gauche plurielle ? Il est le prophète de l'apocalypse. Celui qui avait osé prédire la mauvaise nouvelle. Foncer ? Avec quelle force pour le soutenir ? Il n'a jamais voulu constituer un courant autour de lui. Il a désespérément l'image d'un chef de bande, d'un petit caïd de quartier, propre sur lui, sympa, certes, mais incapable de fédérer sur son seul nom. Il ne compte qu'une poignée de copains et une armée d'ennemis. Ceux-ci ont attendu durant cinq longues années la chute du « Petit Chose ». Ils le pousseront dans le précipice à la première occasion. Si un homme n'est pour rien dans cette déroute, c'est bien lui. Et pourtant, les « éléphants » ne vont pas se gêner pour lui faire porter le chapeau. Jospin est tombé dans le ruisseau ? C'est la faute au « Voltaire », à ce Hollande qui a fait sa pelote dans l'ombre du « Frisé », en transformant le PS en « nature morte ». À écouter ses procureurs, il faut le mener au pilori, sans attendre. Les comptes se régleront après les élections législatives, en juin. Un mois à tenir avant la curée. Les anti-Hollande prient le dieu des socialistes : ils l'implorent de le faire perdre dans son fief tulliste. Il ne faut plus jamais qu'on l'appelle « le député de Corrèze ». François Hollande sait que, s'il est battu, ses jours sont comptés.

À Paris, la corde est prête pour le pendre. Dans son cher Limousin, il aborde la campagne la peur au ventre. Après la défection de Jacques Delors, maintenant l'exil forcé de Lionel Jospin à Ars-en-Ré, il pourrait presque penser qu'il porte malheur à ses mentors. Qui sera la troisième victime ? Il a beau chercher dans le paysage, il est seul. Désespérément seul. En fait, comme successeur de Mitterrand et de Jospin, il ne voit que lui. Désormais, il ne peut plus être victime que de lui-même. Auparavant, il doit reprendre le « chemin des labours », courir la campagne, faire du porte-à-porte comme un damné, avec pour seul mot d'ordre : défaite interdite. Sous peine de mort…

Chapitre 11

L'intérim à perpétuité

Cela s'appelle une tentative de meurtre politique. Cette fois, l'attaque ne vient pas de son propre camp. Le commanditaire de son exécution est à l'Élysée. Jacques Chirac, celui pour qui François Hollande a appelé à voter sans mégoter le soir du 21 avril pour faire barrage à Jean-Marie Le Pen, a déjà oublié le service rendu. Le 5 mai, François Hollande permet à l'ingrat, dans sa circonscription de Corrèze, de battre des records avec plus de 90 % des suffrages. Ce dernier, grisé par sa victoire miraculeuse, n'a pas la reconnaissance du ventre. Il a décidé d'en finir avec Hollande le gêneur. Pas seulement pour se venger du porte-flingue de Jospin qui l'a tant éreinté durant la cohabitation. Son calcul est plus politique : c'est le premier secrétaire du PS qu'il vise. Si François Hollande est battu sur ses terres corréziennes, la bataille pour sa succession, rue de Solférino, occupera les socialistes durant de longs mois. La droite pourra gouverner, la bride relâchée. Un grand classique en politique : le vainqueur doit sans tarder affaiblir l'opposition, ne pas lui laisser le moindre répit. Or, le meilleur opposant, celui qui lui a donné le plus de fil à retordre selon le locataire de l'Élysée, c'est bien Hollande, ce rondouillard un brin carnassier. Le roquet l'a mordu aux mollets durant cinq longues années.

Pour le faire passer à la trappe aux élections législatives de juin, Chirac fait donner l'artillerie lourde. D'abord, il cajole les chasseurs locaux, en avançant la date de l'ouverture de la chasse juste avant le scrutin. Un petit geste qui peut faire perdre près de 3 % des voix à François Hollande. Après le premier tour, le dirigeant socialiste se retrouve ainsi au coude à coude avec son concurrent de l'UMP. Il est en ballottage à peine favorable. La poignée de voix des traqueurs de grives a pesé contre lui. Pour lui régler son compte entre les deux tours, le président envoie sur le front son meilleur représentant dans la région : sa femme. À la grande surprise de nombreux élus, Bernadette Chirac mène une campagne effrénée en Corrèze contre Hollande. On n'avait jamais vu la première dame si fortement impliquée dans une bataille électorale. « Bernie » ferraille. Elle est partout et ne prend pas de gants. Comble de la provocation, elle organise une réunion publique à Tulle, la ville que le premier des socialistes a conquise un an plus tôt. Elle invite le nouveau Premier ministre, Jean-Pierre Raffarin, à participer à ce meeting, pour « casser du Hollande ». Le député-maire de Tulle n'en revient pas. Comment réagir à pareil affront ? Il mijote un coup médiatique à sa sauce : il se présente devant le centre culturel où doit se tenir la réunion de l'UMP et attend de pied ferme ses « visiteurs ». Après tout, puisqu'ils viennent le menacer des feux de l'enfer devant sa porte, il va les accueillir, en bon républicain.

Pendant que le maire de Tulle fait le pied de grue, ses « invités », Bernadette Chirac et Jean-Pierre Raffarin, informés du petit jeu de l'édile, poireautent aux portes de la ville, claquemurés dans leur voiture officielle, ne sachant que faire. Ils n'ont aucune envie de croiser celui qu'ils viennent narguer dans son fief. Doivent-ils patienter encore un peu, en espérant que leur hôte finira par se lasser et videra les lieux ? La tension monte dans la salle où le public commence à s'impatienter. À l'extérieur, François Hollande ne part pas. Il papote avec la presse, accorde des entretiens, au nez et à la barbe des militants de l'UMP. Il baguenaude sur le trottoir. Au bout d'une demi-heure, n'y tenant plus, Mme Chirac et Jean-Pierre Raffarin se résignent à se rendre au meeting. François Hollande, sous le feu des caméras, salue courtoisement la première dame et le Premier ministre. Les flashes crépitent. Il s'est fait un petit plaisir. Cet impromptu de Tulle lui fait une belle publicité : les télévisions nationales ne garderont de la soirée que cette image d'un député « bien de chez nous » recevant les pontes de Paris.

François Hollande, à la fin d'une campagne de la dernière chance, menée au galop, est élu avec 52,40 % des voix. Jamais il n'aura autant arpenté sa circonscription. Un marathon à donner le tournis. Il savait que son avenir allait se jouer à quelques centaines de suffrages. Le soir du deuxième tour, au siège fédéral du PS, rue Jean-Jaurès, à Tulle, il aura tremblé jusqu'au bout, passant à la loupe les résultats de chaque commune, jusqu'à la plus minuscule ; Saint-Bonnet-la-Rivière, Saint-Solve, Lascaux, Gimel, Le Chastang, où il a osé quelques pas de tango, lui si piètre danseur, pour grignoter une poignée de voix, Chanac-les-Mines, Sainte-Fortunade, Lubersac, et enfin Tulle et son agglomération, où il obtient ses meilleurs scores. Quand tout est joué, il lâche un tonitruant : « Je reviens de l'enfer ! » Ce soir-là, il prend toute la mesure de ce que lui avait conseillé Mitterrand dès 1981 : être enraciné sur une terre, pour ne jamais être jeté dans le vide, ne pas être désarmé quand les lumières parisiennes ne brillent plus pour vous. « Pendant cette campagne, précise François Hollande, j'ai compris à quel point je m'étais attaché à cette terre. J'y militais depuis vingt et un ans, ce n'est pas rien. Cette fois, mes électeurs avaient sauvé ma peau. Mais il s'est passé quelque chose en moi qui dépassait ce cadre purement politique. Mon lien était plus affectif, plus profond, plus viscéral. J'étais aimanté désormais à la Corrèze. »

À son retour dans la capitale, rue de Solférino, le « miraculé » savoure cette victoire à l'arraché avec sa garde rapprochée, Stéphane Le Foll, son directeur de cabinet, Frédérique Espagnac, son attachée de presse. Au bureau national, dans la salle Marie-Thérèse Eyquem, il biche : les éléphants, tout doucereux, viennent le féliciter de son beau succès. Quelques heures plus tôt, ils avaient déjà mitonné son acte de décès. Les oraisons funèbres étaient prêtes. Les larmes de crocodiles, aussi. Il leur faut ranger leur plan de l'« après-Hollande ». On remise provisoirement les flingues. Face au « Ressuscité », fringant et rayonnant, arborant ce sourire qui les agace tant et qui fait dire à François Bazin, chef du service politique du *Nouvel Observateur* : « Il a un visage fait pour le bonheur », Laurent Fabius, Dominique Strauss-Kahn, Martine Aubry et Bertrand Delanoë sont contraints de faire bonne figure. Ils vont devoir l'accompagner jusqu'au prochain congrès prévu à Dijon au printemps 2003. D'ici là, ils ne lui feront aucun cadeau. Pour le grand public, ils continueront de jouer l'unité derrière leur premier secrétaire. Ils maintiendront l'« Intérimaire » jusqu'à épuisement. Dans la coulisse, ils ne rateront aucune occasion de faire trébucher cet intrus qui ne meurt jamais. François l'Increvable, comme d'habitude, ne profite pas de cette situation favorable pour affermir ses positions dans l'appareil socialiste. Il a un avantage sur tous les autres : il est dans la place. Ses amis lui conseillent de couper des têtes. Il refuse. Il ne sera jamais Attila. Il ne tue pas ses adversaires, il les cajole. D'où lui vient ce goût du compromis et du rassemblement, si peu latin, mais plutôt d'origine nordique ? De ses lointaines racines bataves ? Il n'a rien d'un chef gaulois. Il n'y peut rien. Dans son entourage, on le supplie de jouer les gros bras, de montrer ses muscles. Il fait tout l'inverse. Il propulse Laurent Fabius, son pire ennemi, au poste de numéro deux du parti, et maintient tous les « éléphants » au secrétariat national. Évidemment, ceux-ci vont poursuivre avec délectation leur entreprise de démolition à son encontre. Serait-il un peu masochiste ? S'il était boxeur, il serait un styliste qui ne veut gagner qu'aux points. Mais a-t-il les moyens d'agir autrement ? Il est toujours aussi isolé dans le parti. S'il ne veut pas être éjecté au prochain congrès, il ne doit pas se contenter d'organiser une unité de façade.

Il faut qu'il rassemble, encore et toujours. Comme un horloger minutieux, Hollande veut réunir toutes les pièces de la mécanique si complexe du parti. François le Petit Mécano a besoin de calme pour accomplir sa tâche. Il en veut rarement longtemps à ceux qui intriguent pour le jeter dans le précipice. On le traite de faible, de premier secrétaire « en caoutchouc » ? Il laisse dire. À peine installé dans son fauteuil de numéro deux du PS, Laurent Fabius l'attaque au lance-flamme. Hollande ? « L'incarnation de la traîtrise », lâche l'ancien Premier ministre. Devant d'autres, il ajoute : « C'est un petit mec. La fourberie personnifiée, sous une apparence bonasse. » Même Michel Rocard et Jacques Delors, généralement plus bienveillants, s'y mettent à leur tour et lui reprochent son double langage, son ambiguïté toute mitterrandienne. Ambigu, le député de Corrèze ? François Hollande revendique cette qualité, indispensable selon lui, à la survie d'un premier secrétaire. Il reprend volontiers à son compte la formule du cardinal de Retz dont le maître tacticien charentais Mitterrand usait et abusait : « En amour comme en politique, on ne sort de l'ambiguïté qu'à son détriment. » Dans sa bouche, elle devient : « L'incertitude est le vrai ciment de notre cohésion. » En d'autres termes, dans une organisation telle que le PS, où l'on pratique le billard à trois bandes, les jeux de miroirs et les petits mensonges entre amis, l'indécision est un bouclier de survie. Sortir du bois trop tôt relève de la mission kamikaze. François Hollande a théorisé cette posture et n'en démord pas. Il adopte la tactique du guetteur. Malgré la violence des attaques des partisans des présidentiables du parti. Ceux-là sont tellement nombreux qu'ils pourraient former une équipe de hand-ball. D'entre Aubry, Royal, Fabius, DSK, Lang, Delanoë, et Jospin, en embuscade, qui surgira le moment venu ? Qui parviendra à réveiller un PS traumatisé par la défaite du « Frisé » ? Tous ces prétendants n'ont, pour l'heure, qu'un seul objectif : fragiliser le premier secrétaire afin qu'il se présente en lambeaux à Dijon. Même Lionel Jospin, qui remontre le bout du nez, après plusieurs mois de quarantaine forcée, ose une petite perfidie à propos de son ancien lieutenant : « Il est d'une souplesse qui le pousse souvent jusqu'aux marges de l'opportunisme. » Autre douceur à l'égard du patron du PS, distillée par Manuel Valls, le député-maire d'Évry : « Hollande flotte comme un bouchon. » Le tir à vue se poursuit avec le fameux surnom « Flamby », lié à un dessert gélatineux. L'expression est du député de Saône-et-Loire,

Arnaud Montebourg, popularisée ensuite par *Les Guignols de l'info*, sur Canal +. En débarquant dans l'illustre émission de la chaîne cryptée, le dirigeant socialiste devient sa propre caricature. Il est éreinté, moqué, bafoué. Hollande n'est plus un tacticien, un roi de l'esquive, mais un gros mollasson, un brin potache, un brin balourd. Une vraie guimauve. L'imitateur Gérald Dahan surnomme Ségolène Royal « la crème anglaise : car c'est celle qui accompagne le flan ». Fermez le ban ! Que ressent le premier secrétaire du premier parti de France devant cette avalanche d'horreurs ? Il souffre, évidemment. Mais sa pudeur lui conseille de garder ses sentiments pour lui. Il accepte le jeu de la caricature, si cruel soit-il. Après vingt ans de vie politique, il a fini par se tanner le cuir. Pas question pour lui de flancher ou de déprimer. Sa cure antistress ? Il reprend son bâton de pèlerin et part à la rencontre des militants.

Chaque semaine, François Hollande, son gros cartable sous le bras, fait la tournée des fédérations socialistes. Quand, à Paris, l'écume des jours devient nauséabonde, il part se ressourcer sur le terrain, dans les eaux profondes du PS. Avec Stéphane Le Foll, il pointe les secrétaires fédéraux ou les chefs de section oubliés et part à leur rencontre. Dans les réunions, il est chahuté par les militants du Nouveau Monde d'Henri Emmanuelli et Jean-Luc Mélenchon, et par ceux du NPS, le Nouveau Parti socialiste de Vincent Peillon et Arnaud Montebourg. Tous cherchent un responsable à l'humiliation du 21 avril. Jospin volatilisé, il leur faut un bouc émissaire. Pourquoi pas

François le Grand Méchant Mou ? Ne symbolise-t-il pas la politique trop inconsistante du gouvernement Jospin à l'égard des puissants ? Si le PS a été laminé, s'il a perdu le soutien des ouvriers et des classes défavorisées, c'est tout simplement parce qu'il ne les écoute plus, qu'il n'est plus qu'un parti de notables repus. Le député-maire de Tulle connaît ces griefs. Ils ne sont pas totalement infondés. Contre vents et marées, il fait front. Il exhorte les militants à ne pas céder à la tentation gauchiste, rappelle que le PS est un parti de gouvernement, qu'il faut poursuivre sur le chemin de la responsabilité, réinventer une gauche moderne. Il rame comme un beau diable pour convaincre la base. Il est souvent bousculé, vilipendé, cloué au pilori. Mais il continue de sillonner la France socialiste. Il laboure le terrain. Il se fait presque insulter ? Il ne lâche pas prise. « Trop de gens oublient ce côté méthodique chez Hollande », rappelle Jean Glavany, l'ancien ministre de l'Agriculture de Lionel Jospin, ancien chef de cabinet de François Mitterrand de 1981 à 1988. « Il est le seul, avec Mitterrand, à avoir labouré sans relâche les fédérations socialistes. Les deux hommes ont eu ce souci permanent d'aller à l'écoute des militants, dans les plus petites communes de l'Hexagone. Comme Mitterrand, il n'a jamais négligé les fondamentaux. » Pour ne pas se faire lapider au congrès de Dijon, Hollande doit s'appuyer sur la base du parti, bien sûr, mais aussi sur les grosses fédérations et les barons locaux. L'arithmétique des conclaves du PS tourne toujours autour de ces trois acteurs incontournables.

La synthèse et le contrôle de l'appareil viennent ensuite. Pour réussir cette petite cuisine interne, il faut des lieutenants déterminés qui jouent les éclaireurs, pour déminer le terrain. Premier principe : ménager les susceptibilités des présidentiables, donc avancer masqué et continuer de jouer l'inoffensif intérimaire. Deuxième principe : flatter les *ego*. Troisième principe : promettre la paix au plus grand nombre des barons régionaux pour les assurer de leur réélection. Les majorités, au PS, se construisent dans cet étrange ballet diplomatique. Pour le job d'émissaires en eaux troubles, François Hollande compte sur deux hommes : François Rebsamen, député-maire de Dijon, grand connaisseur de l'horlogerie socialiste, et Julien Dray, le pote de SOS Racisme qui commence à trouver que les attaques contre Hollande relèvent du procès en sorcellerie. Julien Dray aime plonger dans la tambouille de la préparation des congrès. « Cette fois, le prévient-il, il va falloir bastonner dans tous les coins pour tenir le choc. Il faudra que tu saches t'entourer de voyous habitués au combat de rues. » Le duo de choc part au combat avec l'aide de Bruno Le Roux, député de Seine-Saint-Denis, André Vallini, président du conseil général de l'Isère, Kader Arif, le jovial patron de la fédération de Haute-Garonne, et Jean-Noël Guérini, le tout-puissant baron des Bouches-du-Rhône. Leur message aux « présidentiables » est limpide : « Si vous voulez être candidat en 2007, il vous faut un parti pacifié. Or, aujourd'hui, seul François peut effectuer ce rassemblement. Il se mettra derrière celui ou celle qui sera le mieux placé. La candidature à l'Élysée ne l'intéresse pas. Non, non, ce qu'il vise c'est Matignon ou Bercy… » La petite « intox » finit par faire son effet. Tous les éléphants se rangent derrière l'intérimaire perpétuel. Au congrès de Dijon, François Hollande obtient 62 % des voix. Le 18 mai 2003, un peu plus de un an après le désastre de l'élimination de Lionel Jospin, le Petit Mécano parvient à faire l'unité d'un Parti socialiste au bord de l'implosion. Un petit miracle. L'« Alchimiste » aurait-il trouvé la pierre philosophale pour transformer ce chalutier brinquebalant en paquebot cinq étoiles ? En tout cas, les « solférinologues » applaudissent.

Le député de Corrèze entame sa septième année à la tête de l'organisation. Un septennat, déjà. Cette victoire lui donne un peu d'air et aussi une plus grande marge de manœuvre. Pour les « éléphants », il n'est toujours pas légitime, mais il ne « gêne plus ». Qui va-t-il désigner au secrétariat national, le gouvernement du parti ? Encore une fois, au désespoir des siens, il ouvre grand les bras. Ceux-ci ont du mal à accepter cette stratégie du « gentil ». Ils retiennent leur colère tant bien que mal : Laurent Fabius reste numéro deux du parti et toutes les écuries des présidentiables sont servies honorablement. François Hollande est fidèle au message discret qu'il a fait circuler parmi ses alliés de circonstance. Ils se préparent à l'élection présidentielle de 2007 ? Parfait. Pendant ce temps, l'Intérimaire « reste à l'atelier » et bricole la machine de guerre qui les conduira, eux, vers les sommets. Hollande lance alors une grande campagne d'adhésion au Parti socialiste. Il faut rajeunir les cadres, de toute urgence, dit-il. Mais au sommet de l'appareil, a-t-il renforcé ses troupes ? Elles restent désespérément réduites. François Rebsamen est numéro trois du PS. Bruno Le Roux devient secrétaire national aux élections. On voit tout de même apparaître deux ou trois nouveaux fidèles, comme André Vallini et Éric Besson, le jeune député de la Drôme, en qui François Hollande place de grands espoirs. Malek Boutih, la figure de proue de SOS Racisme, entre au bureau national. Michel Sapin, le copain de régiment, prend le poste de trésorier. Seul fait marquant : la désignation de Julien Dray comme porte-parole, avec Annick Lepetit, député de Paris, proche de Bertrand Delanoë. « Juju » le Bastonneur a gagné son bâton de maréchal. Le premier secrétaire aura bien besoin de lui, car les guéguerres internes ont repris de plus belle.

Les opposants les plus dangereux sont en fait dans sa majorité : Fabius et DSK n'ont aucun intérêt à la réussite de François Hollande. Pour eux, il est toujours en contrat à durée déterminée. Il faut donc le tenir en laisse, le neutraliser. Il a beau lancer des campagnes d'adhésion, organiser des conventions thématiques pour que la machine à idées se remette en marche, il patine. Il s'agite mais fait du sur-place. Un sondage du *Point* le place en queue du peloton des personnalités socialistes les plus appréciées des Français. « C'est la première fois que le premier secrétaire est le dernier des socialistes », ironise un député fabiusien. C'est exactement ce que veulent ses « parrains ». Le laisser au fond de la classe, dans la soute à bagages. Ils distillent leur fiel sans retenue. Aveuglés par leur détestation de l'« Intérimaire », ils ne voient pas que l'opinion est en train de bouger. La canicule dramatique de l'été 2003 a provoqué une catastrophe nationale, causant la mort de quinze mille personnes, et a ébranlé le gouvernement de Jean-Pierre Raffarin. Manque de réactivité, incompétence, une pluie de reproches tombe sur le locataire de Matignon. François Hollande perçoit ce léger frémissement. Cette majorité, issue d'un scrutin atypique, avec un Jacques Chirac élu par 82 % des votants, devient déjà impopulaire. Et si, en 2004, aux élections régionales, les Français revenaient vers la gauche ? Pas si absurde. Aucun des « éléphants » n'y croit. Ils laissent François Hollande gérer cette élection « secondaire » qui pourrait se révéler un guet-apens pour eux. Prudents, aucun d'entre eux ne se présente comme tête de liste. Une seule prend le risque : Ségolène Royal. Elle part affronter le Premier ministre, Jean-Pierre Raffarin, dans son fief de Poitou-Charentes. François Hollande l'a convaincue. Elle a sacrément bien fait. Le 28 mars 2004, les socialistes font une véritable razzia sur les conseils régionaux et emportent 20 présidences sur 22. Entre les deux tours, reniflant l'odeur de la victoire, les ténors reviennent en trombe pour être sur la photo. Mais les médias ne sont pas dupes. C'est bien le premier secrétaire socialiste qui a mené le combat durant cette campagne électorale. Il a fait un tour de

France des régions sans s'économiser. Ce succès, il est pour lui et pour lui seul. Dans l'euphorie du triomphe, il remarque à peine le phénomène médiatique qui entoure Ségolène Royal, tombeuse du locataire de Matignon. Elle est la première femme présidente de région. Toutes les radios et les télévisions font le siège de la Madone du Poitou. Ségo superstar inonde les tubes cathodiques. Elle accroche la lumière et parle aux ménagères. C'est une cliente idéale pour la télévision et elle adore ce nouveau statut. Peut-elle faire de l'ombre à François ?

Son compagnon n'a pas le temps de s'attarder sur ce genre de question. Il est déjà concentré sur un autre scrutin : les élections européennes, qui se déroulent en juin. Nouveauté : depuis 2003, les députés européens sont élus dans huit circonscriptions régionales. Il n'y a pas de tête de liste nationale, donc pas d'enjeu pour les barons du parti. François Hollande, dopé par son succès des régionales, part à nouveau sillonner la province, court les réunions de soutien aux candidats, se met à l'écoute des militants. Là encore, les ténors du PS ne se mouillent pas dans ce qu'ils considèrent comme une élection « défouloir ». Ils laissent l'« Intérimaire » aller au charbon. Ils ne voient pas que le « laboureur » engrange de la sympathie chez les socialistes de base. Ils restent concentrés sur les sondages qui les enchantent : le Petit Chose ne décolle pas. Il reste au ras du bitume. Pourtant, le 13 juin, François Hollande, contre tous les pronostics, fait exploser les compteurs socialistes. Avec près de

29 % des voix, le PS atteint un score historique. En quelques mois, le maire de Tulle a marqué des points considérables, en particulier chez les militants socialistes. Les ténors ont beau répéter que les Français n'ont pas voté pour Hollande mais contre Raffarin, la cote du Petit Chose est à la hausse. Le phénix renaît de ses cendres. Mais pour combien de temps ?

Le 14 juillet, un coup de tonnerre secoue le ciel socialiste. Jacques Chirac, au cours de son allocution télévisée à l'occasion de la fête nationale, monte un coup de Jarnac comme il en a le secret : il annonce aux Français qu'il veut faire ratifier par référendum le traité constitutionnel européen adopté en juin par les dirigeants de l'Union. François Hollande, ce jour-là, est à Brest. Il assiste à la parade des Vieux Gréements, un défilé de voiliers qui se rassemblent tous les ans dans le deuxième port militaire français. Dès la fin de l'intervention du président, Hollande réunit sa garde prétorienne – Jean-Yves Le Drian, tout nouveau président de la région de Bretagne, Bruno Le Roux, Stéphane Le Foll et François Rebsamen – dans un restaurant fameux, le Crabe-Marteau, où l'on déguste les meilleurs homards de la côte. Tous flairent le piège tendu par le chef de l'État. Ils sont pris en tenaille. Voter « oui », c'est apporter un second bulletin à Chirac après celui du 21 avril. Voter « non », c'est trahir les valeurs européennes que le PS défend depuis des lustres. Comment sortir de ce guêpier ? La base socialiste paraît hostile au traité, tout comme les courants du NPS de Montebourg et Peillon, et le Nouveau Monde d'Emmanuelli et Mélenchon.

Durant l'été, le Parti socialiste bruit de tous les calculs et se pose la question majeure : la direction résistera-t-elle à un raz-de-marée des « nonistes » ? On soupçonne Laurent Fabius de pencher pour le non, mais on ne le croit pas capable de franchir le Rubicon. Il ferait voler en éclats une majorité que François Hollande a eu tant de difficultés à bâtir à Dijon. Pendant plusieurs semaines, les deux hommes jouent au chat et à la souris. Julien Dray propose une astuce à Hollande : il invente le slogan « Non à Chirac, oui au traité ! ». Pourquoi pas ? Les « hollandais » s'orientent doucement vers cette solution. Mais, au cours de l'été, Fabius accélère le pas. Il sent que les militants sont de plus en plus hostiles au texte. La toute nouvelle popularité de Hollande dans le parti l'inquiète. Depuis quelques semaines, l'attitude de l'« Intérimaire » s'est affermie à son égard. Il ne lui parle plus comme un sous-officier venant au rapport. Il est plus tranchant, presque autoritaire. Le pacte tacite qu'il croit avoir signé avec le député de Corrèze, Fabius à l'Élysée, Hollande à Matignon, lui apparaît comme une lointaine chimère. Depuis des années, les deux hommes pratiquent l'un vis-à-vis de l'autre un jeu de dupes pernicieux. La montée en puissance de ce « joyeux luron », que Fabius a toujours considéré comme un majordome, risque de lui être fatale. « M. Petites Blagues » ne rit plus ? Il pourrait bien le doubler sur le fil. Un entretien accordé par Hollande au

Nouvel Observateur[1] lui met la puce à l'oreille. Pour la première fois, le numéro un du PS ne cache plus son ambition présidentielle, ou si peu. « Je soutiendrai, en son temps, celui ou celle qui sera le mieux placé pour faire gagner nos idées, précise-t-il. Pour le reste, y a-t-il, d'ailleurs, meilleure préparation à l'exercice des responsabilités que d'être premier secrétaire, pleinement premier secrétaire ? » On ne peut être plus clair. Hollande a beau prétendre qu'il n'a pas prononcé exactement cette phrase, il a bien donné son imprimatur à la publication de ce texte. Pour Laurent Fabius, il faut faire tomber les masques. Le temps du carnaval des « faux-culs » est révolu.

L'ancien Premier ministre a fait ses calculs. Il a cinquante-huit ans. En 2007, il en aura soixante et un. Il a été Premier ministre à trente-sept ans, quand François Hollande n'était qu'un obscur conseiller dans l'équipe de Jacques Attali, à l'Élysée. L'homme, grand amateur d'art et de littérature, se croit l'héritier de Mitterrand pour l'éternité et voit l'Élysée comme un trophée qui relève presque de la donation. Il ne s'est jamais risqué au moindre droit d'inventaire contre son père politique. Il revendique seulement un droit d'héritage. Ne ronge-t-il pas son frein depuis vingt ans ? N'est-il pas l'héritier légitime ? Cette fois, c'est son tour, tempête-t-il. Il faut éliminer définitivement la « menace Hollande ».

1. Entretien avec François Bazin, le 26 août 2004.

Fabius, européen convaincu, tente alors un coup de poker suicidaire : il choisit officiellement le « non » au référendum sur la Constitution européenne, au risque de gauchiser son image, et de perdre toute crédibilité pour l'élection présidentielle. Il sait aussi que la déflagration qu'il va provoquer peut atomiser le Parti socialiste. Persuadé d'être suivi par la majorité des militants, il prend le risque. Funeste erreur.

La base du PS n'a jamais aimé ce grand bourgeois qui, durant sa jeunesse dorée, roulait en Lancia décapotable[1]. Un fort mouvement TSF – « Tout sauf Fabius » – apparaît chez les militants. Une grande partie d'entre eux s'orientent vers le « oui » par pur rejet du député-maire du Grand-Quevilly. Le 1er décembre, au terme d'un référendum interne chaotique et orageux, où l'on a vu des partisans du « oui » et du « non » en venir aux mains, François Hollande, contre toute attente, obtient 60 % des suffrages. La base du parti a refusé l'aventure du « non » et l'éclatement de la direction. Elle a conforté son premier secrétaire qui avait fait campagne sur le thème : « Je préfère perdre en défendant mes convictions plutôt que gagner en les trahissant. » Que fait Hollande de cette victoire à la Pyrrhus ? Le traître Fabius est au sol. Anéanti, défait. Le vainqueur n'a plus qu'à porter l'estocade. Mais il retient une fois encore son bras. Autour de

1. Laurent Fabius était propriétaire d'une Lancia alors que les militants socialistes l'ont imaginé conduire une Aston Martin. Le mythe de l'homme à l'Aston Martin est resté.

lui, de nombreuses voix s'élèvent : il doit écarter l'apprenti sorcier de la direction du PS. Il ne peut gouverner avec, à ses côtés, un numéro deux qui a tenté de l'abattre. C'est une question de confiance. Malheur aux vaincus ! Même Ségolène Royal l'incite résolument à trancher dans le vif. Mais il flanche. Pourquoi ne veut-il pas danser sur le cadavre de son ennemi ? Personne n'aurait osé lui en faire le reproche. Il n'a jamais été aussi fort. L'hebdomadaire *Le Point* vient de lui consacrer sa une, sous le titre « L'homme de l'année ». Les sondages lui sourient enfin. Dans le petit monde médiatique, il commence à être regardé avec un intérêt grandissant. Mais, au moment du coup de grâce, il est comme absent. Est-il saisi de la peur de gagner, comme les sportifs, ou bien est-ce une question d'éthique personnelle ? Les proches butent toujours sur la même énigme. François Hollande n'a pas l'étoffe d'un *killer*. Mieux, il revendique cette posture de l'éternel rédempteur. Hollande ? Le saint-bernard de la politique, toujours prêt à offrir sa gourde aux félons. À ceux qui le supplient de jouer les bourreaux pour avoir l'air d'un vrai chef, comme les aiment les Français, il répond qu'il est fidèle à la parole donnée. « Durant la campagne, se défend-il, j'avais pris l'engagement solennel devant les militants que leur vote ne bouleverserait pas la direction du parti, qu'il n'y aurait pas de chasse aux sorcières. Chose promise, chose due. »

François le Magnanime absout les conjurés et les maintient à leur poste, persuadé qu'après cette déculottée ils rentreront dans le rang. Même Laurent Fabius est épargné. Motif distillé à sa garde rapprochée par Hollande : il est moins dangereux dedans que dehors. « Rester numéro deux du parti comportait une obligation de loyauté et de solidarité, croit-il alors, notamment le respect du vote des militants. » Le calcul va se révéler calamiteux.

Début janvier 2005, les partisans du « non », Fabius en tête, avec Jean-Luc Mélenchon et Arnaud Montebourg, sortent de leur réserve. La trêve n'aura duré que quelques jours. Ils partent à nouveau en campagne, comme si le référendum interne n'avait jamais existé, narguant ostensiblement leur « patron » et les militants. « À ce moment, François est sur un nuage, dit un de ses lieutenants. Il baigne dans l'euphorie de ses victoires de 2004. Ces hommes commettaient un crime de parjure. Ils bafouaient la démocratie interne du Parti socialiste. Ils étaient dans une logique de scission. Ils auraient dû être sanctionnés, ou exclus, ou suspendus du parti le temps de la campagne. Il a préféré regarder ailleurs. Nous étions quelques-uns à ne pas comprendre… » En fait, durant cette période, le député-maire de Tulle croit en sa bonne étoile élyséenne. Fabius, en jouant les antieuropéens, en s'éloignant de tous les partis sociaux-démocrates d'Europe, tous favorables au traité constitutionnel, s'est isolé et discrédité. Pourquoi ne pas le laisser s'enfermer dans cette nasse mortifère ? Jacques Chirac lui-même, avec qui il a un entretien à l'Élysée en janvier, ne lui a-t-il pas avoué qu'il n'a pu accéder à l'Élysée que le jour où, en 1992, lors de la ratification du traité de Maastricht, il avait assumé le « oui » contre l'avis de sa base du RPR ? Oui, il avait voté comme Mitterrand. « Je n'ai jamais regretté ce geste, confie le président à François Hollande. Il m'a donné une grande crédibilité. Il n'y a aucune honte à voter comme votre adversaire dans les grands moments de l'histoire de notre pays. Vous, vous avez bien fait. C'est le seul chemin pour l'Élysée… » Mais est-il pour autant pavé de roses ? François Hollande sait qu'il n'en est rien. Il lui faut encore une fois cravacher dans les provinces pour convaincre les réticents que le « oui » n'est pas un vote chiraquien. Pas simple. Pour l'aider, il fait sortir de sa retraite Lionel Jospin et l'accueille dans un grand meeting à Nantes. Mais l'aile protectrice du « Frisé » ne suffit pas. Les Français, à une très large majorité, ne veulent pas de ce traité. Le 29 mai, le vote en faveur du « non » est de 54,67 %. François Hollande est à nouveau dans les cordes, K.-O. debout.

Durant de longs mois, il a cru qu'il allait pouvoir inverser la tendance et l'emporter sur le fil. Il n'a pas senti le courant profond de l'opinion qui ne voit en Bruxelles qu'une bande de technocrates néolibéraux. Au lendemain de l'élection, François Hollande est à nouveau sur la sellette. L'homme de toutes les victoires de 2004 redevient Hollande le Loser. Durant cette campagne électorale éprouvante, il a joué à *Perrette et le pot au lait*. Grisé par ses trophées précédents, il a commis un péché d'arrogance. Il s'est rêvé à l'Élysée trop tôt, trop vite.

Son extrême clémence à l'égard des dissidents l'a terriblement affaibli aux yeux des militants qui lui ont fait confiance. Pendant quelques heures, il songe à démissionner. Dans l'histoire du PS, le premier secrétaire, après un échec cinglant, porte logiquement le poids de la défaite. Il est prêt à assumer le rôle du bouc émissaire. Les félons qui l'ont trahi et n'ont pas respecté le choix des militants ? Ils se sont déjà dispersés dans leurs bastions provinciaux. Ils sont aux abonnés absents. François Hollande se retrouve seul à porter le chapeau. Celui d'un PS incorrigible, dévoré par ses divisions, donnant l'impression d'avancer à hue et à dia, comme un poulet sans tête. Feu sur « Flamby » ! La ritournelle repart de plus belle. C'est injuste ? Sans doute. Ses plus proches amis l'implorent de ne pas flancher, de rester à la barre du navire en perdition. Démissionner après cette débâcle serait presque un abandon de poste et en rappellerait cruellement un précédent, celui de Lionel Jospin. Doit-il se retirer du jeu, battre sa coulpe ? Les seuls responsables ne sont-ils pas ces socialistes qui ont soufflé sur les braises des « nonistes » et Jacques Chirac lui-même ? À travers le vote référendaire, c'est la politique sociale du gouvernement qui a été sanctionnée. Pourquoi ceux qui n'ont pas triché avec leurs convictions deviendraient-ils des pestiférés ? Non, Hollande ne démissionnera pas. Il ne va pas se laisser plumer sans réagir. Il ne partira pas noyé dans le goudron.

Il annonce la tenue d'un congrès extraordinaire en novembre, au Mans. Ce sera son dernier, ajoute-t-il. Il se donne quelques mois pour réagir. Quelle astuce va-t-il encore inventer pour sauver sa peau ? Quelle synthèse miraculeuse ? Avec quel courant ? Sisyphe se retrouve au bas de la montagne. Il va lui falloir être créatif. Durant l'été, il lance quelques sondes. Son équipe, qui ressemble de plus en plus à un courant sans le déclarer, revient de la pêche aux humeurs avec une idée centrale : personne ne veut d'une bataille de chiffonniers au Mans. Ce serait catastrophique pour le PS, mais aussi pour l'armada des présidentiables qui se préparent dans la coulisse. Un armistice de façade est possible, voire indispensable, tant la situation politique réclame une opposition combative et unie. Les banlieues connaissent de violentes émeutes qui ébranlent le gouvernement de Dominique de Villepin, obligé de décréter l'état d'urgence. La majorité présidentielle se déchire dans une guerre fratricide entre Nicolas Sarkozy et le Premier ministre. L'affaire Clearstream est en train de révéler des haines recuites entre ces deux hommes. Le pouvoir de Chirac ne tient qu'à un fil. Il est vital, pour les socialistes, de resserrer les rangs. Le danger d'un éclatement du parti est réel. Certains, comme Michel Rocard, vont même durant l'été lancer le projet d'une nouvelle organisation, en dehors du PS. La plupart des ténors du parti ne le suivent pas. L'élection présidentielle est trop proche. Le premier secrétaire du PS doit donc rameuter les troupes. Une fois de plus. Qui mieux que « l'agent d'ambiance » Hollande peut mener à bien cette énième pacification ?

Quatre hommes vont réussir ce pari audacieux : Julien Dray et François Rebsamen, pour Hollande, Henri Emmanuelli, l'ours landais qui, malgré ses fréquentes ruades, possède un patriotisme de parti, et Vincent Peillon, fâché avec Arnaud Montebourg. Ces hommes ne veulent pas du « découpage par appartements » du PS. Le quatuor de conciliateurs, en multipliant rencontres discrètes avec les barons régionaux, tractations dans la coulisse et calculs savants sur les sondages au cours de l'automne 2005, sauve le PS d'une mort annoncée. Et aussi la tête de l'« Intérimaire ». Au Mans, la motion de François Hollande l'emporte avec près de 54 % des voix, devant celle de Laurent Fabius, avec un peu plus de 21 %. Le PS obtient un sursis. Son premier secrétaire aussi. Combien de temps François Hollande peut-il tenir à ce petit jeu de l'intérim à perpétuité ? Malgré le sourire de façade qu'il arbore, en cette fin d'année 2005, il n'est pas loin de tout plaquer. Il est usé par cette partie de poker permanente qui nécessite des nerfs d'acier. Et s'il partait dans le privé, comme la plupart de ses condisciples de l'Ena qui « pantouflent » dans des conseils d'administration d'entreprises du Cac 40 et vivent plus que confortablement ? Oui, une autre vie est possible. Il y pense sérieusement.

Durant tout le congrès, une personne s'est faite très discrète : Ségolène Royal. Elle n'est pas intervenue à la tribune. Elle est restée dans l'ombre de son compagnon. Elle aurait pu profiter de ce moment cathartique pour parader en tribune. Sa cote n'en finissant pas de grimper dans les sondages, la Madone du Poitou a traversé ce conclave en véritable diva, suivie comme son ombre par une équipe de télévision. À la surprise générale, elle est restée muette. Évidemment, elle a horripilé les barons qui murmuraient : « Un congrès, ce n'est pas le festival de Cannes » ou encore : « Elle n'est là que pour la photo. » Ses plus proches amis ont perçu dans ses yeux une lueur inhabituelle. Entre tristesse et éloignement. À ceux qui lui reprochaient de ne pas profiter de ce rendez-vous militant pour soutenir publiquement le premier secrétaire, elle a dit, laconique : « Je ne ferai rien pour gêner François. » Cette petite phrase est-elle seulement politique ?

Chapitre 12

L'AMOUR EN FUITE

Ils la traitaient de « pintade », cette fois, ils l'affublent du surnom de « lièvre ». Non pas le lièvre des fables de La Fontaine, mais celui des compétitions de demi-fond en athlétisme. Sur le tartan des stades, le « lièvre » a une mission : se sacrifier pour le chef. Il doit s'emparer de la tête de la course, imprimer un train d'enfer, toujours devant. Et puis, dans le dernier virage, il s'écarte brusquement et laisse son leader l'emporter sur le fil. La thèse vaut aussi pour le cyclisme ; le lieutenant, roulant devant son patron pour le protéger du vent, explose au premier col et offre la victoire sur un plateau à son chef vénéré. Ségolène Royal, « lièvre » de son homme ? Ségolène, reine des sondages, en lévitation dans l'opinion, très loin devant tous les ténors du PS, jouant le rôle du leurre pour un François Hollande désespérément embourbé dans les bas-fonds de l'audimat ? Imaginer qu'elle puisse, « dans la dernière ligne droite », sortir de la piste, jouer les sainte Blandine pour « François » ? Comment les ténors du PS ont-ils pu croire à un scénario si fantaisiste ? Rêvent-ils donc, comme Dominique Strauss-Kahn, qu'après avoir joué à la candidate virtuelle elle « retourne chez elle et lise ses fiches cuisine » ? Et pourtant, ils sont sûrs de leur fait. Derrière les envolées christiques, les tailleurs blancs, les bras en croix tourné vers le ciel de la reine de la Venise verte, il y a ce diablotin de Hollande, tirant les ficelles de sa « marionnette ». Pour eux, ce scénario est transparent. Tous les « pachydermes » prophétisent que Ségolène va s'essouffler, que « la bulle médiatique dans laquelle elle batifole va se dégonfler », que la cote de la Jeanne d'Arc venue des Vosges est « artificielle ». Pour eux, Ségolène l'Hérétique n'est pas dans les normes du parti. Elle est ailleurs. Ségolène est un « *alien* ». Un jour ou l'autre, le corps de l'organisation va rejeter la greffe. Même la très raisonnable Anne Sinclair, l'épouse de Dominique Strauss-Kahn, implore ses amis de « faire éclater la supercherie ». Laurent Fabius pose la question qui provoque un petit tremblement de terre chez les féministes : « Qui va garder les enfants ? » Traduction : il est temps que la dame rentre à la maison. Tous sont convaincus que le premier secrétaire du Parti socialiste n'est pas loin de penser comme eux, qu'il se met dans la roue de sa compagne, « à l'abri du vent », en attendant des jours meilleurs. « Il se met dans son sillage, pour éviter les mauvais coups et les intempéries, croit un député proche de DSK. Quand, à la mi-parcours, elle sera éreintée par les attaques de ses rivaux, il surgira, guilleret et gaillard, pour prendre le relais. Il fait comme il a toujours fait : il avance masqué. » Les éléphants du PS ne peuvent concevoir une autre pièce.

Durant toute sa carrière, François Hollande a creusé son sillon derrière des figures paternelles, Mitterrand, Delors, Jospin. Aujourd'hui, il est orphelin. Il est seul face à son destin et semble désarmé, un peu perdu, incapable de faire le pas qui le propulserait enfin dans la catégorie des chefs de tribu. Il n'a pas l'ADN pour endosser le costume du patriarche. Il a quatre enfants, certes, mais a toujours joué le rôle du papa-copain. Sans doute par opposition à son père, aux principes d'éducation plus que rugueux, il ne se sent pas l'âme d'un père Fouettard. Alors, croient ses détracteurs, il se camoufle derrière « Bobonne ». Bécassine à l'Élysée ? Impensable. La Chabichou sous les lambris ? Une incongruité. C'est donc qu'il y a autre chose. Encore une petite combine du Mécano, soupçonnent-ils. D'ailleurs, publiquement, les Hollande ne sont pas en rivalité politique, ils ne cessent de le clamer *urbi et orbi*. N'ont-ils pas accordé un entretien à Isabelle Mandraud du *Monde*[1], dans lequel ils marquent ostensiblement leur complicité de « couple solidaire » ? « On occupe le terrain, c'est vrai, reconnaît Ségolène Royal. Ce qui ne plaît pas beaucoup à certains. Moi, je fais le maximum par

1. 7 novembre 2005.

rapport au respect de la règle et au respect de François... » Une coéquipière exemplaire, Ségolène. Elle ajoute à plusieurs reprises, jouant de l'ambiguïté la plus totale, à propos d'une candidature de son compagnon : « Je le soutiendrai... Je le soutiendrai... » Son apparition dans le cartel des présidentiables ? « Mais ça avantage aussi François... », rétorque-t-elle. Pour tous ceux qui lisent entre les lignes de ce couple hors norme, aucun doute : ils ont un plan commun. Ils ont concocté une stratégie pour barrer la route à tous les autres. Leur objectif ? Il est clair comme de l'eau de roche : ce sera lui ou elle.

« Et si c'était elle ? » Ce titre de la couverture du *Nouvel Observateur* du 15 décembre 2005 provoque une déflagration dans le landerneau politique. Et si c'était vraiment elle ? s'interroge l'hebdomadaire de Jean Daniel et Claude Perdriel. Si, malgré toutes les réserves émises par ses détracteurs, les quolibets, les perfidies sexistes, la Madone du Poitou était réellement en situation ? Si le lièvre était un tigre ? « Si l'élan se poursuit, ce que je crois, annonce-t-elle, si les électeurs de gauche me demandent, ce que j'espère, alors les autres n'auront pas le choix. Ce sera moi ! » Les autres ? François Hollande, en premier lieu. Que s'est-il passé en si peu de temps pour que le scénario imaginé par les « éléphants » paraisse soudainement caduc ? En quelques jours, quelque chose a changé dans le couple. La faute aux sondages ? Certes, ils ont modifié la donne. Ségolène

Royal plane à 29 % d'intentions de vote chez les militants socialistes dans la dernière livraison Ifop. Tous les autres présidentiables, parmi lesquels François Hollande, plafonnent à 13 % ; Martine Aubry et Laurent Fabius ne dépassant pas 8 %. Un mouvement d'opinion profond est bien en marche. Tous les sondeurs le répètent : le phénomène Ségolène est durable. Rien à voir avec une poussée de fièvre conjoncturelle.

Ce dossier du *Nouvel Observateur* agace prodigieusement François Hollande. Il réalise que sa compagne est en train de faire cavalier seul. D'abord, elle ne l'a pas informé de l'ampleur que le magazine allait donner à l'article. En lisant l'hebdomadaire, il comprend : le « lièvre » a pris son autonomie. Elle a une telle avance dans les sondages qu'attendre son « leader » dans la dernière ligne droite relèverait de la « faute professionnelle ». Une petite phrase, lâchée subrepticement par Ségolène Royal, sur le choix de faire parfois poser ses enfants en photo avec elle dans la presse, le blesse profondément. Et l'alerte sur son état d'esprit vis-à-vis de lui. « S'ils sont d'accord, dit-elle, je le referai bien sûr ! [...] Je sais bien que François est réticent. Mais il pose bien avec Sarkozy. Il ne va pas jouer les saintes-nitouches ! » Ségolène Royal fait référence à une photo du premier secrétaire avec Nicolas Sarkozy, publiée à la une de *Paris Match*, le 17 mars 2005, en pleine campagne électorale sur le traité constitutionnel européen. Le premier secrétaire s'était fait piéger par l'hebdomadaire. « Un débat était prévu entre les deux responsables des deux grands partis, le PS et l'UMP, se défend François Hollande. Des photos ont été faites, mais pour un sujet intérieur, pas pour faire la couverture. » La direction de *Match* confirme. La décision de faire la une a été prise durant la nuit du bouclage. Prévenu à la dernière minute, François Hollande s'y est opposé mollement, mais il était trop tard. Du grand classique dans la presse. En revanche, ceux qui étaient présents à cette séance « historique » – qui vaudra bien des déboires à François Hollande, la photo étant utilisée par les altermondialistes d'Attac durant toute la campagne sur la connivence PS-UMP – ont remarqué une ambiance plus que cordiale entre les deux hommes. Dans le studio photo du magazine, à Levallois-Perret, durant la séance de maquillage, les journalistes sont surpris de leur connivence. Aucune tension entre eux. Ils rient de leurs bons mots, s'envoient des piques en s'esclaffant. Hollande-Sarkozy, deux bons amis ? Évidemment, non. Mais ils se croisent depuis près de vingt ans à la buvette de l'Assemblée nationale, se sont affrontés en 1999 lors des élections européennes. Entre eux, il y a le respect des « balafrés » de la politique. Ils ont pris des coups, en ont donné et sont couverts de cicatrices. Ce sont des adversaires politiques, pas des ennemis. Pourquoi donc, en cette fin d'année 2005, Ségolène Royal fait-elle référence à une photo tout ce qu'il y a de plus politique et qui n'engage en rien la vie privée de François Hollande ? Pourquoi lui suggère-t-elle de ne pas jouer les « saintes-nitouches » en évoquant cette photo dans

Paris Match ? L'expression publique est dure. Quel message codé lui envoie-t-elle ?

Au sein de la rédaction de l'hebdomadaire, le couple a une amie commune, une journaliste qui suit le Parti socialiste depuis plus d'une dizaine d'années, Valérie Trierweiler. Ségolène Royal, qui connaît son François par cœur, le soupçonne d'en pincer pour elle. Les petites rumeurs dans les couloirs de l'Assemblée circulent vite. On lui a signalé qu'à chacune des apparitions de la rédactrice dans la salle des quatre colonnes le premier secrétaire avait l'œil brillant et l'air idiot. Peu sensible aux cancans, la présidente de Poitou-Charentes a tout de même des doutes. Elle connaît la journaliste depuis longtemps. C'est Valérie Trierweiler, signant alors de son nom de jeune fille, Valérie Massonneau, en compagnie d'une autre journaliste de *Match*, Catherine Tabouis, qui a commis la très controversée interview de Ségolène Royal à la maternité de l'hôpital militaire Bégin de Saint-Mandé, à la naissance de sa fille Flora, au début de l'été 1992. Alors ministre de Pierre Bérégovoy, Ségolène Royal posait avec ses quatre enfants, à l'arrière d'une Renault Espace. La parution du reportage provoque une polémique. Elle marque l'intrusion de la sphère privée dans le champ politique, et une sacrée entorse à la règle que s'étaient édictée Ségolène et François. Pour lui, dont la pudeur est légendaire, pas question de franchir la ligne jaune. Il n'apprécie pas cet écart et le dit clairement à la mère de ses enfants. La « complice » de l'indélicate est Valérie Trierweiler. Elle n'a alors que vingt-sept ans.

Plus tard, les couples Hollande-Royal et Trierweiler vont sympathiser. Le mari, Denis Trierweiler, d'origine alsacienne, est aussi journaliste à *Match*, où il a rencontré Valérie. Il est secrétaire de rédaction, et aussi traducteur d'allemand chez les plus grands éditeurs parisiens. Philosophe de formation, il est un spécialiste reconnu de Hans Blumenberg[1]. Le couple Trierweiler a trois garçons. À *Paris Match*, Roger Thérond[2], directeur du magazine, ne tarit pas d'éloges sur cette Angevine à la chevelure flamboyante et au regard bleu azur. Elle a une réputation d'excellente enquêtrice, dure au travail, obstinée, lâchant rarement sa proie. Il l'a embauchée en 1988. Elle n'avait que vingt-trois ans et venait de suivre une formation accélérée de journalisme à la revue *Profession politique*, dirigée par Gérard Carreyrou, après avoir passé un DESS de sciences politiques à la Sorbonne.

L'histoire de Valérie Trierweiler est celle d'une jeune provinciale d'origine modeste, à la beauté incendiaire. Elle est la cinquième d'une famille de six enfants. Les amateurs de roman de gare pourraient l'affubler du surnom de Cosette. Car la vie n'a pas toujours été facile pour elle. C'est celle d'une famille plutôt bourgeoise parachutée dans un quartier HLM

1. Hans Blumenberg, grand philosophe allemand du XXe siècle, auteur de *La Lisibilité du monde*.

2. Considéré comme un des plus grands directeurs de presse de sa génération, Roger Thérond est décédé le 23 juin 2001.

d'Angers. Son père, Jean-Noël Massonneau, selon une enquête du quotidien régional *Le Courrier de l'Ouest*, est le rejeton d'une dynastie de financiers du Maine-et-Loire. Ses aïeuls étaient propriétaires de la banque régionale Massonneau et Compagnie, vendue en 1950 au Crédit de l'Ouest. À l'adolescence, Jean-Noël est frappé par un terrible malheur. À l'âge de 13 ans, il est victime d'un accident dramatique qui le handicape pour la vie. En jouant, il saute sur un obus qui lui arrache la jambe. Sans avoir combattu, il se retrouve « invalide de guerre ». Il porte alors une jambe de bois. Ce handicap est un profond traumatisme pour un garçon en pleine force de l'âge. Cela ne va pas pour autant l'empêcher de fonder une famille avec une très jeune fille, Jeannie Gautier, et de faire six enfants. Jean-Noël Massonneau subvient un temps aux besoins de la maisonnée grâce à sa pension d'invalidité. L'argent manquant, la famille s'installe dans le quartier de Montplaisir, une zone de HLM où vivent essentiellement des familles nombreuses. Valérie Trierweiler répète qu'elle a vécu des années heureuses dans cette cité défavorisée. Son père, passionné de politique, grand lecteur, ne rate jamais l'émission de télévision, « L'heure de vérité », de François-Henri de Virieu, où défilent la plupart des hommes politiques du début des années 1980. La jeune Valérie s'initie aux joutes oratoires cathodiques où s'affrontent les grands fauves de l'Assemblée nationale. Est-ce à cette époque qu'elle est contaminée par le virus de la politique ? Et de l'écriture ? La famille, malgré la précarité, possède une immense bibliothèque. « Le père était un homme très cultivé, souligne un proche de la famille. Il a transmis sa passion des livres à tous les siens. Mais il était souvent déprimé, et la vie n'était pas facile pour Jeannie. » Par contre, personne ne se souvient d'une activité professionnelle qu'il aurait pu exercer. On ne lui connaît que son travail de secrétaire de l'ANVCG (Association nationale des victimes civiles de la guerre) du Maine-et-Loire, et ses permanences à la Fédération des amputés de guerre de France. La jeune fille poursuit ses études au collège Jean Lurçat, puis au lycée Joachim du Bellay, à Angers. L'élève Massonneau démontre au cours de sa scolarité une volonté de fer et une envie féroce de réussir. Quand son père meurt, le 8 avril 1986, au CHU d'Angers, d'un mal que la famille refuse d'évoquer, elle a 21 ans. Le choc est rude. Sa mère qui n'a jamais travaillé, trouve un emploi d'hôtesse d'accueil à la patinoire d'Angers. Elle s'occupe de la billetterie. Un maigre salaire pour six.

Dès qu'on tente de fouiller dans l'histoire familiale, Valérie Trierweiler sort de ses gonds et menace de procès en diffamation tous ceux qui l'interrogent. Elle n'aime pas qu'on évoque son parcours de Cosette devenue Cendrillon, celui de la petite « jeunette » venue côtoyer, depuis les terres angevines, les puissants de la capitale. Ce parcours à l'eau de rose l'exaspère ? Il est pourtant d'une grande banalité. La plupart des Parisiens, célèbres ou anonymes, sont des provinciaux. À Paris, les patrons de la revue *Profession politique* la chargent de jouer les petits reporters dans les couloirs de l'Assemblée nationale. « Cosette » se retrouve quotidiennement sous les ors du Palais-Bourbon. De Montplaisir aux dorures des palais de la République, belle ascension ! Elle découvre la frénésie de la vie politique. Elle côtoie les grands de ce monde, de Mitterrand à Jacques Chirac. Plus tard, rentrée à *Paris Match*, elle se fait prêter des robes de haute couture pour participer aux soirées de gala. Elle entre, d'une certaine manière, dans le grand monde, tout en jurant qu'elle ne sera jamais une courtisane. À cette époque, elle épouse un copain de jeunesse, Franck. Mais le mariage ne tient pas. Le décalage est trop grand. Elle épouse Denis Trierweiler en secondes noces. Au Parlement, elle découvre le machisme ordinaire des députés. Elle est jeune, séduisante et se protège sous le masque d'une femme froide. Ils sont nombreux à ne pas être insensibles à son charme, comme Lionel Jospin ou Pierre Moscovici, pour ne citer qu'eux. Mais la dame est une coriace. Elle est à ranger dans la catégorie des forteresses inexpugnables. Depuis des années, elle fait partie du cercle des amis de François Hollande. C'est une copine. Elle aime la compagnie de cet homme fin et caustique qui a une particularité par rapport aux autres politiques : il parle rarement de lui. Non pas qu'il soit dénué d'*ego*, mais il est d'une curiosité insatiable pour les autres. Est-ce pour mieux se dissimuler lui-même ? Pour Ségolène, au fil des années, Valérie est juste une journaliste que François aime bien. Mais, au cours de l'été 2005, la relation semble prendre un tour nouveau. Plus sentimental.

Le couple Hollande en a vu d'autres. Il a traversé plusieurs crises intimes, comme une majorité de couples. Rue de Solférino, tout le monde connaît les sorties de Ségolène contre Anne Hidalgo, l'adjointe de Bertrand Delanoë à la mairie de Paris, qu'elle soupçonnait d'être la maîtresse de son « homme ». Les soupçons s'étaient révélés infondés, mais les permanents du parti ont vu la « tigresse » en action, toutes griffes dehors. Quand Ségolène sort de ses gonds, il vaut mieux ne pas être dans les parages. La fille des Vosges a le tempérament latin. Elle est volcanique. D'autres épisodes de ce genre ont émaillé l'itinéraire de ce « couple-entreprise » dont on a du mal à saisir le fonctionnement. Leur moteur ? Une ambition inextinguible, une admiration réciproque qui semble ne jamais s'éteindre. Autre paramètre indiscutable qui les lie : ils sont incroyablement complémentaires. Elle déteste les réunions de parti, les discussions d'apparatchiks ? Il adore. Elle aime les voyages ? Il déteste bouger. Elle éduque ses enfants d'une main ferme ? Il est plus laxiste, plus enclin à taper dans le ballon avec eux qu'à surveiller leurs devoirs. Il se passionne pour les jeux de stratégie politique ? Elle a le goût du quotidien et des sujets « panier de la ménagère ». Il est cérébral, elle est instinctive. Ils sont le yin et le yang. Les deux faces d'une même pièce. Leurs ennemis ont beau les appeler « les Thénardier du PS », ils intriguent et fascinent par leur ténacité à maintenir leur histoire d'aplomb. Parfois elle tangue, parfois ils prennent de la distance, mais ils finissent toujours par revenir au port. Ils sont modernes, terriblement modernes, parvenant à réussir l'impossible alchimie entre liberté, égalité et responsabilité. Combien d'heures passent-ils réellement ensemble ? François navigue entre la mairie de Tulle, le conseil général de Corrèze, la rue de Solférino et toutes les villes de province qui le sollicitent en tant que patron du PS. Ségolène se démultiplie entre la mairie de Melle, le conseil régional, à Poitiers, les radios et les télévisions qui font l'assaut de son secrétariat. Ils sont un turbo-couple qui vise les plus hautes destinées. Cas unique dans les annales de la politique : ils ont survécu à tous les orages pendant un quart de siècle. Leur lien semble avoir été forgé dans de l'acier trempé. Et pourtant, l'usure du temps ne les épargne pas plus que d'autres. Quand l'éloignement a-t-il commencé ?

Est-ce au moment où Ségolène Royal est passée du statut de partenaire à celui de rivale politique, c'est-à-dire après le désastreux référendum du traité européen, quelques mois plus tôt ? C'est à cette date, en tout cas, que le jeu de rôle qu'ils avaient fixé depuis tant d'années se fissure. « Ils étaient devenus concurrents, raconte un de leurs amis. Durant l'été, à Mougins, dans leur maison de vacances, ils ont cherché à trouver un arrangement, une nouvelle manière de fonctionner. Pour moi, il ne fait aucun doute que c'est la politique qui a tué leur couple. Tant qu'ils gravissaient les marches du pouvoir côte à côte, chacun sur son échelle, lui au parti, elle dans la société civile, tout allait bien. Il y avait encore de l'espace pour deux. Et puis, quand ils sont parvenus tout en haut, pour accéder à la dernière marche, celle qui conduit à l'Élysée, il n'y avait plus qu'une seule échelle. C'était automatique : un des deux devait soit céder la place, soit tomber. Où pouvait-on encore mettre du sentiment amoureux là-dedans ? » Terrible choix shakespearien, vieux comme le monde, entre pouvoir et sentiments. Ils se croyaient plus forts que les autres, capables de surmonter cette épreuve. Mais la belle mécanique s'est grippée. La carte postale des amoureux à la Peynet de la politique a irrémédiablement pris des couleurs sépia. À cette date, pourtant, rien n'est encore irréversible entre eux. Même s'ils ne se parlent plus beaucoup, ils cohabitent.

Dans l'appartement familial de Boulogne, Ségolène reçoit ses proches en cette rentrée 2005, ceux de l'épopée du Poitou de 2004 qui l'ont accompagnée dans son combat pour s'emparer du conseil régional ; Sophie Bouchet Petersen, sa boîte à idées, Natalie Rastoin, la Mme Sondages, directrice générale d'Ogilvy, Christophe Chantepy, l'organisateur, qui était son directeur de cabinet quand elle était ministre, Jean-Luc Fulachier, le grand coordinateur de ses activités en Poitou-Charentes, et d'autres. Avec eux, elle élabore, en présence de François Hollande, occupé à d'autres tâches, une stratégie pour la candidature Ségolène aux primaires du PS. Le premier secrétaire écoute distraitement mais ne participe pas aux débats. Il est là, sans être là. « Il faisait comme si ce que nous faisions était anecdotique, raconte un des participants. Il ne nous prenait pas au sérieux. Nous étions pourtant en train d'élaborer une stratégie présidentielle pour Ségolène à quelques mètres de lui. C'est tout juste s'il nous saluait puis allait regarder son match de foot à la télé… Nous pensions que, sous ses allures de gentil garçon, c'était un gros macho… » Situation extravagante : celle d'un patron de PME regardant distraitement sa femme s'emparer des clés de l'entreprise, sans réagir. Serait-ce, chez Hollande, la manifestation d'une forme suprême de machisme, qui ne peut croire une seconde aux chances de sa compagne et qui la laisse « faire joujou avec sa bande du Poitou » ?

Croit-il encore au pacte tacite du « lièvre » ? Ou bien est-il diverti, comme beaucoup le croient alors, par la romance naissante avec Valérie ? Comme toujours, la vérité doit se situer quelque part dans l'entre-deux.

Aux journées parlementaires socialistes de Nevers, le 22 septembre, jour de l'anniversaire de Ségolène Royal, les proches sentent que l'atmosphère n'est plus la même entre eux. Ils ont entendu des éclats de voix à l'hôtel où ils sont tous réunis. Quelque chose ne tourne pas rond. En public, devant les militants, le couple parvient à donner le change. D'autant que les caméras ne lâchent plus Ségolène, la nouvelle icône des médias. François Hollande, bien que patron du premier parti de France, fait tapisserie. Il est réduit au rôle de figurant. Dans le crépitement des flashes et les bousculades, il doit faire bonne figure. Sourire, toujours sourire. Dans ce domaine, les deux protagonistes sont des professionnels. Ils savent contrôler leurs zygomatiques. Pas une fois ils ne se laissent aller à un geste qui pourrait être mal interprété. Mais, dans l'intimité, la défiance est là, lourde, pesante. À Nevers, elle a pris sa décision. Elle le lui dit. Elle ira à la bataille des primaires, quoi qu'il en coûte. François Hollande lui demande d'attendre, de ne pas parasiter le congrès du Mans. Sa candidature officielle mettrait en danger l'équilibre fragile qu'il a patiemment tissé avec François Rebsamen et Julien Dray. Si elle ne le fait pas pour lui, elle peut le faire pour l'unité du parti. Ségolène Royal lui accorde ce délai. Elle restera muette au Mans. Elle ne le gênera pas. Mais après, elle se sentira déliée de tout engagement. Elle tient parole : durant tout le congrès, qu'elle traverse comme une ombre, elle répète à la presse qui la harcèle : « Je ne veux pas gêner François… Je ne veux pas gêner François. » Début décembre, après la « grande comédie » du rassemblement des socialistes, elle contacte Julien Dray, l'ami qui partage la plus grande intimité avec le couple. Elle n'y va pas par quatre chemins :

— Julien, je veux être candidate à la présidentielle. Tu m'aides ?

— Et François ?

— Il n'est pas en situation. Il a refusé de se préparer. On a tous essayé de l'aider, mais tu vois le résultat.

Julien Dray est tiraillé. Politiquement, il sait que Ségolène Royal a raison. François Hollande aurait dû annoncer sa candidature à la fin du congrès du Mans. Il a laissé passer les plats de l'histoire, pense-t-il. Dray n'est pas seul à regretter cette reculade du patron du PS. La plupart de ses amis l'avaient également poussé à franchir le pas. François Hollande pouvait encore bousculer le jeu, mais quelque chose l'empêchait d'agir. La plupart des proches utilisent une formule sibylline pour expliquer ce flottement chez lui : « Il était diverti. » En d'autres termes, il était occupé ailleurs. Sa rencontre avec Valérie Trierweiler prenait tant de place dans sa vie qu'il en était déstabilisé. D'autres, au contraire, pensent que François Hollande n'a jamais cru que l'élection présidentielle de 2007 lui serait favorable, qu'il « n'était pas en situation ». Au fond, il n'a jamais envisagé d'être candidat.

En fait, durant cet automne de tous les dangers, François Hollande navigue à vue, autant en politique que dans sa vie personnelle. Il « flotte », dort parfois chez ses amis, une nuit chez les Jouyet, une autre chez Jean-Pierre Mignard, une autre chez Julien Dray. Il passe les fêtes de Noël seul. Ségolène est en vacances aux Antilles avec sa fille Flora. Pour le jour de l'An, il n'a rien prévu. Il est encore seul. Ses copains Dray et Mignard l'emmènent réveillonner à Clichy-sous-Bois, où son vieux complice avocat a ouvert un cabinet au cœur de la cité, dans une barre HLM. Jean-Pierre Mignard et Julien Dray, par amitié, se retrouvent plongés dans un drame familial. Ils jouent les messieurs bons offices, font passer des messages, cherchent à apaiser ce qui ressemble de plus en plus à une séparation, mais qu'il faut à tout prix dissimuler au grand public. Après tout, il ne s'agit peut-être que d'une tocade. Tout pourrait rentrer dans l'ordre avec un peu de patience. Une crise passagère ? L'affaire serait banale si elle ne concernait pas deux présidentiables.

À *Paris Match*, l'idylle de Valérie Trierweiler fait vite le tour de la rédaction et provoque des remous. Son mari, Denis Trierweiler, s'est confié à Alain Genestar, le directeur du magazine, un soir de bouclage. Ce dernier, vers la fin de l'année 2005, convoque sa journaliste et lui annonce que, à partir de ce jour, elle ne suit plus le Parti socialiste mais l'UMP. Il lui explique qu'étant donné sa relation avec François Hollande elle ne peut plus continuer de tenir la chronique des socialistes. On lui propose de suivre l'activité de Dominique de Villepin à Matignon. La journaliste ne perd pas au change. « Il s'agissait de défendre l'image de l'indépendance du journal, explique Alain Genestar. Nous étions dans une situation délicate, voire douloureuse. Valérie a très bien compris ma décision, même si c'était difficile pour elle, car c'est une professionnelle irréprochable. J'ai rarement été confronté à une situation aussi compliquée dans ma carrière. Par contre, je peux affirmer que, contrairement à ce qui a été écrit ici ou là, Ségolène Royal n'est jamais intervenue auprès de moi pour qu'on déplace Valérie Trierweiler, et personne de la direction générale du groupe Hachette ne m'a imposé ma décision. D'après ce que je sais, Mme Royal n'est pas intervenue au niveau de l'état-major non plus. » En revanche, François Hollande, face à la décision de l'employeur de Valérie Trierweiler, ne reste pas inactif. Son amie n'a pas digéré son éviction ? Un déjeuner est organisé chez l'avocat socialiste Tony Dreyfus, avec le couple et Christian de Villeneuve, alors patron de toutes les rédactions du pôle presse du groupe Lagardère. Objectif de cette discrète rencontre : faire revenir Alain Genestar sur sa décision. Christian de Villeneuve est abasourdi par la demande. Comment pourrait-il céder à pareille pression ? Avec courtoisie et fermeté, il soutient le directeur de *Paris Match*. Alain Genestar n'avait pas besoin de ce remue-ménage qui touche deux salariés de sa propre rédaction. Il est confronté, depuis la fin de l'été, à une autre affaire de couple en péril. Il a publié, le 25 août, à la une de *Paris Match*, une photo de Cécilia Sarkozy en compagnie de Richard Attias au cours d'une escapade amoureuse à New York. Nicolas Sarkozy, blessé, humilié, est vent debout contre le patron du journal. Il a juré d'« avoir sa peau ». Il le convoque place Beauvau et lui passe un savon mémorable. « Je n'oublierai jamais le ton méprisant et violent qu'il a eu ce jour-là, se souvient Alain Genestar. Il m'a juré qu'il n'avait pas demandé ma tête à Arnaud Lagardère. Je ne l'ai cru qu'à moitié[1]. »

Au cours de ces mois de turbulences, les *paparazzi* sont sur le pied de guerre. Ils ont deux histoires croustillantes et exceptionnelles à se mettre sous la dent. Deux romances qui concernent les chefs des deux plus grands partis de France, le PS et l'UMP, avec deux femmes journalistes politiques. Nicolas Sarkozy a alors une liaison avec une rédactrice du *Figaro*, Anne Fulda. Du jamais vu. Comble du bonheur

1. En juin 2006, Alain Genestar, sur ordre d'Arnaud Lagardère, quitte l'hebdomadaire *Paris Match*.

pour les chasseurs de scoops : ces deux *love stories* sont concomitantes et les deux jeunes femmes, Anne Fulda et Valérie Trierweiler, sont les meilleures amies du monde. De quoi ravir la presse à scandale et tous les populismes. Comment mieux souligner la connivence du monde politique avec les journalistes ? La traque peut commencer. François Hollande se retrouve confronté aux « rats », comme se surnomment eux-mêmes les photographes spécialisés dans la photo *people*. Il vit mal cette période où le moindre de ses faits et gestes est épié, surveillé par les téléobjectifs des mercenaires de l'image. Lui, si pudique, est confronté à la meute des marchands de ragots. Comment se prémunir et cacher sa liaison avec la journaliste ? En se réfugiant au cœur du cyclone, là où personne ne peut imaginer le dénicher, chez un paparazzo, et pas n'importe lequel, le roi des chasseurs d'images, Pascal Rostaing, le photographe vedette de *Paris Match*. Habileté suprême ou imprudence folle ? Il y passe quelques semaines avant de réagir et de trouver un « nid » moins explosif. Il est désemparé par cette situation qu'il ne maîtrise pas. L'énarque, l'homme qui met le monde en fiches, qui n'a que rarement laissé d'espace à l'irrationnel dans sa vie, flanche. L'irruption des foudres de la passion perturbe gravement son logiciel intérieur. Avant, l'existence roulait pour lui comme une grosse limousine bien huilée. Cette fois, le petit horloger ne sait plus très bien où il en est. Il vacille sur son socle, comme n'importe quel homme à l'heure des choix. D'autant que Ségolène Royal est à la limite de provoquer un scandale public : elle apostrophe durement la journaliste de *Paris Match* à l'Assemblée, prend rendez-vous avec Denis Trierweiler pour comprendre ce qui se passe vraiment. Le député des Deux-Sèvres joue les pugnaces. Elle se bat pour sauver son couple, au risque de devenir une héroïne de la presse à scandale.

Très vite, un accord est trouvé entre les protagonistes pour mettre une sourdine aux épanchements. Il faut calmer le jeu, pour les enfants bien sûr, mais aussi pour la presse qui pourrait finir par dévoiler cette histoire de présidentiables au bord de la crise de nerfs. Il faut enterrer la hache de guerre et reprendre le chemin de la politique. Ségolène Royal, aussi troublée que le père de ses enfants par ce tsunami intime, met en marche sa « machine à gagner ». Ses forces semblent soudain décuplées. Les sondages lui sont toujours favorables. Alors, elle recrute à tour de bras. Elle fait du marketing téléphonique chez les ténors socialistes. Elle leur répète avec la foi du charbonnier : « Tu as vu les sondages ? Ceux de François... Les miens... » Et tous les hiérarques du parti sont obligés d'en convenir. Elle est très loin devant tous les autres. Elle est devenue incontournable. Au fil des semaines, les « hollandais » quittent le navire et viennent prêter allégeance à celle qu'ils traitaient de « cruche » ou de « gourde » un an auparavant. « Bécassine » a pris les rênes de la diligence et elle n'est pas près de les lâcher. Avec les plus proches lieutenants du premier secrétaire, Julien Dray et François Rebsamen, elle sillonne les fédérations socialistes, à la recherche des voix militantes pour la « primaire » de novembre. Elle part pour le Chili soutenir Michelle Bachelet, la candidate socialiste à la présidence de la République, histoire de peaufiner sa stature internationale. Pour ceux qui n'avaient pas encore compris que le couple battait de l'aile, elle se fâche avec ses meilleurs amis, le couple de Jean-Pierre Jouyet et Brigitte Taittinger, directrice de la société cosmétique Annick Goutal. Ces derniers lui annoncent, au cours d'un dîner à la Maison de l'Amérique latine, leur mariage le 28 janvier suivant. Brigitte lui demande d'être son témoin, François Hollande étant celui de Jean-Pierre Jouyet. Répònse de Ségolène Royal : impossible, ce jour-là, elle est en Charente avec sa fille Clémence. Puis, elle glisse qu'elle ne peut accepter l'invitation si François est témoin, « vu son comportement ». Malgré tous leurs efforts, les Jouyet ne parviendront pas à la faire revenir sur sa décision. En fait, elle somme ses amis de choisir entre elle et lui. L'incident reste dans la sphère privée. Ce jour-là, les intimes comprennent que Ségolène Royal s'est métamorphosée en guerrière. Elle a décidé de porter l'armure.

La femme blessée part au combat. Durant des mois, elle ne se consacre qu'à un seul objectif : battre tous ses adversaires, qu'ils se nomment Laurent Fabius, Dominique Strauss-Kahn, François Hollande ou Lionel Jospin. Elle part en guerre contre tous les hommes. Elle teste sur le terrain son grand projet de démocratie participative qui consiste, en gros, à donner la parole au peuple avant de prendre des décisions politiques. Elle veut se nourrir de ce qu'elle appelle « l'intelligence collective » contre les élites parisiennes. Elle vise, bien sûr, les *apparatchiks* de la rue de Solférino. François Hollande encaisse et, comme toujours, joue les rassembleurs, tente d'apparaître comme l'arbitre entre Fabius, DSK et sa compagne. Son credo est toujours le même : mettre le parti au cœur de la campagne. Du Jospin pur jus. C'est aussi la grande faiblesse de François Hollande, en cette période si difficile pour lui : il ne parvient pas à s'émanciper de ce tuteur ombrageux qu'il voit de temps en temps. Entre eux s'installe un jeu de dupes dont ils ne sortiront jamais. « Lionel rêvait d'une revanche par rapport à 2002, précise Daniel Vaillant. Il avait dit à François qu'il ne bougerait et qu'il ne serait candidat pour les primaires que si le premier secrétaire qu'il était le lui demandait publiquement. » Et François ? « Il attendait lui aussi un geste de Lionel, se souvient Stéphane Le Foll. La logique voulait que le premier secrétaire du parti soit le candidat naturel pour l'élection. Or, pour que François puisse émerger et se lancer dans la bagarre, il avait besoin d'un appel public de Jospin en sa faveur. » Pendant des mois, les deux hommes jouent au chat et à la souris, refusent de passer à l'acte dans un sens ou dans un autre. Ils sont incapables de trancher. Ni pour l'un, ni pour l'autre. En mai 2006, fatigués des atermoiements de leurs leaders, Stéphane Le Foll et Daniel Vaillant organisent, dans leur dos, un déjeuner surprise entre les deux hommes, au restaurant La

Cagouille, dans le XIVe arrondissement, à Paris. Cette fois, ils seront contraints de prendre une décision, croient-ils. Le « Frisé » et le Corrézien vont signer un pacte, c'est sûr. Au cours du repas, Hollande et Jospin parlent de tout sauf de l'objet principal de leur rencontre. Ils esquivent et remettent à plus tard leurs projets de candidature respectifs. « Quand se décideront-ils ? interroge un Stéphane Le Foll dépité. À la saint-glinglin ? »

Au même moment, Ségolène Royal, elle aussi, tente un incroyable coup de poker. En juin, au cours d'un voyage en train pour la Bretagne, accompagnée de journalistes, elle évoque un mariage civil avec son compagnon, « pour l'été ». Quelques jours plus tôt, le 21 juin, le président de Polynésie, Oscar Temaru, lui avait proposé publiquement de les marier tous les deux à Tahiti. Devant des journalistes médusés, la présidente de Poitou-Charentes trouve l'idée amusante. Et même romantique. Dans l'entourage de François Hollande, on tombe des nues. Le couple n'a jamais défendu l'institution du mariage qu'ils jugent tous deux « terriblement bourgeoise ». En fait, Ségolène, depuis plusieurs semaines, a entamé une opération « reconquête » de son homme. « Nous savions qu'elle était prête à s'effacer en juin au profit de François s'il rompait définitivement avec la journaliste, confie un proche de François Hollande. Nous étions stupéfiés par cette proposition. François le premier. » Un mariage dans une pirogue, sous les palmiers, avec la mer azur comme seul décor ? Est-ce vraiment raisonnable ? Aucun scénariste de *thriller* politique n'oserait écrire pareille scène. Une candidate à la présidence de la République, par amour, passant le témoin à son cher et tendre et rentrant chez elle récurer casseroles et bibelots ? Absurde, bien sûr. Pourtant, de nombreux partisans du premier secrétaire du PS prennent alors son bureau d'assaut et le supplient : « Épouse-la ! Épouse-la… pour le parti… » Malgré son attachement au mouvement fondé par François Mitterrand, le député-maire de Tulle, cette fois, ne tergiverse pas. Sa réponse claque comme un clap de fin : c'est non.

Chapitre 13

La boniche et les éléphants

S'il avait dit « oui », il aurait épousé une icône, un être irrationnel. Celle qui a partagé sa vie durant de longues années marche désormais sur l'eau. Elle est Jeanne d'Arc et Louise Michel à la fois. Elle avance, irréelle, nimbée dans un halo mystique qui dépasse l'entendement. Sa popularité ne correspond à aucun critère connu. Les sondeurs se perdent en conjectures et tentent tant bien que mal de ramener le phénomène à une affaire de « visage qui prend bien la lumière ». Dans les meetings, les femmes veulent la toucher comme la Vierge de Fátima. Elle devient plus belle chaque jour. Elle a minci, ne porte plus de lunettes, s'habille en tailleurs Paule Ka ou Irène Van Ryb, plus courts qu'auparavant. Elle s'est fait limer les dents, pour arborer en permanence un sourire « *Ultra Bright* ». Certains prétendent qu'elle a eu recours à la chirurgie esthétique pour se faire remonter les pommettes, grand classique des actrices pour mieux capter la lumière. Elle expose sa féminité avec une exaltation triomphante. La fille timide et un peu gauche, qu'il avait à peine remarquée dans les amphis de l'Ena, a aujourd'hui des allures de star de cinéma. « Bécassine » est sortie de sa chrysalide. Elle brille de mille feux. François Hollande observe, avec ahurissement, la métamorphose de la mère de ses enfants. Au moment où il s'éloigne, elle resplendit. Lui faisait-il donc tant d'ombre ? Celle qui, dans les dîners, s'effaçait pour boire ses paroles l'écoute de moins en moins. Elle s'est émancipée de sa bienveillante tutelle, et, surtout, le dialecticien ne l'impressionne plus. Pour elle, François Hollande s'est laissé dévorer par le moloch du parti. Il n'est plus le rhétoricien flamboyant de l'époque des « transcourants », ce rénovateur brillant qui voulait bousculer les « éléphants ». Il est devenu un « éléphant » lui-même, le premier d'entre eux, et ils ont fini par déteindre sur lui. La belle idée de François de transformer le Parti socialiste, parti de notables, en organisation de masse, ancrée dans la société civile, dans la jeunesse, loin des querelles de courants, c'est à elle de l'appliquer aujourd'hui. Quelque part au contact de ces mandarins roses, il s'est « ossifié ». Il fait partie du clan des « pachydermes » ? Elle sera une gazelle. La lente dérive des sentiments touche aussi les convictions politiques. La mue de la Diva du chabichou est implacable et stupéfiante. Qu'ont-ils encore à partager, si ce n'est leurs enfants et leurs rêves de grandeur ? Il faut pourtant tenir leur rôle.

Même s'ils se parlent de moins en moins, en public ils donnent le change. Ils doivent apparaître comme un couple uni. Ironie du sort : à cette époque, RTL lance une campagne de publicité où l'on voit sur une affiche Ségolène et François descendant les marches du perron de l'Élysée, alors qu'ils sortent de la remise de la Légion d'honneur par Jacques Chirac à Jean-Pierre Jouyet. Un slogan barre la photo : « Vivre ensemble ». Ségolène Royal est vent debout contre cette affiche qui couvre tous les murs de Paris. Elle reproche aux publicitaires d'avoir utilisé son image sans son accord. Délicat dilemme : où se situe la frontière entre le privé et le public ? Ce cliché dérange aussi le député de Corrèze, mais pour d'autres raisons : les ténors socialistes lui reprochent d'avoir « privatisé le parti », l'expression est de Jean-Christophe Cambadélis ; or, la photo de RTL les conforte dans leur conviction. En tant que premier secrétaire du PS, Hollande doit rester neutre, et donc ne pas s'afficher avec sa compagne. Il est un arbitre et doit le rester. Avant l'été 2006, il ne croit toujours pas aux chances de Ségolène Royal. Même si elle gagne les primaires socialistes, il ne pense pas qu'elle soit armée pour tenir, sur le long terme, une campagne présidentielle. Son handicap : elle aura les pires difficultés à entraîner derrière elle un parti sur lequel elle crache chaque jour un peu plus. Il dit autour de lui : « Le moment Ségolène ne peut pas durer. » Il craint surtout que les lacunes de la candidate n'apparaissent au grand jour : « L'économie n'est pas son terrain de prédilection, soutient-il. La politique étrangère non plus, d'ailleurs. Mais vous savez bien que cela n'a pas d'importance, puisqu'elle sait marcher sur les eaux. » C'est, chez elle, le côté qui horripile le plus François Hollande. Ses discours christiques, cette manière de vouloir communier avec l'auditoire au cours de ses meetings, en extirpant sans vergogne son vocabulaire du bréviaire catholique. François l'athée est déboussolé par les expressions « gravir la montagne », « aimons-nous les uns les autres », « suivez mon chemin ». Ségolène a inventé un genre nouveau en France : le télévangélisme politique. Son projet est confus, loin des bases du PS, selon lui. Elle a compris que, si elle veut récupérer une partie de l'électorat ouvrier, mais aussi des classes moyennes en voie de précarisation, il faut qu'elle parle sécurité, protection des plus défavorisés, revalorisation du travail, remise en ordre de l'État protecteur. Elle résume sa pensée en une formule : l'ordre juste. Tout ce que Lionel Jospin n'a pas mis en œuvre en 2002, elle le fera. Le « Grand Frisé », terrible sujet de friction dans le couple.

Elle n'a jamais compris comment François, ce joyeux luron toujours prêt à un bon mot, a pu s'amouracher de Lionel Jospin, engoncé dans sa morale de pasteur anglican et ses airs de petit prof d'instruction civique. Non, elle s'est longtemps demandé comment son homme, toujours sur la réserve dans ses relations politiques, toujours d'une extrême prudence, a pu « coller à la roue » de ce monstre de raideur et d'arrogance. Elle n'a jamais vraiment senti percer sous « l'austère » l'homme qui « se marre ». Elle le soupçonne d'être un brin macho. « Au fond, dit-elle à son sujet, je suis sûre qu'il doit faire partie de ceux qui pensent que François ne sait pas me tenir. » François Hollande connaît l'état déplorable des relations entre l'ancien Premier ministre et la femme qui est encore officiellement sa compagne. De fait, dans le domaine privé, ils sont dans une phase d'hésitation : ils se croisent toujours dans leur appartement de Boulogne, ils passent parfois encore des week-ends ensemble, à Lisbonne, ou en Corse en juin, dans un hôtel de la route des Sanguinaires, La Cala di sol. Là, pour la première fois, il ose lui demander de se retirer du jeu à son profit. Ce sera la seule et unique fois. Il lui annonce que s'il n'est pas candidat lui-même, il lancera un appel solennel à Lionel Jospin. Est-ce au cours de ce séjour tendu que les choses se sont envenimées et que les questions politiques et privées se sont douloureusement emmêlées ? Selon Julien Dray, elle lui aurait lancé : « Si tu vas chercher Jospin pour me faire barrage, tu ne reverras jamais tes enfants. » Depuis, l'ami intime est revenu sur ses confidences. Il n'aurait jamais usé de cette formule. Elle a pourtant beaucoup circulé dans les cénacles socialistes. Celui que François Hollande surnomme désormais « le confident de Ségolène », ou encore « l'homme qui passe le plus de temps avec ma femme », n'est plus en odeur de sainteté. François Hollande lui reproche d'avoir mêlé ses enfants à une question purement politique. Il vit mal le fait que ces derniers prennent clairement position en faveur de leur mère. Durant le mois d'août, dans leur villégiature de

Mougins, ils abordent cette question en famille. Il n'y a pas ballottage : les enfants votent « maman ». Comme à son habitude, François répond par des traits d'humour. « Si nous avons soutenu notre mère, souligne Thomas Hollande, c'est tout simplement parce que notre père, pas une fois, ne nous a donné l'impression qu'il avait envie de se présenter. Nous n'avons pas soutenu notre mère contre lui, ce qui aurait été absurde, et pas dans la philosophie familiale. Nous avons juste fait le constat qu'il n'a jamais exprimé ce souhait. »

Entre deux balades dans l'arrière-pays provençal, les baignades dans la piscine, les grillades au barbecue et les mousses au chocolat, son dessert favori, François élude la question centrale : qui va-t-il soutenir dans les prochaines semaines ? Les primaires sont en novembre. Ségolène Royal, un après-midi, finit par le coincer dans les cordes. Le regard noir, elle l'accuse de travailler dans son dos, de ne pas l'aider. Elle lui reproche de louvoyer et de se cacher derrière son petit doigt. Là encore, il sort de sa poche la carte Jospin. C'est son joker. François Hollande croit encore à son retour. « Il pourrait mettre tout le monde d'accord, dit-il. Il a la légitimité, l'expérience d'une première campagne présidentielle, et, cette fois, l'électorat de gauche votera utile. Il peut rassembler tous les socialistes. » En d'autres termes, ce que Ségolène ne pourra jamais faire. Elle est trop « clivante » et a trop d'ennemis dans le parti. Les proches de Ségolène ne croient pas une seconde à l'hypothèse Jospin. Ils ne voient là qu'une nouvelle pirouette du Petit Chose pour gagner du temps et jouer sa propre carte. Ils ont tort. Le député de Tulle est paralysé par le choix cornélien qui est devant lui. Il doit choisir entre la mère de ses enfants et son père spirituel dans le parti. En rentrant à Paris, il fonce chez Jospin, rue du Regard, et franchit enfin le Rubicon. Il lui pose un ultimatum, car le temps presse, le dépôt des candidatures sera clos début octobre : « Lionel, tu choisis, le prévient-il. Soit tu soutiens un autre candidat, soit tu soutiens le premier secrétaire, soit tu te présentes. Tu as quinze jours pour te décider. » Pourquoi avoir tant tardé à mettre la pression sur le patriarche dont tout le monde attend l'avis depuis des mois ? Le rêve de François Hollande est évident : il espère l'adoubement du sphinx, comme un créancier attend une reconnaissance de dette. Cela ne viendra jamais. Quinze jours plus tard, le 28 septembre, sur Europe 1, Jospin annonce qu'il renonce à se présenter. Il a été sage. Il n'avait aucune chance. Personne, dans les profondeurs du pays, ne l'attendait. Pas même les militants socialistes, qui n'ont toujours pas digéré sa « désertion » le soir du 21 avril 2002.

Les Français ont tourné la page Jospin. L'ex-candidat à la présidence de la République pouvait-il tout de même tenter un coup de force, renverser l'échiquier ? La plupart de ses amis lui ont déconseillé de prendre un tel risque. Il allait être balayé, comme les autres, par la tornade Ségolène. Ce qu'espérait François Hollande ne s'est pas produit. Il n'y a pas eu de dépressurisation de la « fusée Ségo ». Celle que Jean-Pierre Raffarin surnomme « la gardienne de chèvres » est toujours en lévitation dans les sondages. Le « moment Ségolène » dure à n'en plus finir. Au cours des sorties dans la région de Mougins, François Hollande ne peut que constater la ferveur populaire qui l'entoure. Les gens se précipitent vers elle, enthousiastes, frénétiques, puis se tournent vers François, qui suit tant bien que mal, en l'apostrophant : « Vous allez l'aider, hein ? Il faut l'aider ! » Alors, il sourit, opinant de la tête, persuadé que son tour, définitivement, n'est pas venu et qu'il faudra « aider ».

Les semaines qui suivent lui confirment que le feu Ségolène n'est pas près de s'éteindre. À Frangy-en-Bresse, pour la fête de la Rose, elle est l'invitée d'Arnaud Montebourg, le turbulent député de Saône-et-Loire. Ce n'est plus une kermesse de militants mais une apothéose. Il y a comme une ambiance de concert de rock. Les supporteurs se bousculent autour d'elle. On la prend en photo, resplendissante, au bras de son hôte. Arnaud, l'avocat au look de jeune premier, et Ségolène, plus splendide que jamais. Encore un cliché « hollywoodien » qui agace le premier secrétaire. Lui qui n'a aucun goût pour le crépitement des flashes rumine dans son coin. Mais il n'a plus le choix. Aux journées de La Rochelle, il ne peut que constater les dégâts. Même si Laurent Fabius et Dominique Strauss-Kahn sont sur les starting-blocks pour la primaire, ils n'ont pas les faveurs de la base militante. Dans la salle, au premier rang, un jeune homme s'est invité au conclave socialiste : Thomas Hollande, le fils aîné, étudiant en droit. Il porte un tee-shirt « Ségoland » et répond tranquillement aux journalistes. Il fait de la retape pour maman. Thomas a rejoint le staff de campagne de sa mère et s'occupe du site « Désirs d'avenir ». Quelques jours plus tôt, il avait eu une discussion en tête à tête avec son père et lui avait demandé clairement de mieux la soutenir.

À La Rochelle, juste avant la rentrée de septembre, François Hollande est soumis à un assaut soutenu de ses partisans qui le poussent à annoncer sa candidature. Il n'en fait rien. Certes, il y a ce veto familial qui pèse dans son choix, mais il fait tout simplement le constat qu'il n'est « pas en situation ». François Hollande connaît trop le Parti socialiste dans ses profondeurs pour espérer un retournement de situation. « Ceux qui me poussaient à me présenter à ce moment ne mesuraient pas la réalité de la situation, confie François Hollande. J'aurais ajouté encore plus de division dans le parti. Si Lionel Jospin s'était prononcé en ma faveur, sans doute le jeu aurait-il été différent. Mais il ne l'a pas fait. Il n'a pris position pour personne. Et puis, il y a un autre facteur que j'étais le seul à connaître : au fond, je n'étais sans doute pas prêt. » Alors, il assiste, en arbitre, au triomphe de Ségolène. Lors du débat télévisé qui l'oppose à ses deux concurrents, Fabius et DSK, elle les éclipse totalement. Les deux « éléphants » paraissent anachroniques, venus d'une autre époque, bref, elle les « ringardise » avec une facilité déconcertante. La diva surfe sur son nuage de « femme du peuple ». Elle parle le langage de tous les jours. Elle rase le bitume ? Ils ne montrent qu'une image de politiciens bardés de certitudes, formatés dans des discours antédiluviens. Le 16 novembre, elle est désignée par 60,65 % des militants socialistes. Ce n'est pas loin d'être un plébiscite.

Ségolène Royal est la première femme socialiste candidate à l'élection présidentielle. Pendant la campagne des primaires, elle en a bavé. Elle est remontée contre ses adversaires qui n'ont cessé de la fustiger et de lui coller l'image de la cruche de service ou de mannequin du pauvre. Même Martine Aubry y est allée de sa pique venimeuse : « La présidentielle n'est pas une affaire de mensurations » ni, selon Jean-Luc Mélenchon, « un concours de beauté ». Dans son fief de Melle, dans les Deux-Sèvres, le soir des résultats, elle exulte et prévient tous les machos de la terre : « Ségolène présidente, ce sera la réalisation de leur cauchemar : la boniche a pris les clés de la maison. » Dans son entourage, on remarque que, malgré son triomphe, la « duchesse du Poitou » a du vague à l'âme. Elle aimerait partager son succès avec « François ». Elle lui a proposé de venir la rejoindre à Melle. La Corrèze, où il se trouve, n'est pas si loin. La présence du premier secrétaire serait un signe fort pour tous les socialistes. Et aussi pour leur couple, peut-être… Mais « François » ne vient pas. Toute l'ambiguïté de leur histoire est dans ce rendez-vous manqué. Qui attend-elle à Melle ? Le premier secrétaire ou le père de ses enfants ?

Quelques jours plus tard, le 26 novembre, à la Mutualité, au cours de la cérémonie d'investiture de la candidate par la direction du parti, François Hollande est bien là. Il préside ce conclave étrange, qui sent la rancœur et le ressentiment. La reine de la soirée est tendue. Elle sent tant de mépris dans les regards de ceux qu'elle a vaincus. François Hollande, comme toujours, tente dans son discours de clôture de détendre l'atmosphère en louant les qualités de Ségolène Royal, son goût du combat, sa capacité à parler aux plus humbles. Il appelle encore au rassemblement, à l'unité du parti derrière « notre candidate ». Il fait ce qu'il peut pour réveiller une salle morose, composée d'*apparatchiks* prêts à partir à la pêche. Vers la fin de son discours, il commet un énorme lapsus qui fait sursauter Ségolène Royal et pouffer de rire une partie de l'auditoire : « Nous allons battre la gauche ! » La candidate le fusille du regard. François Hollande vient de dire tout haut ce qu'il pense profondément : les socialistes ont déjà perdu l'élection présidentielle en choisissant le mauvais cheval. Tout penaud, embarrassé par sa bourde, à la fin de son intervention, alors que la salle applaudit, soulagée d'en finir avec ce sacre chargé d'hypocrisie, il appelle Ségolène Royal, assise au bas de l'estrade, à venir le rejoindre. Elle refuse d'un hochement de tête martial. Pas question, pour elle, de participer à ce simulacre. Elle n'a qu'une hâte, retrouver son équipe de copines, celles que les amis de DSK ou Fabius surnomment « les walkyries », Sophie Bouchet Petersen, Natalie Rastoin, Delphine Batho, ancienne vice-présidente de SOS Racisme, proche de Julien Dray, et quelques autres. Mais François

Hollande se fait insistant. Il finit par descendre de la tribune, vient jusqu'à elle, lui glisse quelques mots à l'oreille et la pousse littéralement sur l'estrade. Il réussit à la faire applaudir de longues minutes. Cela ne suffira pas à rabibocher la candidate avec les hiérarques du parti. Les blessures sont trop profondes. Ségolène Royal a gagné la primaire contre tous, malgré les coups bas et les chausse-trappes. Elle a contourné le parti traditionnel en récupérant les voix des fameux quatre-vingt mille nouveaux adhérents à 20 euros. Elle continuera seule, avec ses propres équipes, installée dans son nouveau QG du 282, boulevard Saint-Germain. Et François Hollande ? Elle le range dans le lot de ceux qui espéraient sa chute. N'a-t-il pas critiqué ouvertement dans la presse son côté « messianique » ? « Je suis contre le narcissisme en politique, l'avait avertie le premier secrétaire socialiste. Je ne crois pas au rapport singulier d'un homme ou d'une femme avec le peuple. Je crois aux idées. » De populaire à populiste, on peut glisser aisément, laisse-t-il entendre. Même si François Hollande multiplie les offres de service, elle prend ses distances. Elle ne veut pas être encadrée, voire menottée, par ceux qui rêvaient chaque jour et chaque nuit de son échec. Elle dit partout qu'elle ne se laissera pas « récupérer par l'appareil ». Son « compagnon » lui rappelle que « sa légitimité procède du vote des militants socialistes ». Elle ne peut s'exonérer de ceux qui l'ont faite reine. Il lui conseille aussi de garder à son service la puissante machine électorale qu'est le Parti socialiste, sous peine de catastrophe. Petites chamailleries d'un couple en crise ? « Il fallait que Ségolène comprenne qu'une campagne présidentielle n'avait rien à voir avec une bataille pour la conquête d'une région, se souvient François Rebsamen. Elle voulait travailler avec son équipe de Poitou-Charentes. Or, en termes d'organisation, il fallait passer de l'artisanat au stade industriel. Sans le PS, c'était impossible. »

Sans François, pas de victoire ? C'est le message qu'il fait passer à la candidate. Lui-même se trouve dans une situation inextricable. Il a tenu le gouvernail du PS depuis dix ans pour en arriver à devenir le Monsieur Loyal de la mère de ses enfants. Dix ans de galère, de réunions interminables, tant d'efforts pour qu'on lui pose la question : « Si votre compagne est présidente, habiterez-vous l'Élysée ? » Non, il ne s'installera pas rue du Faubourg-Saint-Honoré. Non, il ne sera pas le Monsieur Pièces jaunes de Ségolène. Non, il ne laissera pas sa place de premier secrétaire. Ce poste est sa bouée de sauvetage. Il est loin d'être mort et enterré. Ceux qui, à la soirée de la Mutualité, écoutant Pierre Mauroy, devenu la figure du Commandeur du PS, lui tresser des lauriers, ont cru à un éloge funèbre du premier secrétaire se trompent lourdement. Il ne jouera pas les figurants durant la campagne. Il a bien l'intention de faire entendre sa voix.

Au cours des premières semaines, il est totalement mis à l'écart du staff de la candidate, tout comme DSK et Fabius. Il a l'impression de revivre 2002, quand Lionel Jospin croyait lui aussi mener une campagne « non socialiste ». À l'époque, par discipline, par fidélité envers celui qui l'avait propulsé premier secrétaire, il n'avait rien dit. Cette fois, il ne réitérera pas la même erreur. Ségolène Royal veut faire cavalier seul ? Il va la suivre comme son ombre, et corriger le tir à chaque occasion. Elle s'en prend à la Banque centrale européenne qu'elle juge trop indépendante par rapport aux politiques ? Il lui rappelle publiquement que ce n'est pas dans le projet socialiste, adopté au printemps dernier. Le staff de la candidate évoque une baisse des prélèvements obligatoires ? Il sort son sifflet et rappelle l'orthodoxie socialiste : « Il n'est pas question de les baisser si l'on veut financer la santé, les retraites, l'éducation, la recherche..., précise-t-il. Dire le contraire comme le fait Sarkozy est un mensonge. » François l'économiste joue les notaires pointilleux du projet socialiste. Il multiplie les déclarations sur le programme économique et fiscal que la gauche appliquerait en cas de victoire, alors même que le projet présidentiel de sa « compagne » n'est pas encore élaboré. Les proches de Ségolène ont voulu le mettre sur la touche ? Il est omniprésent, voire envahissant. « Elle n'est pas une candidate hors sol qui en serait arrivée là par une espèce de grâce divine, prévient-il. Elle a gagné des batailles au nom des socialistes. » Traduction : rien ne se fera sans moi. Certains croient que François Hollande règle des comptes personnels avec la candidate. C'est mal le connaître. Même si leurs relations privées ne sont pas au beau fixe, il ne mélange pas les genres. Il essaye encore une fois de ne pas se laisser engloutir politiquement. Il veut apparaître combatif aux yeux des militants qui ont du mal à suivre les expérimentations de Ségolène sur la démocratie participative. Même s'il n'en dit mot, il pense que l'idée d'une pensée collective venue du peuple n'est rien d'autre qu'une forme moderne du populisme. Plutôt que de s'opposer à ce qu'il considère comme un gadget, il préfère assener le dogme socialiste. Il joue les activistes.

Il en fait même un peu trop quand il accorde un entretien début janvier au *Parisien*, où il évoque une augmentation des impôts pour les salaires supérieurs à 4 000 euros nets par mois. Selon lui, cela concerne près de 200 000 contribuables. D'après Jean-François Copé, ministre du Budget UMP, la mesure toucherait 1,2 million d'assujettis. L'annonce provoque un petit scandale. Combien de voix fait-il perdre à la « duchesse du Poitou » ? Dans le camp de Ségolène Royal, on hurle à la trahison. « On a eu le sentiment d'un vrai coup de poignard dans le dos, se rappelle Sophie Bouchet Petersen. À trois mois du scrutin, c'était très malvenu. » Il se défend en précisant que cette mesure a été mal comprise. « Je parlais d'un foyer fiscal avec deux enfants, où l'homme et la femme gagnent chacun 4 000 euros, précise-t-il. Il y a eu un petit malentendu. Non, je ne pense pas qu'on est riche dans une famille qui gagne en tout 4 000 euros par mois. » Il a beau tenter de rattraper les pots cassés, chez Ségolène on le traite de Iago, de tonton flingueur.

Pour se venger de lui, elle propose à Dominique Strauss-Kahn, alors qu'elle n'avait pas émis le moindre signe à son égard, une mission spéciale. L'ancien ministre des Finances de Lionel Jospin doit établir « un diagnostic sur les réformes du système de prélèvements favorables à l'emploi, au pouvoir d'achat, à la justice sociale, à l'efficacité économique et à l'innovation ». En d'autres termes, il doit lui remettre un rapport sur le meilleur système fiscal pour la France. Le coup est rude pour François Hollande. La fiscalité est son domaine de prédilection, son dada. Et aussi son atout majeur pour devenir, peut-être, ministre des Finances de Ségolène Royal, si elle l'emporte. DSK est un homme qu'elle ne porte pas particulièrement dans son cœur. Séducteur impénitent, il est marié à une diva des médias qui a financé une partie de la campagne interne de son mari avec les 1,86 million d'euros d'indemnités de son licenciement de TF1 et une part de l'héritage de son grand-père, Paul Rosenberg, milliardaire marchand d'art de l'entre-deux-guerres. DSK mène grand train, il ne s'en cache pas. Il est le symbole d'une gauche décomplexée par rapport à l'argent. Cette fameuse « gauche caviar » qu'elle exècre. En le ramenant dans le jeu, elle rassure pas mal de gens autour d'elle qui lui conseillent de jouer le ticket « Ségolène présidente-DSK Premier ministre ». Seule chance de succès pour une candidate qui paraît ne pas avoir d'équipe de gouvernement. Elle joue tellement en solo que même ses plus proches collaborateurs la poussent à faire un effort pour présenter ne serait-ce qu'une ébauche de gouvernement. « DSK, mon Premier ministre ? Vous rigolez ? dit-elle. Ce type se croit beaucoup plus intelligent que moi. Pourquoi accepterait-il d'être mon numéro deux ? » En fait, le rapprochement avec l'ancien patron de Bercy n'est qu'un subterfuge, une petite punition infligée à son « compagnon ». Elle ne lit même pas le document que lui remet DSK le 8 février. En sortant de ce rendez-vous, l'ancien député-maire de Sarcelles chuchote aux oreilles des journalistes : « Elle est nulle ! Elle n'imprime pas. »

Peut-être, mais elle rappelle à tous que c'est elle « la patronne ». À François Hollande, surtout. Elle lui inflige d'autres vexations, telle la nomination comme porte-parole d'Arnaud Montebourg, l'avocat beau parleur et inventeur du sobriquet « Flamby », qui, sur Canal +, lui a balancé un missile de son cru : « Le problème de Ségolène Royal ? C'est son compagnon… » Hollande, furieux, profondément offensé par ce coup bas, téléphone à sa « compagne » et la somme de le sanctionner. « Tu ne dois pas me laisser insulter par ton porte-parole ! » tempête-t-il. Elle n'hésite pas une seconde, car elle aussi a trouvé l'apostrophe peu convenable. Chez elle, on ne touche pas à la famille, même un peu « décomposée ». Montebourg est suspendu de ses fonctions pendant un mois. Sanction symbolique, mais qui oblige chacun à calmer le jeu. Car, entre la rue de Solférino et le boulevard Saint-Germain, l'atmosphère est à l'orage, pour ne pas dire à la guerre de tranchées. Entre les deux pôles de campagne de la candidate socialiste, l'information ne circule plus. Entre les babas cool du « 2-8-2 », nom du QG de

Ségolène, et les petits fonctionnaires du siège du parti, une atmosphère de guerre froide s'est instaurée. Le « 2-8-2 », à deux pas de la rue de Solférino, est surnommé « la Cité interdite », tant il faut montrer patte blanche pour y pénétrer. À de nombreuses reprises, des barons du PS se sont vu refouler comme s'ils voulaient accéder au siège de la DGSE.

François Hollande lui-même, quand il participe – rarement – à quelques réunions, se retrouve au milieu des copains de son fils Thomas, ceux de la « Netscouade », l'équipe de petits génies d'Internet, dans une ambiance très potache, un « joyeux bordel ». Ici, pas de hiérarchie, pas de costumes cravates en rang d'oignon, mais de simples tabourets. François Hollande est atterré par le manque de professionnalisme de l'équipe de celle qu'il ne nomme plus que « la candidate ». Des « zozos », pense-t-il tout bas. Au beau milieu des « ségonautes », dans un brouhaha indescriptible, placé comme un simple militant, fulminant intérieurement, il ose parfois lever la main et dire : « Je peux parler ? » Dur, dur, pour le premier secrétaire socialiste soudain redevenu un petit étudiant de Sciences Po que l'on traite comme s'il était le gardien de l'immeuble. Mais, comme d'habitude, il fait le dos rond et attend des jours meilleurs. D'ailleurs, ils surviennent assez vite. Après son voyage en Chine, où elle a commis quelques bourdes, comme l'invention du néologisme « bravitude », qui a fait s'esclaffer toute la classe politique, ou, plus grave, sa défense de la justice chinoise jugée plus rapide que celle de son propre pays, pour ne pas dire expéditive, elle commence à dévisser dans les sondages. La « candidate » est victime d'un « trou d'air » face à un Sarkozy fringant et conquérant, à la tête d'une armée de militants disciplinés et mobilisés. Les Français commencent à douter de la Madone du Poitou. Sa campagne est jugée chaotique, sans vision. Les « zozos » du « 2-8-2 » commencent à être montrés du doigt. Et si on passait aux choses sérieuses ? scande François Hollande. Le 22 février, Ségolène rend les armes et accepte la proposition de son « compagnon ». Il faut resserrer les boulons entre « la candidate » et le PS. Et vite, car les défections des caciques socialistes vont commencer à se savoir. Il y a ceux qui traînent des pieds, qui ont décidé de s'occuper de leur circonscription et qui pratiquent une forme de grève perlée. Il y a ceux qui craquent et qui claquent la porte, comme Éric Besson, le secrétaire national à l'économie, fidèle de François Hollande.

Député de la Drôme, Besson fait partie de la nouvelle génération de quadras sur laquelle s'appuie le premier secrétaire pour faire évoluer le parti. François Hollande l'a eu comme élève à Sciences Po. Créateur du magazine économique *Challenges*, il n'est pas un *apparatchik*, un petit fonctionnaire du parti. Il a travaillé chez Renault Véhicules industriels, il a été chasseur de têtes. Il a surtout commis un rapport au vitriol de quatre-vingt-quinze pages contre Nicolas Sarkozy, qui lui a permis d'acquérir une petite notoriété. Dans ce brûlot, il traite le candidat de la droite de « néoconservateur américain muni d'un passeport français ». Formule d'une rare maladresse. Le 14 février, au cours d'un bureau national du Parti socialiste, il peste contre l'amateurisme des « zozos » du « 2-8-2 », particulièrement sur leur chiffrage peu crédible du projet présidentiel de « la candidate ». Besson sort de ses gonds, prévient qu'on va dans le mur si on continue de les laisser faire. Il est vent debout. François Hollande lui conseille de garder son calme. « Attention, il peut y avoir des fuites de ce genre d'esclandre dans la presse, le prévient-il. Il faut rester zen. Nous entrons dans la zone des grandes turbulences, à moins de trois mois du scrutin. Il ne faut pas donner de prise à l'adversaire. Calme-toi, Éric, s'il te plaît. » Mais « Éric » n'a pas envie de se calmer. Il en a assez d'avaler des couleuvres depuis plusieurs mois, d'être à ce point ignoré par une candidate qui ne vient pratiquement jamais au comité de campagne du mardi après-midi, qu'elle appelle « la réserve d'éléphants ». Besson l'éléphanteau se rebiffe. Il claque la porte. Dans la foulée, il téléphone à François Hollande et l'informe qu'il démissionne de toutes ses responsabilités et qu'il quitte le Parti socialiste. Abasourdi, le patron du PS le supplie de rester ; sa défection ne va qu'aggraver les choses et affaiblir encore un peu plus les socialistes, déjà mis en quarantaine. « Tu n'as pas le droit de démissionner dans un moment aussi important ! le supplie François Hollande. C'est le parti que tu punis, pas les gens que tu critiques. » Mais Éric Besson est inflexible. Il quitte un navire qui prend l'eau de toutes parts.

Interrogée sur la défection d'un des lieutenants du premier secrétaire, Ségolène lâche, cinglante : « Éric Besson ? Qui connaît Éric Besson ? » En prononçant cette vacherie, elle sait qu'elle blesse, par ricochet, le mentor de Besson, François Hollande. Si Besson n'est rien, Hollande n'est plus grand-chose. CQFD. Ce dernier a bien reçu le message. Son flegme légendaire en prend un coup. Il la prévient durement que, si elle ne fait pas un geste de toute urgence envers le Parti socialiste qu'elle représente jusqu'à preuve du contraire, elle risque d'imiter Jospin : elle ne passera pas le premier tour. Fin février, quasiment sur injonction de son « compagnon », elle crée un comité stratégique avec tous les éléphants du parti, Jospin en tête, chargé de piloter, enfin, la campagne. Le mariage de la carpe et du lapin ? La presse applaudit cet armistice salvateur. En fait, « la candidate » ne réunira jamais ce comité Théodule. Il restera une coquille vide, seulement remplie d'aigreurs et de détestations. François comprend à ce moment précis que la mère de ses enfants ne supporte aucune mise sous tutelle, qu'elle ne changera pas d'un iota. Elle restera « hors sol ». Il décide alors de se mettre hors jeu, non pas d'abandonner le combat mais de le mener à sa manière, celle dans laquelle il est passé maître : la campagne sur le terrain. Il se lance dans un tour de France électoral où, de meeting en meeting, de préau d'école en marché, il se fait le propagandiste zélé de la candidate. Il respire, loin des miasmes de la « politicaillerie » parisienne et des courtisans qui tournent autour de Ségolène Royal. Tous ces futurs ministrables qui, déjà, font des ronds de jambes dans la bataille des maroquins. Il a pris sa décision.

Même si « la candidate » sort victorieuse, il ne sera pas ministre. Il n'en a plus envie. Et puis, il peut bien se l'avouer, il est le seul responsable de cette situation ubuesque. C'est lui, et lui seul, qui a poussé ses lieutenants à la soutenir durant la campagne des primaires. C'est lui qui l'a envoyée au Chili rencontrer Michelle Bachelet, alors qu'il aurait dû s'y rendre lui-même. Longtemps, elle a dit clairement qu'il était prioritaire, jusqu'à l'automne 2005, mais il n'a jamais esquissé le moindre geste pour la dissuader d'avancer. Enfin, c'est lui qui ne l'a pas épousée. À un mois du scrutin, le premier secrétaire, à la tête d'un parti en pleine déprime, court la campagne. Il se grise de tribune en tribune. Il est déjà dans l'après-présidentielle. Que Ségolène Royal gagne ou perde, et les sondages vers la mi-avril penchent plutôt vers la deuxième hypothèse, il lui faudra rendre un parti en état de marche. Ensuite, il partira. Il prendra le large. Il a fait un bilan lucide sur ses forces et ses faiblesses. Il aurait dû se libérer plus tôt de la tutelle de Lionel Jospin. Il aurait dû être plus ferme lors du référendum européen avec ceux qui ont trahi la parole militante. Il aurait dû prendre du temps pour réfléchir sur lui-même. Il aurait dû tant de choses. Mais à quoi bon ressasser le passé ? La gestion du parti l'a éreinté, corseté, empêché d'apparaître comme un homme libre. Ségolène Royal, avec son tempérament de feu, son toupet stupéfiant, a réussi ce tour de force. Mais elle a méprisé le parti. C'est son grand tort. Elle s'est entourée de consultants extérieurs au PS, comme Jean-Pierre Chevènement l'antieuropéen, ou, plus surprenant, le philosophe Bernard-Henri Lévy, avec qui elle dîne régulièrement et qui joue le rôle de confident auprès d'elle. François Hollande lui en veut de l'avoir battu froid trop souvent. Mais comment la blâmer ? Tout était tellement imbriqué, les sentiments personnels, la fin d'une histoire d'amour que la raison politique a dissimulée durant des mois. Combien de fois les amis de la « candidate » l'ont-ils récupérée, à l'aube, dans la petite pièce du « 2-8-2 », boulevard Saint-Germain qui lui servait de chambre, seule, anéantie, les yeux bouffis, s'extirpant d'une nuit sans sommeil ? « Sa souffrance était profonde, dit l'un de ceux qui l'ont côtoyée durant cette période. Mais nous vivions une situation paradoxale : la blessure narcissique de la crise conjugale était compensée par l'adrénaline de la ferveur populaire qu'il y avait autour de sa personne. Alors, elle a tenu bon avec un courage qui nous a tous scotchés. On savait que le drame personnel qu'elle traversait était profond. Nous avons vécu un petit syndrome Marilyn Monroe… Elle était une femme en désamour, alors que, dans le même temps, des millions de gens l'aimaient. Et pourtant, elle n'a jamais rien laissé transparaître de sa douleur. » Mieux : elle a continué à jouer le rôle de la compagne aimante jusqu'au bout. Suprême comédie. Dans un livre d'entretiens avec

Marie-Françoise Colombani[1] publié entre les deux tours, elle n'hésite pas à travestir la réalité quand elle déclare, à propos de son curieux couple avec François Hollande : « Oui, nous sommes toujours ensemble, et, oui, nous vivons toujours ensemble. Si cela n'était pas le cas, je peux vous dire qu'avec le nombre de *paparazzi*, cela se saurait[2] ! » Quand la journaliste l'interroge sur l'épisode du mariage manqué en Polynésie, elle ne ment pas. Elle dévoile le scénario dont elle aurait rêvé : « C'est vrai, confie-t-elle, que j'aurais adoré répondre, avec François et les enfants, à l'invitation d'Oscar Temaru en Polynésie, pour reconstituer nos forces et emmagasiner des souvenirs de rêve avant le choc de la campagne. Cela aurait été follement romantique, un mariage en pirogue à l'autre bout du monde ! L'entourage de François l'en a dissuadé, par crainte du spectacle et sans doute du ridicule, il faut s'asseoir dessus quand on a envie de saisir un bonheur inattendu qui passe. Mais bon, je n'ai pas insisté. Nous n'avons pas besoin de cela pour nous aimer. » Ségolène Royal croit-elle encore vraiment à cette version idyllique de l'histoire, alors qu'elle ne voit pratiquement plus celui qui n'est plus qu'un demi ou un quart de compagnon ? Durant la campagne, ils ont bel et bien mis entre parenthèses leurs problèmes personnels. Ils ont différé le clap de fin en pleine foire d'empoigne électorale. Un

1. Marie-Françoise Colombani était alors rédactrice en chef de *Elle*.

2. *Maintenant*, Hachette Littératures, 2007.

armistice amoureux pour raison d'État. La guerre des Roses n'a pas eu lieu. Ils sont restés dignes et pudiques jusqu'au bout, en pleine tourmente. Ils ont échappé aux *paparazzi* lancés à leurs trousses. Ce n'est pas un petit exploit. Mais rien, désormais, ne serait plus comme avant. « Ma vie sentimentale était déjà ailleurs », avoue François Hollande. Sa vie politique, aussi.

Chapitre 14

CENT JOURS DE SOLITUDE

Il a eu tellement peur que tout recommence. La gauche éliminée dès le premier tour ; 2007, un remake tragique de 2002 ? Ségolène renvoyée au pays du chabichou pour une poignée de voix, doublée sur le fil par le trublion Bayrou, le centriste à géométrie variable qui a bâti toute sa stratégie sur l'inexorable dépérissement du Parti socialiste. Le Béarnais ne faisait pas un si mauvais calcul. N'était-il pas le meilleur ennemi de Sarkozy l'Agité ? Celui qui allait engranger le vote utile du peuple de gauche fatigué d'un PS laminé par la guerre des chefs ? François Hollande avait cette hantise : revivre la soirée cauchemardesque du 21 avril 2002. Durant toute la campagne de Ségolène Royal, il a « canardé » l'ancien ministre de l'Éducation nationale d'Edouard Balladur et d'Alain Juppé. Il a joué les missionnaires anticentristes non pas pour « plomber » la candidate, comme le lui reprochaient certains, mais pour la sauver du désastre. Et se sauver, lui aussi, par la même occasion. Une élimination directe de Ségolène Royal aurait provoqué un plus grand cataclysme que celui qui a suivi la « fuite à l'île de Ré » de Jospin. Hollande avait la tête sur le billot avant même que la campagne ait commencé. Alors, il a consacré toute son énergie à ne pas reproduire les erreurs de Lionel Jospin. Il a joué de sa rondeur pateline et de sa science de la diplomatie pour convaincre Christiane Taubira, des radicaux de gauche, et Jean-Pierre Chevènement, président du MRC, de ne pas se présenter à nouveau. De quoi rapporter entre 6 et 8 points dans l'escarcelle de Ségolène Royal. Ensuite, il a passé son temps à rameuter le « peuple de gauche », il l'a exhorté à se concentrer sur le premier tour. Il a joué les père Fouettard avec les amis de Ségolène qui rêvaient déjà d'un gouvernement d'unité nationale avec Bayrou comme Premier ministre. Absurde ! Pas une seconde François Hollande n'a cru à ce scénario. Pas un instant il n'a imaginé qu'une majorité parlementaire socialiste accepterait d'avoir pour chef de file un ancien ministre d'Edouard Balladur, chantre du néolibéralisme.

Quand, au soir du premier tour, le 22 avril, le député-maire de Tulle découvre le score de « la candidate », 25,87 %, il pousse un énorme « ouf » de soulagement. Le « vote utile », jugé si ringard par les « ségophiles », a fonctionné à plein : Ségolène Royal sera bien présente au deuxième tour. François Bayrou, relégué loin derrière elle, à 18,57 %, n'a pas réussi son pari. Le PS, certes sous perfusion, n'a pas rendu l'âme. Depuis son fief de la mairie de Tulle, le patron du PS fait le bilan d'une campagne surréaliste. Après une première phase euphorique, au cours de laquelle sa « compagne », en lévitation, a relégué les ténors du PS au rang de faire-valoir, Ségolène Royal a opéré un virage tactique. Début mars, elle a tenté un rapprochement de façade avec eux, sentant que le lien mystique qu'elle entretenait avec le peuple de France battait de l'aile. « François », souvent humilié, traité avec dédain par les branchés de la « Ségosphère », a joué le jeu jusqu'au bout par loyauté, mais aussi pour défendre ses intérêts de boutique, c'est-à-dire ne pas apparaître comme le fossoyeur d'une organisation à bout de souffle. Son obsession : sauver le parti de la déflagration.

Il a suivi de près la campagne de Nicolas Sarkozy, véritable machine à gagner, disposé à toutes les démagogies pour siphonner les voix du Front national, mais aussi celles des socialistes eux-mêmes. Celui-ci n'a-t-il pas invoqué Jaurès à plusieurs reprises dans ses discours avec un toupet hallucinant, tout en annonçant la création d'un ministère de l'Immigration et de l'Identité nationale aux relents pétainistes ? Le très peu scrupuleux patron de l'UMP, grand consommateur de sondages, est un adepte de la politique marketing et fait de la retape auprès de toutes les catégories sociales, comme un publicitaire, sans le moindre souci du caractère désordonné et contradictoire de ses annonces. L'essentiel, pour lui, est de ratisser tous azimuts. Sa force principale : il a derrière lui un parti en ordre de bataille, totalement dévoué à son chef. Sur le fond, le Brutus de Chirac n'a pas changé. Il est le fils spirituel d'Edouard Balladur, et l'enfant naturel du Cac 40. Sous le costume de Bonaparte se cache un néolibéral convaincu. L'ancien président du conseil général des Hauts-de-Seine est tombé tout petit dans la potion de l'argent roi, celle des grands patrons du quartier de La Défense, des rois de la finance, des stock-options et des parachutes dorés. François Hollande connaît bien le personnage et ne le prend pas à la légère. Il est sorti vainqueur du premier tour avec une telle avance, 31,1 % des suffrages, qu'il a peu de chances d'être rattrapé. Aucun doute : la dynamique est du côté du candidat de l'UMP. À moins d'un miracle, l'ancien maire de Neuilly est le prochain président de la République.

Un miracle ? Les « disciples » de la reine Ségo, ceux de la ruche bourdonnante du « 2-8-2 », y croient encore un peu. Au moins, ils ne sont pas résignés. Ils ont pris leur calculette et rêvent d'une alliance express avec Bayrou, le duc du Béarn. Un mariage improvisé destiné à provoquer un électrochoc dans l'opinion, croient-ils. Bien entendu, François Hollande le Rabat-joie est plus que dubitatif. « Bayrou était déjà en train de penser à 2012, rappelle-t-il. Pour que cette opération ait le moindre sens, il eût fallu que nous négociions de parti à parti, au moins pour créer un pacte majoritaire. On ne gouverne pas à l'improvisation. Or, Bayrou, toujours à cause de ses ambitions présidentielles, ne pouvait pas s'engager clairement. Croire qu'il allait appeler à voter pour les socialistes était très naïf. » Pour le premier secrétaire du PS, une alliance avec Bayrou était irréaliste, et aussi un peu hérétique. Ses partisans parlent de « bricolage de dernière minute ». Ils sont dans le vrai.

Après de nombreux conciliabules et hésitations, François Bayrou accepte un débat à la télévision avec Ségolène Royal. Il a lieu le matin du 28 avril, dans les salons d'un grand hôtel parisien, devant les seules caméras de BFM TV, toutes les autres chaînes ayant cédé aux pressions de Nicolas Sarkozy, malgré tout inquiet de ce coup de poker de dernière minute. La joute, courtoise et sans concessions, dure deux heures et demie. Effet médiatique garanti. Efficacité politique ? Douteuse. François Bayrou, comme l'avait prévu Hollande, n'appelle pas ses électeurs à voter pour la candidate socialiste. Il reste sur son quant-à-soi, prudent, tout en précisant que, « personnellement », il ne voterait pas Nicolas Sarkozy. Mais il n'appelle pas ses électeurs à apporter leurs voix à Ségolène Royal. En creux, il opte, sans le dire, pour l'abstention. Ainsi, le débat miracle n'a provoqué qu'une vaguelette dans l'opinion. Malgré la ténacité de Ségolène Royal qui s'est battue jusqu'à la dernière minute, la dynamique du premier tour n'a pas été inversée. Le 6 mai, l'homme qui, en 2004, s'est emparé de l'UMP à la baïonnette, dans une lutte fratricide contre Jacques Chirac et Dominique de Villepin, entre à l'Élysée. Son avance est plus que confortable : plus de 53 % des suffrages. Il exulte et en perd le sens de la mesure. En quelques jours, il dévoile sa vraie nature. Il fait la fête au Fouquet's avec ses parrains du Cac 40, s'octroie quelques jours de repos avec son épouse Cécilia sur le yacht du milliardaire Vincent Bolloré. Pour la gauche, l'exhibition du goût du président pour le luxe serait pain bénit si, au Parti socialiste, les dagues n'étaient déjà sorties des fourreaux.

Au lieu de pilonner le « président des riches », les dirigeants du PS ont déjà placé François Hollande dans leur viseur. Dans le rôle du bouc émissaire de la défaite, il est parfait. Il est désormais sur un siège éjectable rue de Solférino. Il en a l'habitude. Qui va lancer la première salve ? Ségolène Royal en personne. Le soir du 6 mai, elle apparaît, rayonnante, sur le balcon de la Maison de l'Amérique latine, boulevard Saint-Germain, au-dessus d'une foule en liesse. Ahurissant moment politique : la perdante ne montre aucun signe d'accablement ni de remords. Bien au contraire, elle est en transe, comme transportée. « Quelque chose s'est levé qui ne s'arrêtera jamais, scande-t-elle. J'ai donné toutes mes forces et je continuerai près de vous, et avec vous. Ce que nous avons commencé ensemble, nous allons le continuer ensemble. Mon engagement et ma vigilance seront sans faille au service de l'idéal qui va, j'en suis sûre, nous rassembler demain pour d'autres victoires. » D'autres victoires ? En quelques mots, la « compagne de François » assène sa volonté de prendre les rênes du parti. Elle prépare déjà 2012. Ceux qui la croyaient au bout du rouleau, dévastée par une campagne violente et par son chagrin de femme délaissée, n'ont pas saisi la force qui l'habite.

Seul François Hollande n'est pas vraiment surpris. Quelques minutes plus tôt, à deux pas, rue de Solférino, elle a un tête-à-tête avec lui au cours duquel elle lui annonce qu'elle souhaite mener la campagne des législatives prévues en juin. Elle a dans sa besace 17 millions de voix. Elle a toute la légitimité pour diriger la bataille. Elle ne laissera à personne d'autre ce rôle de « guide » auquel elle a pris goût.

Le premier secrétaire, une nouvelle fois, se retrouve dans un étau. Entre les barons, Fabius, DSK, Aubry, Delanoë, Montebourg, Peillon, qui préparent déjà le putsch pour l'abattre et sa « compagne » qui, à son tour, veut l'évincer, sa marge de manœuvre est étroite. Un événement lui complique la tâche encore davantage. Le 8 mai, un livre dévoilant les coulisses de la campagne de la candidate socialiste, écrit par deux journalistes du *Monde*, Raphaëlle Bacqué et Ariane Chemin, *La Femme fatale*[1], révèle au grand public ce que le couple tentait de dissimuler depuis plus d'un an. La liaison de François Hollande n'est plus un secret. L'*omerta* est brisée. Le livre devient un *best-seller* en quelques jours. Ce dévoilement de la crise conjugale est un cataclysme, car il survient au tout début de la bataille des élections législatives. Le Parti socialiste n'avait pas besoin de ce coup de théâtre. Par bonheur pour les héros du drame, le livre ne dit pas tout. Il se rapproche de la vérité sans la dévoiler totalement. Il ne parle pas du pacte secret

1. Albin Michel, 2007.

du « vrai faux couple » qui devait résister jusqu'à l'été. Il évoque seulement une crise dont on ne connaît pas encore l'issue. François Hollande se retrouve affublé du rôle du mari trompeur et Ségolène Royal devient la femme bafouée. Coup dur pour le député-maire de Tulle. Il en sort encore plus fragilisé. Rue de Solférino, il n'est plus assis sur un siège éjectable mais sur une caisse de dynamite. Durant cette période épouvantable il parvient à rester pudique, à protéger vaille que vaille son intimité. Comment réagir aux questions des journalistes, de plus en plus pressants ? Avec la mère de ses enfants, ils se mettent d'accord pour ne rien lâcher. Ils publieront un communiqué commun annonçant officiellement leur séparation le lendemain du deuxième tour des législatives. Pas avant. D'ici là, pas de vagues. Quand Ségolène Royal porte plainte en diffamation en leurs deux noms contre les auteurs de *La Femme fatale*, il préfère ne pas la suivre dans un premier temps, mais, pour éviter une nouvelle polémique, laisse faire. Ce n'est pas dans son tempérament de courir les tribunaux quand un article lui déplaît. Il pense surtout qu'attaquer les deux enquêtrices est la meilleure publicité qu'on puisse leur faire. Chez l'éditeur, on se frotte les mains en apprenant le dépôt de plainte. Ségolène Royal est devenue leur meilleure attachée de presse. François Hollande lève les bras au ciel en lâchant : « Je vous avais prévenus… »

Pour l'heure, il doit affronter la déferlante des nouvelles ambitions au Parti socialiste. Celles de

Ségolène Royal et de ses amis, d'abord. Ils réclament un congrès extraordinaire dès l'automne. Celles, aussi, des jeunes loups socialistes, Manuel Valls, Vincent Peillon, Arnaud Montebourg, qui exigent son départ avant l'été. Les coupeurs de têtes sortent leurs machettes. Encore une fois, le premier secrétaire, aux abois, gagne du temps. Partir en pleine campagne des législatives ? Impossible. Ce serait un acte de pure lâcheté. « Et puis, dit-il, ce n'était pas moi le candidat à l'élection présidentielle, que je sache ? Ma personne n'était donc pas en cause. » Au bureau national, il répète qu'il faut d'abord conduire le maximum de députés socialistes à l'Assemblée nationale et qu'il quittera son poste au prochain congrès. Il finira son mandat dans le respect des statuts du parti. En temps et en heure. Après ? On verra. Il reprend le chemin de la Corrèze pour livrer bataille et revenir sur son « socle », comme le lui a enseigné Mitterrand. Dans la tempête, toujours se replonger dans la tourbe. Il enfile le costume du saint-bernard de la gauche. Face à une droite arrogante, grisée par la victoire, bien décidée à profiter de son avantage pour « réduire le PS en bouillie », il ne faut pas baisser les bras. « Je dis aux Français de ne pas se résigner, de ne pas céder au fatalisme ou à l'indifférence », lance-t-il au cours d'un meeting, à Lyon, le 21 mai. L'incorrigible optimiste ne veut pas croire à une nouvelle déculottée électorale, comme en 1993.

Nicolas Sarkozy en a trop fait dès les premiers jours pour ne pas réveiller un « patriotisme de gauche ». Il y a eu aussi l'opération de débauchage du président de la République dans le camp socialiste qui en a choqué plus d'un. Et meurtri quelques autres, dont François Hollande. Le passage chez l'ennemi de Bernard Kouchner, le *French Doctor*, ne l'a pas surpris. Il traînait depuis des années une telle mélancolie et un tel désamour pour le PS que son geste était presque attendu. Avant de prendre sa décision, Kouchner a téléphoné à François Hollande. L'ancien ministre de la Santé de Jospin, bombardé au Quai d'Orsay, lui explique qu'avec Sarkozy il aura carte blanche pour appliquer ses idées de défense des droits de l'homme sur la scène internationale. Le premier secrétaire, plus que dubitatif, tente alors de le dissuader : « Tu ne seras qu'une marionnette, un simple pion, Bernard. La politique étrangère se fera à l'Élysée. Si tu acceptes, tu vas souffrir. » François Hollande sait que Nicolas Sarkozy a, dans un premier temps, proposé le maroquin des Affaires étrangères à Hubert Védrine, autre membre du gouvernement Jospin. Une belle prise de guerre, car ce dernier fut longtemps un des plus proches collaborateurs de François Mitterrand à l'Élysée. Hubert Védrine avait accepté la proposition à condition qu'on lui adjoigne les Affaires européennes, mais le président, jugeant Kouchner plus populaire et plus médiatique, s'était ravisé et lui avait finalement proposé la Justice. Védrine, prudent, avait alors refusé ce poste politiquement plus risqué. Après le ministère des Affaires étrangères, il se serait retrouvé au ministère « des affaires », tout court. Il y a le cas épineux d'Éric Besson, qui marque beaucoup plus François Hollande. Quand celui-ci voit, le 23 avril, au soir du premier tour de l'élection présidentielle, son ex-lieutenant parader en meeting aux côtés de Nicolas Sarkozy, le choc est très dur. Quand il l'entend scander devant la foule UMP : « Forza Nicolas ! », il a un haut-le-cœur de dégoût. François Hollande, généralement avare en phrases assassines, n'hésite pas à exprimer son mépris profond pour ce Judas qu'il a promu et qui l'a trahi en pleine bataille. « Sa trahison est son emblème, sa marque de fabrique, j'allais dire sa décoration au champ du déshonneur », confie-t-il à Pierre Favier[1]. Le patron du PS va jusqu'à ranger Besson dans la catégorie des félons « qui poussent l'indignité jusqu'à la jubilation, la provocation jusqu'à la jouissance. La postérité retient leur nom non pas pour ce qu'ils ont fait, mais pour ce qu'ils ont défait ». Malgré sa grande colère, la défection spectaculaire et pathétique de son ancien « camarade » ne le surprend qu'à moitié. Durant la campagne électorale, quelques semaines plus tôt, Éric Besson est venu lui demander conseil. Le député de la Drôme est en crise. Il doute de tout, il n'est pas sûr de récupérer son siège dans sa circonscription de Donzère, il est prêt à abandonner la politique et à se lancer dans le monde des affaires. N'est-il pas membre du très select Club des 40, un club de *businessmen* où il côtoie son ami

1. *Droit d'inventaires*, Le Seuil, 2009.

Jean-Marie Messier, ancien du cabinet d'Edouard Balladur à Matignon, proche de Nicolas Sarkozy, ancien patron de Vivendi, où Besson a travaillé quelques années ? Au cours de l'entretien qui prend des allures de confession, Éric Besson avoue à François Hollande qu'il est terrorisé. Si Nicolas Sarkozy devient président, lui confie-t-il, il se vengera forcément du brûlot qu'il a commis contre lui. Toutes les portes lui seront fermées. S'il n'est pas élu député, que deviendra-t-il ? François Hollande, devant cet homme aux abois, ne sait que répondre. Il lui suggère de tenir bon. La vie politique n'est pas un long fleuve tranquille, il en sait quelque chose. Quelques jours plus tard, François Hollande apprend qu'Éric Besson est allé proposer ses services à François Bayrou, au moment où sa cote était à la hausse dans les sondages. « La rencontre secrète a duré plus de deux heures, confie un proche de François Bayrou. Elle ne s'est pas très bien déroulée. François ne sentait pas le bonhomme. Il trouvait sa démarche un peu douteuse. Il a même pensé à une manigance socialiste. » François Hollande comprend alors que Besson, le soldat discipliné qu'il avait installé à ses côtés à la direction du PS, n'était qu'un « mercenaire ». Après avoir fait acte d'allégeance au nouveau monarque, il est nommé secrétaire d'État chargé de l'Évaluation des politiques publiques et de la Prospective. Terrible moment pour François Hollande : ces défections en cascade le fragilisent. Le premier secrétaire est de plus en plus isolé.

D'autres personnalités de gauche sont approchées par le nouveau prince de l'Élysée : Julien Dray et Anne Lauvergeon qui déclinent la proposition ; et Claude Allègre, contacté dans un premier temps, puis oublié. Autre poids lourd de la gauche dans le collimateur de Sarkozy : Jean-Michel Baylet, président des radicaux de gauche. Il est invité par le sergent recruteur de la rue du Faubourg-Saint-Honoré. Après quelque hésitation, il ne franchit pas le Rubicon, n'entre pas au gouvernement, reste bien calé dans son fief du Sud-Ouest, mais envisage publiquement de s'éloigner du PS pour se rapprocher des radicaux valoisiens. La vieille lune du grand parti du centre ressurgit un temps. « L'opération de débauchage de Sarkozy était habile, souligne François Hollande. Elle visait à faire disparaître le clivage gauche droite avant les législatives. » Pas de quoi surprendre un premier secrétaire du PS qui connaît ses classiques. Les débauchages individuels à la sauce Sarkozy ressemblent beaucoup à ceux de François Mitterrand qui, en 1988, avait fait entrer dans son gouvernement des centristes comme Jean-Pierre Soisson ou Jean-Marie Rausch. Une opération cosmétique, rien de plus. Un coup pour affaiblir l'adversaire, mais sans portée à long terme. Sans accord entre partis, estime François Hollande, on ne peut bouleverser le jeu politique. En poste depuis dix ans rue de Solférino, il ne croit pas à un affaiblissement du PS, contrairement à tous les oiseaux de mauvais augure, comme Bernard-Henri Lévy qui écrit quelques mois plus tard un essai sur le Parti socialiste intitulé *Ce grand cadavre à la renverse*[1]. Ils sont nombreux à partager le point de vue de l'auteur de *La Barbarie à visage humain*. Le PS ? Une momie en état de décomposition avancé. Un vaisseau fantôme habité par des clones de Guy Mollet. Un mouvement antédiluvien qu'il ne faut pas rénover mais jeter aux orties. François Hollande a tout entendu dans ce registre de la fossilisation de son parti.

Le « capitaine du *Titanic* », attaqué de toutes parts, celui que l'on croit insubmersible, capable de résister à tous les coups de grisou, subit alors un énorme traumatisme qui le déstabilise complètement. Nicolas Sarkozy réussit son plus beau débauchage : il recrute le meilleur ami de François Hollande, Jean-Pierre Jouyet. L'ancien directeur de cabinet de Jacques Delors à la Commission européenne à Bruxelles, ex-directeur adjoint de cabinet de Jospin à Matignon, est plus qu'un ami. C'est le confident, le double, celui qui le connaît sans doute le mieux. Les deux hommes ont pratiquement tout vécu ensemble : le service militaire, l'Ena, la création des « transcourants », l'épopée des clubs « Témoin », les bonnes bouffes, les vacances en famille. Et, bien sûr, toutes les aventures de la gauche. Ils ne se sont pratiquement pas quittés depuis trente ans. Quand il lui annonce qu'il est prêt à accepter la proposition du président, devenir secrétaire d'État aux Affaires

1. Grasset, 2007.

européennes, François Hollande est abasourdi. Il lui lance : « Ne fais pas ça ! Ne fais pas ça ! » Le coup est tellement énorme, tellement facile à décrypter. François Hollande imagine les titres dans la presse, en pleine campagne électorale. Après Besson, Kouchner, Jean-Pierre Jouyet, le meilleur ami du premier secrétaire, quitte à son tour le navire pour aller servir le nouveau maître de l'Élysée ! La gifle est politique, certes, mais elle le bouleverse dans son intimité beaucoup plus que ne le croyait Jean-Pierre Jouyet. C'est une des rares fois où ses proches le voient les yeux embués de larmes. « Je n'imaginais pas lui faire autant de peine, raconte Jean-Pierre Jouyet. C'était une période où nous nous voyions beaucoup moins, et j'avais le sentiment d'aller occuper un poste technique et non pas politique. » Jean-Pierre Jouyet n'imagine pas la détresse de son ami. Ravagé par la crise conjugale qu'il doit dissimuler à tous, visé de toutes parts au PS, il vit un moment de grande solitude. Ses points de repère vacillent. Il sent la terre se dérober sous ses pas. Pourtant, il ne perd pas espoir.

Un événement le rassérène : le 29 mai, au cours du grand meeting du PS au Zénith, où tous les ténors socialistes sont présents, au terme d'un discours fougueux, il est longuement ovationné par les militants. Il n'est donc pas aussi détesté qu'on le dit ? Mieux, la base du PS lui est reconnaissante du combat qu'il mène depuis des années. N'est-il pas celui qui a évité le naufrage du parti à de nombreuses reprises ? Quand tout tanguait, il était à la barre, prenant tous les coups. François le « *Punching-Ball* » est respecté dans les profondeurs du parti. Cette soirée lui réchauffe le cœur et lui donne la force d'avancer. Il bénéficie alors d'un concours de circonstances qui va lui sauver une nouvelle fois la mise. La plupart des ténors socialistes, décidés dans un premier temps à tenir un congrès extraordinaire pour destituer « Flamby », changent brutalement d'avis. Ils n'ont pas traîné pour voir le danger d'un tel scénario. Le péril s'appelle Ségolène Royal. Dans l'hypothèse d'un congrès à l'automne, surfant sur sa vague de popularité de l'élection présidentielle, elle a de grandes chances de l'emporter. Il faut donc attendre que le soufflé retombe. Dans un an, espèrent-ils, l'effet « Eva Perón » va forcément disparaître. François Hollande voit alors défiler dans son bureau tous les barons, soudain plus conciliants à son égard, en particulier Dominique Strauss-Kahn, qui, quelques semaines plus tôt, pointait un doigt vengeur sur lui. Les présidentiables deviennent tous « hollandais ». Après tout, lui disent-ils, tu n'avais pas tort de ne pas précipiter les choses. Mieux vaut attendre l'automne 2008 pour tenir congrès. Il n'y a pas urgence. Mieux vaut préparer tranquillement les élections municipales de mars 2008. En d'autres termes, nous avons le temps de nous entretuer.

En les écoutant, François Hollande a un sourire narquois. Trois mois plus tôt, il était un pestiféré. Le voilà de nouveau cajolé, adoubé, légitimé. Il l'est encore davantage le 17 juin, au soir du deuxième tour des élections législatives. Dans sa circonscription de

Tulle, il est quasiment plébiscité, avec un score de 68,64 %. Il arrive en tête dans toutes les communes. Le lien qui l'attache à la Corrèze est plus que consolidé. Au niveau national, le PS fait une remontée spectaculaire. De 142 sortants, il passe à 204 députés. Les thèmes de la campagne qu'il a dirigée ont payé. Il avait appelé les électeurs à ne pas donner les pleins pouvoirs à Sarkozy. Il a été entendu. Finalement, le PS n'a pas explosé. Il va pouvoir enfin régler le problème intime qui empoisonne sa vie depuis plus d'un an. Tant de débats ont été parasités par cette crise larvée du couple. L'annonce de la séparation officielle avec « la candidate » n'est plus qu'une question d'heures. Avec Ségolène Royal, ils ont rédigé un communiqué commun qui doit être diffusé le lendemain, le 18 juin, pour ne pas faire interférer cette décision avec les résultats électoraux.

Pas question de se donner en spectacle sur cette question si douloureuse. Mais Ségolène Royal ne tient pas tout à fait parole. Peu avant le premier tour, le 8 juin, elle confie à un journaliste de l'Agence France-Presse en train d'écrire un ouvrage[1] sur sa campagne électorale qu'elle ne veut plus qu'on appelle François Hollande son « compagnon ». Elle ne supporte plus cette hypocrisie. Lui-même, depuis des mois, ne la nomme plus que « la candidate » et jamais sa « compagne ». Elle confesse alors à son in-

1. *Ségolène Royal. Les coulisses d'une défaite*, Christine Courcol et Thierry Masure, L'Archipel, 2007.

terlocuteur que leur histoire est bel et bien terminée. Elle a pourtant tout fait pour le retenir. Mais, après de longs mois d'incertitude, il a choisi de partir. Est-ce la femme blessée qui décide de prendre les devants, de « manger le morceau » avant l'heure, et de confier un autre communiqué au journaliste que celui qu'ils avaient rédigé ensemble ? Il n'a, en tout cas, pas le même ton. « J'ai demandé à François Hollande de quitter le domicile, de vivre son histoire sentimentale de son côté, désormais étalée dans les livres et les journaux, annonce-t-elle, et je lui ai souhaité d'être heureux. » La déclaration de Ségolène Royal est diffusée sur le fil de l'AFP le soir de l'élection, à 22 h 12 exactement. Dans la journée, elle a enregistré une déclaration sur France Inter, qui sera diffusée le lendemain sur les ondes de la radio publique, comportant à peu près la même déclaration. On y retrouve la même brutalité dans le ton, celle d'une patronne donnant son congé à un domestique. « J'ai proposé à François de vivre sa vie de son côté, et il a accepté. » Stupéfait, François Hollande découvre la dépêche. Ségolène Royal n'a pas respecté leur pacte. Ils étaient parvenus à garder le secret, malgré les rumeurs persistantes, la ronde incessante des *paparazzi*, et, dans la dernière ligne droite, elle a craqué. La démarche de la mère de ses enfants était-elle volontaire ? S'est-elle fait piéger par la presse ? A-t-elle instrumentalisé son divorce pour des raisons politiques ? « Il ne faut pas oublier qu'à ce moment elle veut reprendre le parti, se souvient un proche du couple. En congédiant son homme comme un malpropre, elle l'affaiblit aussi en tant que patron du PS. C'était une situation épouvantablement perverse. Et fausse, car il n'habitait plus au domicile familial depuis longtemps. Il était temps qu'on sorte de ce méli-mélo. »

Incroyable moment de tension où la femme quittée fait un dernier geste pour reprendre la main, sortir la tête haute, et tirer un bénéfice politique d'une rupture somme toute ordinaire. L'histoire « d'un homme banal qui trompait sa régulière, écrit Marie-Françoise Colombani dans le magazine *Elle*[1], et qui n'arrivait pas à choisir ». Harcelé par les journalistes, François Hollande, furieux de la tournure des événements, menace et prévient qu'il « ne tolérera aucune atteinte à sa vie privée ni à son droit à l'image ». Il poursuivra en justice tous ceux qui ne respecteront pas son intimité. Sur le fond, il n'a rien à dire. Ni sur la forme de la rupture, d'ailleurs. Il a été floué. La fin ne s'est pas déroulée en douceur, dignement, comme il le souhaitait. « Les ruptures sentimentales sont rarement de longs fleuves tranquilles, poursuit cet ami commun de Ségolène Royal et François Hollande. Pendant des années, ils se sont épatés mutuellement. Ils nous ont épatés aussi, même bluffés. Nous sommes tous un peu nostalgiques des fêtes, chez eux, l'été à Mougins. Il y avait une atmosphère bon enfant, incroyablement chaleureuse, joyeuse. Il y avait beaucoup d'allégresse dans cette maison. Les

1. 25 juin 2007.

plaies à vif ne nous empêcheront pas de garder en mémoire ces moments-là. »

Et le futur ? François Hollande officialise sa relation avec Valérie Trierweiler fin juin. Dès la rentrée de septembre, ils emménagent dans un appartement du XVe arrondissement de Paris, à deux pas des jardins André-Citroën, tout près de la Seine. Une page est tournée. À la différence des divorcés qui ne se voient plus que de temps à autre, pour l'éducation des enfants, Ségolène Royal et François Hollande sont condamnés à une nouvelle cohabitation. Ils ont une autre famille à gérer, autrement plus turbulente que leurs quatre rejetons, Thomas, Clémence, Julien et Flora : le Parti socialiste. Séparés, ils sont condamnés à se côtoyer. Ceux qui croyaient en avoir fini avec eux en sont pour leurs frais. Ils ne vivent plus ensemble et doivent organiser le partage de leurs biens. La seule chose dont ils ne pourront jamais se séparer, ni l'un ni l'autre : leur indestructible ambition.

Chapitre 15

Le massacre de Reims

Combien de fois n'a-t-il pas regretté d'avoir pris la poudre d'escampette ce soir-là ? C'était le moment idéal pour tirer sa révérence. Il pouvait partir la tête haute, le devoir accompli, laissant un Parti socialiste victorieux aux élections municipales et cantonales. Presque en ordre de marche. Ce 16 mars 2008, il avait une belle occasion de faire taire ses détracteurs et de démissionner de son poste de premier secrétaire. La gauche venait de ravir à la droite soixante villes de plus de 20 000 habitants, les deux tiers des grandes agglomérations et une large majorité de conseils généraux (58 au PS contre 44 à l'UMP). Un succès remarquable. Chez lui, à Tulle, il était réélu triomphalement à la mairie, dès le premier tour, avec un score faramineux de 72,25 %. Il s'emparait aussi de la présidence du conseil général de Corrèze, grâce à une petite voix de majorité. Événement historique. François Hollande, après un quart de siècle de domination sans partage de Jacques Chirac sur le département, lui succédait. Comme il l'avait programmé vingt ans plus tôt, son lent et patient grignotage du fief chiraquien avait fini par payer. Pour réussir l'assaut final de l'assemblée départementale, François l'Opiniâtre avait pris le risque de ne pas se présenter à Tulle, acquise d'avance à la gauche, mais à Vigeois, canton détenu par la droite. Grâce à ce petit siège, il était devenu le nouvel homme fort de la patrie d'Henri Queuille et d'Edmond Michelet. La presse nationale avait salué l'événement. Auréolé de ces succès, il n'était plus François le Fossoyeur. Effacée, la réputation de l'homme de toutes les défaites entretenue par ses rivaux.

Dans son entourage, ceux qui le suppliaient de se sortir du bourbier de la direction du PS reviennent à la charge, comme Stéphane Le Foll, le fidèle lieutenant, « le con », ou « le bourrin », comme il se surnomme lui-même, tant il ne lui a jamais manqué, même dans les moments les plus difficiles. « Tu dois partir maintenant, lui conseille-t-il, il te faut prendre du champ pour te régénérer. » Le grognard Le Foll, député européen, est convaincu que, pour exister enfin dans les sondages, « François » doit s'éloigner de la toile d'araignée de la rue de Solférino. Il faut qu'il se « libère » du parti. « Il jouait les papas poules avec tout le monde, raconte Stéphane Le Foll. Il passait son temps à s'occuper des autres, et jamais de lui-même. Au fond, il ne s'intéressait que très peu à lui. Cela rejaillissait sur sa manière de s'habiller. Il considérait ce genre d'activité comme inutile. Résultat : il avait un côté un peu débraillé, avec des vestes trop grandes, des pantalons trop courts, des chemises pas toujours immaculées avec des manches trop longues. »

Comment un homme qui rêve depuis l'adolescence d'occuper la charge suprême de chef de l'État peut-il négliger à ce point sa propre image ? S'aime-t-il donc si peu ? Chez lui, aucun narcissisme apparent, pas d'*ego* surdimensionné. Certains de ses proches murmurent que, en fait, il ne supporte pas son reflet dans un miroir. Son physique ne lui convient pas. Trop petit, 1 m 71. Trop joufflu. Trop poupon. Pour atteindre les sommets, il lui faut grandir un peu, prendre de la maturité. « M. Petites Blagues » doit se densifier. S'il veut enfin se présenter à l'Élysée, il faut qu'il fasse ce travail sur lui-même. Il faut qu'il se débarrasse de cette image de vieil étudiant sympa. Ce côté poupon jovial le dessert. Reviennent alors toujours les mêmes critiques : il n'a pas d'aspérités. Il est trop rond, trop lisse. Certes, ce qu'il montre de lui-même, cette « lune sans angles », déboussole ses adversaires, car ils n'ont pas de prises sur tant de rondeur. Il paraît insaisissable. Par où l'attaquer ? Par la face nord ou par la face sud ? Partout sur la planète Hollande, on ne rencontre que des zones lisses et des abris cotonneux. C'est ce qui est insupportable aux Fabius, Delanoë, Aubry et autres. Son propre fils, Thomas, âgé de vingt-six ans, avocat, utilise une formule d'une grande lucidité pour qualifier son père : « Quand on est dans une pièce avec lui, on a l'impression qu'il y a une dizaine de portes autour de lui. On ne sait jamais par où il va sortir… »

Cette fois, pourtant, il faut bien qu'il choisisse une porte, le somment ses amis. Soit poursuivre ce chemin interminable de gardien d'une maison de fous, rester rue de Solférino, soit prendre enfin une route buissonnière, pour se reconstruire, « renaître à lui-même » selon l'expression d'un proche. François Hollande hésite. Cette échappée en solitaire, il sait qu'il devra s'y engager tôt ou tard. Il a bien vu comment le destin de Lionel Jospin a basculé quand il fut seul, après le congrès de Liévin, abandonné de tous, presque raillé. C'est à partir de ce moment que « le Frisé », délivré de toutes les pressions, a pu se retrouver face à lui-même, et être en situation d'être candidat à la présidence de la République.

En ce printemps 2008, François Hollande s'est-il seulement extirpé de la tutelle ombrageuse de l'ancien Premier ministre socialiste ? Il s'est en tout cas éloigné de lui et ne déjeune que rarement avec son ancien mentor. Publiquement, comme toujours chez Hollande, pas la moindre critique. Mais il a de plus en plus de mal avec les saillies pleines d'aigreur et de ressentiment du héros de « la fuite du 21 avril 2002 », ce *thriller* tragique qui a bien failli entraîner la gauche dans les bas-fonds. Le premier secrétaire du PS ne comprend pas l'amertume de cet homme qui continue d'en vouloir à la terre entière de sa désastreuse défaite. Non seulement il ne parvient pas à en faire le deuil, mais il poursuit de sa vindicte ceux qui étaient à ses côtés. Les perdants aiment rarement les témoins de leur déconvenue. François Hollande, sans jamais le dire publiquement, a été blessé par le livre[1] que Lionel Jospin a publié au lendemain de l'élection présidentielle de 2007. Certes, les flèches de l'ancien patron du PS visent essentiellement Ségolène Royal. François Hollande ne pensait pas que le sage de la rue du Regard aurait participé à la curée postélectorale qui s'est abattue sur la candidate socialiste. Triste période : Lionel Jospin a rejoint la cohorte des auteurs d'ouvrages fielleux anti-Royal, tout en réglant ses comptes avec son dauphin. L'ancien professeur d'IUT lui donne la leçon et explique pourquoi son successeur n'est plus, selon lui, dans la course à l'Élysée : « Il a plus négocié habilement le maintien de sa position, en usant des rapports de force internes et des changements d'alliance, qu'il n'a véritablement imposé son autorité politique, explique-t-il. Surtout, et c'est ce qui suscite le regret le plus sérieux, il ne s'est pas préoccupé de faire réfléchir le PS sur le fond, continûment et collectivement, ce qui nous a manifestement desservis. L'intelligence, la vivacité d'esprit, la souplesse d'adaptation et le sens des jeux tactiques ne peuvent suffire à tout. Et finalement, François Hollande n'a pas été candidat à l'élection présidentielle. Il a neutralisé d'autres concurrents sans se présenter lui-même. Et la façon dont il a laissé se développer la tentative de celle qui était sa compagne a donné à son renoncement une note personnelle ambiguë, tant espace public et sphère privée

1. *L'Impasse*, Flammarion, 2007.

semblaient se mélanger. Le premier dirigeant d'un parti prépondérant dans un régime présidentiel devait, au bout de dix ans, devenir le candidat de son parti – sauf s'il n'était pas devenu vraiment son leader, comme ce fut le cas. »

Pas une fois l'ancien premier secrétaire socialiste ne s'interroge sur son propre rôle dans cette affaire. Pas une fois il n'évoque le fait que c'est sous son autorité que François Hollande a dirigé le PS. Pourquoi n'a-t-il pas soutenu publiquement François Hollande quand l'heure était venue de lui passer le flambeau, en 2006 ? Quand on l'interroge sur le côté mauvais perdant de Jospin, le député-maire de Tulle, comme d'habitude, sourit et botte en touche. Il a horreur d'entrer dans des polémiques inutiles. Pour lui, Jospin n'est définitivement plus dans la compétition. Mais doit-il l'imiter en s'installant sur son Aventin ? Après quelques jours d'hésitation, il choisit de rester à son poste, au cœur de la « maison des fous ». « J'avais dit que je dirigerais le parti jusqu'au congrès, se défend-il. Je ne pouvais pas me dédire. Et puis, je faisais le constat que les socialistes étaient en train de se diviser sur le modèle du congrès de Rennes. L'acte majoritaire qui avait structuré le mouvement durant des années était en voie de dislocation. Je voulais tenter d'éviter une déflagration. » Mission impossible ?

Dans ces moments-là, tous les hommes politiques ont la même sensation : la peur du vide. En s'éloignant de l'appareil, ils perdent leurs marques et aussi souvent leurs troupes. Ils ont une peur panique de disparaître des écrans radar. « C'est le risque que courait François, se souvient Kader Arif, patron de la fédération de la Haute-Garonne. Personne ne pouvait faire de prédiction sur l'efficacité d'une telle posture, celle du repli. Certains ont jugé qu'il valait mieux exister au milieu du champ de bataille. » Pari à haut risque, tant le PS apparaît de plus en plus comme une diligence lancée à fond vers le précipice. Doit-il vraiment jouer les cochers d'un tel attelage ? Est-ce vraiment raisonnable ? En 2008, le congrès de Reims risque d'être un champ de mines, car aucune tête ne se dégage de cette horde vociférante d'ambitieux. Même les « solférinologues » les plus avertis finissent par se perdre dans ce labyrinthe des *ego*. On se bouscule au portillon pour succéder à François Hollande. Il y a trop-plein de prétendants. Bertrand Delanoë, Martine Aubry, Vincent Peillon, Manuel Valls, Benoît Hamon, Pierre Moscovici, Jean-Christophe Cambadélis, avec dans la coulisse, à la manœuvre, Laurent Fabius et Dominique Strauss-Kahn. Ce dernier, parti diriger le Fonds monétaire international à Washington, ne peut intervenir dans les débats socialistes. Il doit placer un de ses fidèles afin de contrôler l'appareil et lui préparer le terrain pour l'élection présidentielle de 2012. Dans ce peloton désordonné et chaotique, il y a une intruse : Ségolène Royal. La championne défaite en 2007 n'a pas l'intention de s'évaporer dans la nature. Pour François Hollande, le jeu devient très compliqué. Comment peser sur ces clans, les convaincre de trouver un compromis, alors que dans quelques mois il ne sera plus en responsabilité ? Son influence sur le parti s'est réduite comme une peau de chagrin. Dans l'esprit de tous, il est en partance. Il a presque un rôle de figurant. Rue de Solférino, ses valises sont prêtes. Il doit s'y faire : il n'est plus en mesure de tenir le rôle qu'il affectionne tant, celui de modérateur, de grand rassembleur.

La seule qui pourrait jouer cette partition serait Ségolène Royal. Avec elle, les relations commencent à s'apaiser. Depuis l'automne 2007, après un déjeuner où ils ont aplani leurs différends, ils décident de se revoir régulièrement en tête à tête pour faire un point politique. C'est déjà mieux que le silence, ou les messages portés par des tiers, comme ils l'ont tant fait ces trois dernières années. « Les relations personnelles de Ségolène et François, ironise Claude Bartolone, député de Seine-Saint-Denis, c'est le triangle des Bermudes. Tout le monde préfère faire un détour de peur de s'y perdre. » Elles sont aujourd'hui, en apparence, plus simples : ils sont rivaux dans la course à l'Élysée. Elle veut s'emparer du parti pour ne pas commettre l'erreur de 2007. Il veut s'en éloigner sans en perdre totalement le contrôle. Leurs stratégies sont donc difficilement conciliables. Mais, au moins, ils se parlent. Ils n'ont pas tout réglé, loin s'en faut. Elle ne lui a pas totalement pardonné. Elle a toujours en travers de la gorge son manque d'entrain pendant la campagne de l'élection présidentielle. Comment pourrait-il lui expliquer cette situation ubuesque : en l'aidant à conquérir l'Élysée, François Hollande se condamnait à disparaître politiquement. En portant Ségolène au pouvoir, il se faisait hara-kiri. Un cas de conscience, jamais exprimé et pourtant évident. Pour apurer les comptes, elle a écrit dans son livre-bilan de campagne, *Ma plus belle histoire, c'est vous*[1], que François Hollande aurait bel et bien joué les boulets pour la « plomber » : « Pendant la campagne, la candidate se disait : demain, c'est le bon jour, il va basculer vers moi, s'y mettre à fond, comprendre que des millions de gens attendent que l'on s'oublie pour penser à eux. Et ce jour n'est jamais venu. »

Cet incroyable contentieux ne peut se dissiper en quelques jours. Ils se sont quittés, mais n'en sont pas quittes pour autant. Il va leur falloir cheminer jusqu'au congrès de Reims avec ces petits ressentiments dans la besace. Dans un premier temps, François Hollande tente de ménager son ex-compagne. Peut-être va-t-elle s'assagir et ne pas revêtir une nouvelle fois le costume de « la victime des méchants éléphants » ? Elle pourrait même jouer le rôle de rassembleuse et désigner un candidat issu de son camp, comme Vincent Peillon, l'élégant député européen, professeur de philosophie, qui n'est pas un pestiféré pour les hiérarques du parti. Le coup est jouable, si elle évite les provocations et range un temps dans ses tiroirs le concept d'alliance arc-en-ciel qui va d'Olivier Besancenot, le facteur de Neuilly, en passant par les Verts, le PC, les radicaux

1. Grasset, 2007.

de gauche, le PS, jusqu'à François Bayrou, le cavalier béarnais. Ce fourre-tout politique est inacceptable pour la base socialiste. Si elle veut s'emparer du parti, elle doit oublier son aléatoire projet. Mais la Madone du Poitou n'est pas la reine des tacticiennes. Elle ne compte pas mettre son fonds de commerce en sourdine. Celui d'une mystique patriotique qui fait appel au peuple, au-delà des clivages politiciens. Après sa fiesta du Zénith, où elle est apparue revêtue d'une tunique mi-hippie mi-new age, elle poursuit son « impossible rêve » d'alliance improbable avec le patron du Modem. François Hollande se retrouve une nouvelle fois dans le rôle du redresseur de torts : « Ce qu'a à faire le PS, ce n'est pas d'attendre Godot, Besancenot ou Bayrou, tempête-t-il. Il ne doit pas être dans une position de quémandeur. Le PS ne fait pas la mendicité. » Le premier secrétaire comprend que Ségolène ne bougera pas d'un millimètre sur les positions qui l'ont portée si haut lors de l'élection présidentielle. Elle veut réussir le pari de conquérir le parti par l'extérieur, sans en accepter les règles internes.

« Si elle devient premier secrétaire, s'inquiète Laurent Baumel, membre de la direction du PS, partisan de DSK, on devra chaque année se colleter des réunions au zénith où il faudra communier avec elle. » Et tous les anti-Ségolène de se lancer dans une vaste opération de dénigrement de cette héritière de Jeanne d'Arc qui « voudrait transformer le PS en secte ». Chaque clan complote contre elle. Les plus organisés, les plus déterminés aussi, sont incontestablement le fabiusien Claude Bartolone, le strauss-kahnien Jean-Christophe Cambadélis et l'impétueux Arnaud Montebourg, ex-lieutenant de Ségolène Royal, qui l'a vite oubliée. Les trois hommes se réunissent régulièrement à la brasserie de la gare de Lyon, Le Train bleu. Leur objectif unique : barrer la route de la rue de Solférino à la présidente de Poitou-Charentes. Chez les jospinistes, on conspire aussi beaucoup. Bertrand Delanoë se verrait bien le nouveau gardien du temple. Ses rapports avec Ségolène sont exécrables. Il réunit souvent ses partisans dans un restaurant à côté de la mairie du XVIIIe, dans le fief de Daniel Vaillant. Ragaillardi par sa réélection à la mairie de Paris, « Bertrand » a de nouvelles ambitions. Il pourrait bien être le grand pacificateur dont François Hollande rêve pour lui succéder.

Ce n'est certes pas exactement le scénario qu'espérait le premier secrétaire du PS. L'idéal pour lui eût été de parachuter un de ses proches à sa place, Michel Sapin, par exemple. D'autres noms sont évoqués, comme celui d'André Vallini, le député de l'Isère, figure respectée dans le parti. Bertrand Delanoë pourrait être un rival pour l'élection présidentielle ? À coup sûr. Mais François Hollande n'a pas vraiment le choix. Il n'est déjà plus au cœur du dispositif. Lui-même, d'ailleurs, est flottant, un peu distant de toutes les « *combinazione* » dans lesquelles il a si longtemps pataugé. Il hésite de longues semaines avant de se prononcer clairement. Après tout, il pourrait ne pas choisir et apparaître comme un arbitre totalement neutre à Reims. N'est-ce pas la posture parfaite ? Juste avant l'université d'été de La Rochelle, fin août, il annonce pourtant sur RTL : « Je dois travailler avec Bertrand Delanoë... » Je dois... J'ai le devoir de... L'expression est révélatrice de l'état d'esprit de celui qui va céder sa place à Reims. Son soutien du bout des lèvres à Bertrand Delanoë relève de la figure imposée, tant l'atmosphère dans le parti devient délétère. François Hollande croit le maire de Paris capable de réitérer ses exploits de rassembleur. « Il avait démontré ses qualités pour animer une équipe, soutient-il. Ses deux victoires à Paris prouvaient aussi qu'il était très solide. D'autre part, il m'avait constamment soutenu durant toutes ces années à la tête du Parti socialiste. » En fait, les deux hommes signent un pacte secret. Si Delanoë s'engage à ne pas dresser un inventaire des années Hollande, celui-ci le soutiendra. Mauvais calcul du premier secrétaire. Bertrand Delanoë se révèle un piètre tacticien.

Il pèche par arrogance, croyant que sa seule filiation jospiniste va jouer en sa faveur. Il oublie de faire le travail ingrat, celui de soutier. François Hollande l'a pratiqué avant chaque congrès, depuis onze ans. Il a fait des courbettes aux grosses fédérations ; au moment du vote des motions par les militants, leurs suffrages s'avèrent décisifs. « Les arrogants ont un gros défaut, dit souvent Hollande à ses partisans. Ils sont lisibles, prévisibles. Or, dans un congrès, il faut toujours garder des cartes dans sa manche. »

Chez François Hollande, on sent bien qu'il n'est pas au mieux de sa forme, presque étranger à cette bataille de Reims. Ce combat n'est plus le sien. Il est absent, ou plutôt en retrait. D'ailleurs, il est presque mis hors jeu par tous ceux qui le croient déjà mort. Il envoie tout de même, quelque temps avant l'ouverture des hostilités, des petits télégraphistes auprès de Bertrand Delanoë. Son message : « Il est vital pour toi de récupérer la puissante fédération de l'Hérault : logiquement, si tu la récupères, les Bouches-du-Rhône suivront ; alors, tu arriveras largement en tête sur le vote des motions[1] et tu pourras construire ton axe majoritaire et rassembler, même Ségolène... » Mais Bertrand Delanoë ne le prend pas au sérieux. Lui-même n'est pas au sommet de sa forme. Malgré un mois de vacances passé dans sa maison de Bizerte, en Tunisie, il paraît presque déprimé, oscillant de phases euphoriques à de grands coups de blues, généralement accompagnés de grosses colères. « Bertrand » inquiète. Ses partisans perçoivent bien ce flottement chez lui. Il n'a rien d'un guerrier prêt à tout pour s'emparer du trône de la rue de Solférino. Est-il victime d'une forme de dépression ou bien est-il saisi par la peur de gagner, angoisse paralysante qui

1. Quelques jours avant le congrès officiel, les militants choisissent leurs délégués qui les représenteront, en votant pour des motions qui leur sont présentées. Le nombre des délégués par courant est proportionnel au pourcentage des votes obtenus par les motions.

étreint parfois les sportifs avant la conclusion du match ?

Les proches de François Hollande le poussent à contacter Robert Navarro, le secrétaire fédéral de l'Hérault, lieutenant de Georges Frêche. Ce dernier ne demande qu'une chose contre son appui : une lettre de Delanoë le désignant comme président de son comité de soutien dans le département. Durant des jours, les amis du député de Corrèze supplient le maire de Paris d'écrire cette missive. S'il veut devancer largement Martine Aubry et Ségolène Royal, il faut agir. On lui rédige en toute hâte un modèle de lettre. Mais l'ancien lieutenant de Jospin tergiverse, ne veut pas tremper les mains dans ce ragoût. Il ne veut pas la moindre trace d'une connivence avec l'équipe du sulfureux Georges Frêche. L'empereur du Languedoc, avec ses positions à l'emporte-pièce sur les harkis et sur les Noirs de l'équipe de France de football, est trop compromettant. On a beau expliquer à Bertrand Delanoë que la fédération de l'Hérault, ce n'est pas Georges Frêche, il ne veut rien entendre. Il n'enverra pas cette lettre. Le maire de Paris va payer cash cet excès de rigidité. Les deux fédérations du Sud, après avoir beaucoup attendu, se tournent finalement vers Ségolène Royal. Les deux autres grosses cylindrées du parti, le Nord et la Seine-Maritime, sont depuis longtemps acquises à Martine Aubry. Ainsi, avant même l'ouverture du congrès, le favori est nu. Il n'a derrière lui aucun poids lourd de l'appareil socialiste.

Ce que pressentait François Hollande, l'alchimiste des conclaves socialistes, se produit. Le 6 novembre, une semaine avant le congrès, les sections votent sur les différentes motions présentées. Bertrand Delanoë sort en seconde position derrière Ségolène Royal. La présidente de Poitou-Charentes n'a pas eu les états d'âme du maire de Paris. Elle lui a soufflé les fédérations du Sud. Sa motion, soutenue par François Rebsamen, Manuel Valls, Vincent Peillon, Jean-Louis Bianco, arrive nettement en tête avec 29 % des voix. Delanoë obtient 25 % et Martine Aubry un peu plus de 24 %. La deuxième surprise de ce vote militant est le score très élevé de Benoît Hamon qui dépasse les 19 %. Le dirigeant de l'aile gauche du PS bénéficie plus que les autres des effets de la crise qui frappe l'économie mondiale. Ses positions radicalement antimondialistes ont séduit une frange importante des militants. Par contre, Bertrand Delanoë, lui, subit de plein fouet la grogne de la base qui n'a pas apprécié le fait qu'il se déclare « libéral » dans son livre *De l'audace !*[1], publié avant le congrès. Le maire de Paris commet curieusement la même erreur que Lionel Jospin qui, en 2002, avait déclaré, avant le premier tour de l'élection présidentielle, que son programme « n'était pas socialiste ».

François Hollande n'avait pas prévu ces erreurs tactiques de Bertrand Delanoë, désormais fragilisé. Le 14 novembre, quand il débarque au Parc des expositions de Reims, il pressent que la « ville aux mille sourires » pourrait bien se transformer en cité

1. Entretiens avec Laurent Joffrin, Robert Laffont, 2008.

de tous les cauchemars. Ce soixante-quinzième congrès du PS, avec ses centaines de délégués venus des quatre coins de l'Hexagone, sent la poudre. « François le petit horloger », expert en mécanique des courants et sous-courants, lance à tous les congressistes un appel solennel au calme. Il prêche dans le désert. Le parti est coupé en deux. Il y a les partisans de Ségolène Royal et les autres. Le choc frontal est inévitable. Il risque de faire des dégâts. Mieux vaut ne pas se retrouver au milieu de cette pétaudière. Il faut s'éloigner au plus vite du point de déflagration. Hollande, sur la pointe des pieds, prend du champ et laisse les protagonistes s'entre-dévorer. Après deux jours de négociations dans la coulisse, les congressistes n'ont rien conclu. Le PS n'a pas d'équipe majoritaire. Bertrand Delanoë ne s'est pas imposé. Martine Aubry non plus. François Hollande n'a pas sorti de baguette magique comme il en avait l'habitude lors des précédents congrès. Sans lui, les socialistes n'ont pas été capables de s'entendre. Pour ne pas porter la marque d'infamie du « massacre de Reims », contrairement à la tradition, il décide de ne pas prononcer de discours de clôture. Il est exténué, écœuré par ce qu'il vient de vivre pendant deux jours. Il parle d'« imposture », en visant à demi-mot Martine Aubry et Laurent Fabius qui ont fait voler en éclats l'ancienne majorité jospiniste en ne soutenant pas Bertrand Delanoë. Rarement on a vu Hollande aussi remonté. « J'ai honte pour le PS, tonne-t-il. Non, je ne suis pas fier. Et je sais de quoi je parle, j'en ai souffert, de ceux qui manipulent. » Il est aussi furieux contre lui-même. Son champion n'a pas fait le poids, il a quitté le congrès comme un voleur. Comble de l'ingratitude, Delanoë semble lui faire porter le chapeau de sa piètre performance. François Hollande est soudain saisi d'une forme de lassitude. La vie politique fourmille de grandes et de petites trahisons, de défaites que l'on attribue aux autres. Toutes ces petites faiblesses humaines, il les connaît par cœur. Combien de fois n'a-t-il pas été le bouc émissaire des erreurs de camarades peu enclins à faire leur mea-culpa ? Au terme de ce congrès aux allures de champ de ruines, il craque. Il en a soupé de ces humeurs assassines, des mesquineries hypocrites, des tricheries de petit joueur.

Il lui faut patienter encore jusqu'au 20 novembre, jour de l'élection de son successeur par les militants eux-mêmes. Tout va se jouer désormais entre Martine Aubry et Ségolène Royal. Le spectacle que donnent les socialistes au pays, ce jour-là, est calamiteux. Au cours d'une nuit fertile en rebondissements et en férocité, le maire de Lille l'emporte contre la présidente de Poitou-Charentes de 42 voix, sur 136 000 votants. Dans les deux camps, on hurle à la fraude. Chez Ségolène Royal, on pointe du doigt des votes louches dans les fédérations du Nord et de Seine-Maritime. Chez Martine Aubry, on révèle des bizarreries dans l'Hérault et dans les Bouches-du-Rhône. Les partisans de l'ancien ministre de l'Environnement hurlent « au voleur » et en appellent à la justice. Ils sont prêts à régler le contentieux devant les tribunaux. François Hollande, atterré, joue encore une fois les casques bleus. Il faut à tout prix éviter d'en arriver à de telles extrémités. « La pire des catastrophes aurait été de faire élire notre premier secrétaire par des magistrats, se souvient Stéphane Le Foll. Cela signifiait la fin du Parti socialiste. » Une forme de suicide collectif d'une secte en perdition. On imagine les juges mettant leur nez dans les tripatouillages du parti, repérant fausses cartes de membre, électeurs fantômes, personnel municipal artificiellement encarté et autres turpitudes.

Comment éviter une telle extrémité ? François Hollande, toujours premier secrétaire, met une dernière fois la main à la pâte. Malgré les pressions de Ségolène Royal qui le somme d'annuler le vote et de refaire l'élection, il convoque une commission de récolement, genre de comité des sages chargé de vérifier la validité du vote, présidée par Daniel Vaillant. Au bout de plusieurs jours de contrôle tous azimuts, l'élection est validée, la commission estimant, dans son rapport, que les cas litigieux se retrouvent à parts égales dans les deux camps. En politique, on appelle ce genre de compromis « l'équilibre des casseroles »…

Le pire, la disparition du PS dans un maelström judiciaire, a été évité. Dernier acte de ce piteux vaudeville : le conseil national avalise le rapport de la commission par 76 voix « contre » et 159 « pour », dont celle de François Hollande. Jusqu'au bout, le député de Corrèze a respecté sa ligne de conduite : tenter de sauver un axe majoritaire fantôme, tout en sachant que l'entreprise était vaine, pour ne pas dire impossible. Ce congrès de Reims, il aurait tant aimé ne pas y assister. Il s'est mordu les doigts de ne pas avoir écouté Stéphane Le Foll quand il lui conseillait de « foutre le camp » avant l'incendie, au printemps dernier. Il aurait été blanc comme neige, à distance de ce volcan aux fumées toxiques. Hélas, il était bien là, au cœur de ce cyclone fratricide. Il ne peut que constater les dégâts. Il laisse un Parti socialiste ravagé par les divisions, en état de choc, alors que ses dirigeants devraient mettre toutes leurs forces dans la lutte contre la politique de Nicolas Sarkozy. Ce dernier, rattrapé par la crise financière, obligé de revenir vers l'État régulateur et de revoir toute sa copie sur son train de réformes tous azimuts, n'est plus invulnérable. Sa cote de popularité est en berne et le PS n'en tire aucun avantage.

Un Parti socialiste qui a un nouveau chef, Martine Aubry, pas très fair-play pour le moins. Dès son installation rue de Solférino, le maire de Lille ne tarde pas à brocarder François Hollande. Alors que son élection est entachée de toutes les suspicions, au lieu de pratiquer l'apaisement et de respecter les onze années de travail de son prédécesseur, elle flingue à tout-va. Elle peste contre l'époque des rois fainéants, l'immobilisme de la direction, la gestion calamiteuse des fédérations. Elle va jusqu'à tempêter contre le mauvais état des toilettes au siège du parti. Une descente en flammes peu élégante. Elle oublie qu'elle a été elle-même un membre éminent de cette direction durant toutes ces années, et très peu présente dans les instances de décision. Stupéfié par la violence de l'attaque, qu'il juge indigne d'un grand dirigeant, l'ancien premier secrétaire préfère ne pas répliquer. Il a d'autres soucis, autrement plus sérieux. Sa mère, Nicole Hollande, est à l'agonie. Atteinte d'un cancer des intestins, elle est hospitalisée à Cannes. Nicole, au cours de ces dernières années, a été son meilleur soutien. Dans les pires moments, quand la famille tanguait dans tous les sens, quand il perdait pied, elle était toujours là, confiante, chaleureuse, lui apportant réconfort et tendresse. Cette mère aimante et adorée de ses petits-enfants, à quatre-vingt-trois ans, se bat contre la maladie. François Hollande se rend à son chevet autant qu'il peut. L'ancienne assistante sociale de Rouen, passionnée de politique, a toujours cru en lui, persuadée que ce gamin enjoué et rieur avait un destin national. Elle le lui a dit tant de fois. Cette conseillère si spéciale, à chaque défaite, lui remontait le moral. En 2005, quand vie privée et vie politique prenaient l'eau, quand le sol s'effondrait sous ses pieds, pour le soutenir à sa manière, elle l'a bluffé en adhérant au Parti socialiste, à la section de Cannes, où elle réside. L'octogénaire a même proposé ses services pour les élections municipales de 2008, en acceptant d'être candidate sur la liste PS, en dernière position. Sur son lit d'hôpital, que lui a-t-elle confié ? Qu'il serait grand temps qu'il s'occupe enfin de ses propres affaires, en particulier de son destin présidentiel ?

Chapitre 16

L'ÉCHAPPÉE BELLE

Dans la petite église de Saint-Ouen, commune ouvrière de la banlieue nord de Paris, ils sont près d'une cinquantaine à assister à l'oraison funèbre. Nicole Hollande a demandé à ses fils de la faire incinérer à Cannes où elle est décédée, puis de rapatrier ses cendres au cimetière de Saint-Ouen, où ses parents sont inhumés. Dans ses dernières volontés, elle a voulu une messe en petit comité. Il n'y a donc que les très proches amis de François Hollande, et la famille. À ses côtés, son frère aîné, Philippe, l'artiste à fleur de peau, musicien et peintre, son père, Georges, hiératique et silencieux. Sont venus aussi les neveux et nièces de Nicole. Son départ dans l'autre monde en bouleverse plus d'un dans la famille, tant elle paraissait indestructible. Elle était le pilier de la tribu Hollande. Sans elle, ni François ni Ségolène n'auraient pu mener à bien leur carrière politique. Elle a été la roue de secours permanente de l'éducation des enfants, avec la nounou, Aurèle, une Martiniquaise originaire de Grand'Rivière qui a débarqué en métropole à dix-sept ans, sachant tout juste lire et écrire, et qui n'a plus jamais quitté les Hollande. Aurèle travaille toujours aujourd'hui pour Ségolène Royal.

Au début des années 1980, Nicole Hollande allait chercher ses petits-enfants à la crèche de l'Élysée, puis s'était installée en face de leur école maternelle, à Neuilly, pour pouvoir les récupérer plus facilement et faciliter la tâche du jeune couple. Le week-end, tous partaient avec elle dans la maison de Pacy-sur-Eure pendant que papa et maman couraient les marchés dans leurs lointaines circonscriptions. « C'était une grand-mère modèle, souligne Thomas Hollande. Une grand-mère telle qu'on la rêve. Nous avons eu beaucoup de chance de l'avoir. »

En ce début janvier 2009, l'air est glacial et l'ambiance douloureuse dans la nef de l'église de Saint-Ouen. François Hollande, accompagné de Valérie, sa compagne, est tendu. Depuis environ une demi-heure, il attend l'arrivée de ses enfants. Ils sont en retard. Il n'a qu'une crainte : leur défection de dernière minute. Ce serait un coup terrible pour lui. La présence de la journaliste de *Paris Match* à ses côtés lors de la cérémonie posait, pour eux, un problème. Pendant plusieurs mois, ils ont eu du mal à accepter la nouvelle vie de leur père. Ils se sont un peu éloignés. Mais là, leur absence mortifierait François. « Nicole Hollande a énormément compté pour les enfants, dit Ségolène Royal. Je voulais assister à son enterrement, mais les circonstances étaient compliquées. François n'a pas voulu que je vienne. » Est-ce pour cette raison, l'absence de leur mère, que les enfants Hollande ont hésité ? Jusqu'à la dernière minute, on ne sait s'ils vont venir. Et puis, au bout d'une interminable attente, leur père les aperçoit à l'entrée de l'église. Il est soulagé. Leur absence, dans un moment si douloureux, l'aurait anéanti.

Affecté par la mort de sa mère, « François » traverse une période sombre. Son départ de la rue de Solférino le déstabilise plus qu'il ne veut bien le dire. Il n'a plus ni chauffeur, ni réunions, ni interviews à donner. Le téléphone ne sonne plus. Les télévisions le réclament moins. Ses nouveaux « amis » de la rue de Solférino ont tôt fait de l'enterrer. Il est mis en quarantaine. Au banc des accusés. Il voulait se retrouver face à lui-même, il ne pouvait pas rêver mieux. Il est au fond du trou et au bord de la déprime. Le phénomène touche tous les hommes de pouvoir aux agendas surchargés. Du jour au lendemain, ils sont plongés dans l'oisiveté. Il n'est pas simple de faire face à la vacuité quand on vit depuis si longtemps en surchauffe permanente. François, l'éternel boute-en-train, broie du noir. Le décès de sa mère est un ouragan infiniment plus dévastateur que les affres du congrès de Reims. Est-ce dans cette église de Saint-Ouen qu'il a pris sa décision de partir au combat pour l'élection présidentielle de 2012 ? Pour cette mère qui croyait à ce point en son destin présidentiel qu'elle lui a consacré le plus clair de son temps jusqu'à son dernier souffle ? Tous ses proches remarquent que le changement de François Hollande correspond à ce moment. Quelque chose s'est modifié en lui. Il y a dans son regard un mélange de douleur et de gravité. La fin définitive de l'enfance ? « Il était tellement proche de sa mère, tellement aimé, tellement choyé, raconte l'un de ses plus proches amis, que sa mort l'a laissé seul face à lui-même. On peut penser que c'est de la psychanalyse de comptoir, mais, oui, on peut dire qu'il avait alors le devoir d'accomplir le rêve qu'elle avait pour lui, qu'il devienne président de la République. » Après l'enterrement de Nicole Hollande, son fils entame une nouvelle vie. Hollande saison 2. Premier objectif : prendre de l'épaisseur. En maigrissant.

Depuis des mois, le dernier carré de fidèles le suppliait de s'occuper enfin de son look. Cette fois, il est déterminé à agir. Il ne peut plus se cacher derrière son emploi du temps de premier secrétaire. Stéphane Le Foll le prend entre quatre yeux et le prévient : « Si tu veux y aller il faut que tu fasses un effort sur toi-même, tempête-t-il. Il faut que tu te respectes ! » Il faut que le Grand Méchant Mou, celui qu'en petit comité Martine Aubry traite de « couille molle », se durcisse. Il a du pain sur la planche. André Vallini l'implore de cesser de jouer la complicité avec les journalistes et de ne plus faire de bons mots à tout bout de champ. Pour l'opération « relooking », Faouzi Lamdaoui, un de ses hommes de confiance, est mis à contribution. Ce natif de Constantine, en Algérie, ingénieur logisticien de formation, secrétaire national du PS et maire adjoint d'Argenteuil, fait partie du premier cercle, avec Michel

Sapin, Bruno Le Roux et l'incontournable Stéphane Le Foll. En quelques jours, il déniche la perle rare : un tailleur d'origine turque prénommé Mustapha, installé à Ménilmontant. Le couturier venu d'Anatolie découvre avec effarement les costumes de l'ancien patron du PS. Il prend ses mesures et lui façonne deux modèles faits main, enfin à sa taille. Depuis, François Hollande, chaque fois qu'il achète un costume, le fait retoucher par son tailleur turc qui a abandonné les hauteurs du vieux Paris pour le XVIIe arrondissement. Le député de Corrèze n'oublie pas que son propre grand-père, Robert Tribert, le père de Nicole, fut lui-même employé chez un tailleur. Pour mincir, il ne suit les conseils d'aucun nutritionniste. Ni Dukan ni Fricker, comme la rumeur l'a colporté. Il supprime le pain, le fromage, l'alcool et ne se goinfre plus de fondants au chocolat. Un régime de base : celui du bon sens et de la sobriété.

« François » entame vraiment sa « métamorphose ». Mais, comme il le dit lui-même : « À mon âge, on ne change plus, on s'améliore. » Faouzi Lamdaoui a aussi pour mission de lui dégotter de nouvelles lunettes. Les anciennes lui donnent ce regard de merlan frit ou de hibou ahuri qui lui ôte toute crédibilité pour jouer les premiers rôles. L'ami Faouzi choisit un opticien visagiste du quartier de l'Odéon. François Hollande, un temps, envisage de porter des verres de contact, puis y renonce. Il opte pour des montures plus branchées. Peu à peu, à son rythme, il entre dans le costume d'un candidat à la présidence de la République.

Pendant qu'il opère cette mue en douceur, il observe les tempêtes qui secouent encore le Parti socialiste. Martine Aubry, si peu légitime, monte une opération de vente à la découpe de tous les courants pour pouvoir asseoir son autorité sur l'appareil. Elle fait du débauchage individuel en promettant beaucoup à ses nouveaux affidés. Sa cible préférée reste François Hollande qu'elle poursuit d'une haine incompréhensible. Est-ce parce qu'elle sent son fantôme hanter les murs de la rue de Solférino ? Elle prétend que « François » a tenté de la faire disparaître politiquement, en 2007, en lui refusant une circonscription à Lille. « Totalement faux, prétend l'accusé, cette décision revient à Pierre Mauroy. » L'ancien maire de Lille, qui avait pourtant donné les clés de la ville à la fille de son ami Jacques Delors, n'a pas beaucoup de sympathie pour cette femme qu'il juge cassante et autoritaire. En outre, elle semble n'avoir aucun plaisir à gérer le parti et passe le plus clair de son temps dans son fief du Nord. On lui reproche de jouer en solo avec son quarteron de fidèles dirigé par François Lamy. À l'approche des élections européennes, prévues le 7 juin, cette posture se révèle suicidaire. Les sondages donnent aux socialistes un score de 16 %. Si la nouvelle patronne socialiste persiste dans cette stratégie du bunker, elle va droit dans le mur. Elle a en mémoire que Michel Rocard fut éjecté sans égards de son poste de premier secrétaire après sa défaite aux européennes de 1994. Elle est à son tour dans un champ de mines. Toutes les études qui lui reviennent lui rappellent que l'électorat de gauche n'a pas oublié le congrès de Reims. Cet épisode tragique de l'histoire du PS a laissé de profondes cicatrices dans l'opinion. Les mêmes mots chez les sondés, « machine à perdre », « maison de fous », « bataille des *ego* ». À quelques semaines de l'échéance, la locataire de la rue de Solférino joue sa peau si elle ne trouve pas un coup d'éclat pour redorer son blason. Elle doit provoquer un électrochoc dans le peuple de gauche et inverser la tendance. Faire la paix avec Ségolène ? Elle tente en catastrophe un barnum médiatique censé montrer la grande réconciliation entre les deux sœurs ennemies de Reims.

Martine propose alors à son ennemie jurée de tenir un meeting commun, le 27 mai, à Rezé, dans la banlieue de Nantes. Ségolène, écartée de toutes les responsabilités à la direction du parti, ostracisée à tel point que Martine Aubry lui a supprimé ses abonnements à la presse, monnaye cher sa participation à cette « messe de la paix ». La première secrétaire en perdition est prête à tous les compromis pour avoir la « star » à ses côtés, pour la photo. Que réclame la présidente de Poitou-Charentes ? Le poste de vice-présidente de l'Internationale socialiste auprès de la direction, qui lui permet de voyager aux frais du parti. Ségolène Royal demande une confirmation écrite à sa « nouvelle amie ». La confiance règne. Poussée dans ses derniers retranchements, Martine Aubry ne peut rien lui refuser. Demande accordée. Enfin, presque, car les protagonistes découvrent que le poste est occupé par… François Hollande ! Situation totalement loufoque : il faut que l'ex-compagnon de Ségolène fasse un geste pour rendre service à Martine qui le cloue chaque jour au pilori. Surprise : ce dernier cède la place sans la moindre réserve. Le signe qu'il n'est plus dans les petits calculs d'appareil. Il connaît les difficultés financières de son ancienne compagne. Son association Désirs d'avenir a de plus en plus de mal à survivre. Il fait un geste aussi pour apaiser ses rapports avec la mère de ses enfants. À Rezé, Martine Aubry, impressionnée par la popularité intacte de son ancienne rivale, fait assaut d'amabilités auprès de cette femme brillante et combative. À ses proches, elle glisse à son propos : « Heureusement qu'il y a des gonzesses intelligentes au milieu de tous ces connards ! » Depuis Tulle, François Hollande observe le jeu des deux nouvelles « copines ». Il sait à quel point Ségolène Royal exècre sa rivale de la rue de Solférino. Il ne croit pas une seconde au jeu de la grande réconciliation. Les électeurs non plus. Le 7 juin, le Parti socialiste obtient un score calamiteux de 16,48 %, pratiquement à égalité avec les Verts, qui sont à 16,28 %. Le mariage des « sœurs siamoises » de Rezé n'a trompé personne. En 2004, François Hollande avait obtenu 28,9 % des votes, un succès historique pour les socialistes. Encore une fois, au lieu de chercher les raisons de leur échec dans leur propre stratégie, les proches de Martine Aubry s'en prennent à François Hollande qui a « torpillé les élections ». Accusation absurde tant l'ancien premier secrétaire n'a plus le moindre pouvoir au sein de la direction du parti.

Mais c'est la hantise des aubryistes : un coup d'État mené par les amis de François Hollande pour reprendre le contrôle de l'appareil. Ont-ils tout à fait tort ? Statutairement, Martine Aubry est indéboulonnable, puisqu'elle a été élue au « suffrage universel » ; le conseil national ne peut la déloger. Mais ses ennemis peuvent l'affaiblir au point qu'elle soit obligée de partir. De fait, François Hollande, durant les heures qui ont suivi la gifle des européennes, ne reste pas inactif. Il revoit beaucoup François Rebsamen. Malgré le ralliement du maire de Dijon à Ségolène Royal en 2007, le député de Corrèze lui garde une grande estime. Il lui reconnaît des qualités d'habile manœuvrier et de grand connaisseur de la machinerie socialiste. Les deux hommes sont plutôt favorables à une option « départ anticipé » du maire de Lille. Pour réussir le putsch, il faut l'appui sans réserve de Ségolène Royal. Le mardi suivant le collapsus européen, au conseil national, à la surprise générale, elle sort le drapeau blanc. Un nouveau contre-pied de la Madone du Poitou. « Elle aurait pu prendre sa revanche à ce moment, explique François Hollande. Elle pouvait alors remettre en question la légitimité de la direction. » Dit autrement, elle aurait pu renverser Martine Aubry. Plusieurs de ses lieutenants ou de ses anciens partisans étaient prêts à en découdre. « C'était le moment rêvé de congédier des gens élus sur un vote truqué », regrette Vincent Peillon.

François Hollande comprend très vite le jeu de Ségolène Royal. Même si elle refuse de l'admettre, elle fait à son tour partie du groupe des éléphants du parti. Comme eux, elle a un sens inné de ses propres intérêts. Quoi de mieux qu'une première secrétaire fragilisée pour ne pas lui faire trop d'ombre ? Martine Aubry sur un fil, c'est une rivale à moitié éliminée. François Hollande devrait le savoir. Il a lui-même résisté à toutes les tempêtes et a pu durer grâce à cette posture de premier secrétaire à la légitimité contestée. La politique est un vaste nuancier. « C'est vrai, reconnaît Claude Bartolone. Ségolène a mis Martine en situation de respiration artificielle. »

Pendant que les nouvelles « sœurs siamoises » du PS tentent de sceller un pacte improbable qui surprend surtout les proches de l'ancienne candidate à l'élection présidentielle, François Hollande organise ses réseaux pour l'avenir. Il fonde l'association « Répondre à gauche », dont l'objectif est de recruter des partisans dans chaque département. Elle est présidée par Stéphane Le Foll, chargé de constituer cette armée de supporteurs dont François Hollande aura besoin le jour J. Le 27 juin 2009, il organise à Lorient une réunion pour tester son influence. Elle est encore microscopique. Un peu moins de cinq cents participants viennent écouter François le mort vivant. Il est encore dans les abysses des sondages. On l'oublie même de temps en temps dans les baromètres de popularité. Mais il a une poignée de fidèles, des indestructibles ; ceux qui, contre vents et marées, suivent non pas son panache blanc, mais ses nouveaux costumes gris anthracite et ses cravates bleu pétrole. À Paris, on le remarque à peine. Ses gesticulations dans le désert n'inquiètent personne.

On suit davantage le retour de DSK dans le paysage. Quelques jours avant le presque anonyme conclave de Lorient, l'ancien ministre des Finances de Jospin a organisé, le 22 juin, une fête somptueuse au pavillon Napoléon III, dans le parc des Buttes-Chaumont, pour son soixantième anniversaire. Il a invité le Tout-Paris. La différence est saisissante entre ces deux événements, l'un dans le port de Lorient, avec les militants socialistes ; l'autre dans la capitale, avec les hautes personnalités des médias et du monde des affaires. Dominique Strauss-Kahn, en fait, est né le 25 avril. Cette fiesta n'est qu'un prétexte pour signaler aux décideurs qu'il est toujours dans le jeu et que son éloignement au FMI n'est que provisoire. Après le fiasco de Martine Aubry aux élections européennes, il a choisi la fenêtre de tir idéale. Il n'a pas invité François Hollande à cette soirée branchée où le gratin parisien a pu mesurer l'influence de l'exilé de Washington. Leurs relations n'ont pourtant jamais été mauvaises. Oublier d'envoyer un carton d'invitation à celui qui a dirigé le PS durant onze ans relève au moins de la distraction. Entre les deux hommes, il y a toujours eu une forme de méfiance. Ils n'ont sans doute pas le même rapport à l'argent. Il y a surtout une incompréhension mutuelle. Pour DSK, François Hollande ne sera jamais qu'un petit commissionnaire sans envergure, condamné à « tâter le cul des vaches » en Corrèze. Pour Hollande, le directeur du FMI n'est pas un homme politique mais un universitaire égaré au Parti socialiste, un homme trop désinvolte et trop dilettante pour affronter des épreuves électorales telles qu'une élection présidentielle. Entre eux, il n'y a ni haine ni jalousie, seulement de l'indifférence. La véritable raison de l'absence de l'ancien premier dirigeant socialiste au raout mondain de DSK ? Il ne compte plus, tout simplement. Il ne sert plus à rien.

Durant cette phase de « bannissement », le député-maire de Tulle en profite pour avancer ses pions en silence. Il organise autour de lui ce qui ressemble de plus en plus à un courant. Sans bruit. Sans tapage. Il joue les fourmis. Il se fait aussi l'entomologiste du parti. Rien ne lui échappe de tous les petits événements qui égayent la vie de la machine socialiste. La pétaudière est à son sommet. Le courant de Ségolène Royal est en voie de disparition. Les jeunes quadras quittent le navire les uns après les autres. Arnaud Montebourg, Manuel Valls, Vincent Peillon reprennent leur liberté, écœurés par les méthodes peu démocratiques de celle qui s'était faite le chantre des débats participatifs. Le côté bonapartiste et autoritaire de « Ségolène » les fait tous fuir. Même Dominique Besnehard, l'agent des stars, et Pierre Bergé, l'ancien P-DG de Saint Laurent, ont fini par se lasser des caprices et des sautes d'humeur de cette femme qui n'en finit pas de clamer qu'elle pèse 17 millions de voix. La plupart murmurent qu'elle vire à la paranoïa. Elle n'a pas tout à fait tort. Sa nouvelle amie, Martine Aubry, l'a déjà oubliée au bout de quelques mois. À l'université d'été de La Rochelle, la première secrétaire lui a piqué son fonds de commerce. Devant des militants enthousiastes, la maire de Lille a entamé le chant de la rénovation. Oui, dit Martine Aubry, il faut dépoussiérer la vieille maison. « De A à Z. De C comme cumul des mandats jusqu'à P comme primaires. » Le non-cumul des mandats ? Ségolène se l'est appliqué à elle-même, pour donner l'exemple. Elle a laissé son siège de député à Delphine Batho, pour ne se consacrer qu'à la présidence de sa région. La tenue de primaires pour désigner le candidat socialiste à l'élection présidentielle ? Elle n'a cessé de la réclamer.

Martine Aubry, à La Rochelle, a organisé sous ses yeux un fric-frac politique. Elle a repris la main. La trêve entre les deux femmes n'aura duré qu'un été. François Hollande est ravi de cette fin d'armistice. Mais il reste discret et poursuit son lent travail de reconquête. Martine Aubry reprend des couleurs ? Cela ne le dérange pas outre mesure. Il sait que, dans la coulisse, la dame ne va pas très bien. Elle a les nerfs à vif. Ses lieutenants passent leur temps à l'empêcher de démissionner. Jean-Christophe Cambadélis et Claude Bartolone jouent les infirmières presque chaque semaine. Le maire de Lille n'aime pas le job de premier secrétaire. Trop de pression, trop de petits complots à anticiper en permanence. Elle a les pires difficultés à accepter la liberté d'expression des jeunes coqs socialistes, les Valls, Peillon, Hamon, Montebourg, Moscovici. Ils sont trop bavards, trop impétueux. Ils ne demandent même pas l'autorisation à « Martine » avant de s'exprimer dans les médias.

Elle les sermonne, leur passe régulièrement des savons par téléphone. Elle a un petit côté adjudant qui irrite de plus en plus. À la moindre escarmouche, elle menace de rendre son tablier. Classique : elle finit par être contaminée par le mauvais karma de la rue de Solférino. Son propre lieutenant, son homme de confiance, François Lamy, député de l'Essonne, la surveille comme le lait sur le feu. À plusieurs reprises, il la retient *in extremis* de tout envoyer balader. Elle répète à qui veut l'entendre qu'elle n'est heureuse qu'à l'ombre de son beffroi lillois, avec ses administrés, loin de l'atmosphère de putsch permanent de la rue de Solférino. On la comprend. Quand elle apprend la sortie d'un ouvrage signé par deux journalistes politiques d'Europe 1, Antonin André et Karim Rissouli[1], racontant dans le détail les fraudes et tricheries en tout genre du congrès de Reims, elle est au bord de l'explosion. Le livre est d'une rare précision. Il révèle surtout les magouilles commises, à son profit, par certains de ses collaborateurs lillois. Ségolène Royal saute sur l'occasion et sort la matraque. Elle cogne, vengeresse. Sur France Inter, le 11 septembre, elle brandit l'arme fatale : « Le PS n'est pas une zone de non-droit. Frauder un vote [...] est un délit pénal. » Le spectre du PS devant les tribunaux ressurgit. Ségolène Royal l'imprécatrice harcèle sa rivale sur les ondes. « Martine » est dans la nasse. Ségolène Royal la tient. Elle va enfin lui faire payer la grande

1. *Hold-uPS, arnaques et trahisons*, Éditions du Moment, 2009.

arnaque de Reims. Elle a commis l'erreur de ne pas la débarquer après les élections européennes ? Cette fois, pas de quartier. Surprise par cette volte-face, Aubry est folle de rage. Elle veut démissionner, une énième fois. Elle a même fait préparer un texte pour son départ. Elle imagine un complot ourdi par Hollande, encore lui. Le Machiavel de Tulle serait la source, la « gorge profonde » de cette tentative d'assassinat politique. Il est trop silencieux, trop discret pour ne pas préparer quelque mauvais coup dans l'ombre. « C'était complètement idiot, soutient un député proche de Hollande. Nous étions au contraire épouvantés par le cataclysme que pouvait provoquer cette enquête journalistique. François pensait que Ségolène allait trop loin et qu'il fallait éteindre l'incendie au plus vite. Ce n'était pas seulement Martine qui était en danger dans cette affaire, mais tout le PS. François avait tourné la page du congrès de Reims et n'avait aucune envie qu'on revienne en arrière. Il était résolument tourné vers le futur. » L'ancien premier secrétaire est même plutôt effaré par les proportions que prend la sortie du livre d'André et Rissouli. Il n'a jamais eu l'âme d'un Néron et apporte au contraire son soutien public à Martine Aubry. Elle veut rénover le PS ? En apparence, il est derrière elle. Même si en privé il se réjouit de l'image de tricheuse qui risque de coller à la peau de la première secrétaire, il accepte de s'impliquer à fond dans la préparation du référendum interne sur la rénovation du parti, prévu le 1er octobre. Avec un mot d'ordre de base : ne pas jouer les incendiaires.

La plupart des dirigeants du PS tiennent ce langage. Même les quadras veulent calmer le jeu. Personne ne souhaite suivre la Madone du Poitou sur le terrain glissant de l'action judiciaire. Pas même son ami le plus proche, Jean-Pierre Mignard, l'avocat habile et fidèle, qu'elle a débarqué brusquement de la présidence de Désirs d'avenir et qui commence à avoir des états d'âme. Ségolène se retrouve isolée, empêtrée dans une affaire personnelle qui perturbe singulièrement son clan. Son nouveau compagnon, André Hadjez, que la presse *people* vient de faire connaître au grand public en publiant des photos du couple en week-end à Marbella, a commis l'erreur de mettre le nez dans les activités politiques de son amie. Au travers d'une société, Andecom, cet homme d'affaires controversé a créé le nouveau site Internet de Désirs d'avenir et réclame une rémunération de plus de 40 000 euros. Pierre Bergé, le généreux mécène de Ségolène, méfiant, refuse de payer. Après enquête, il découvre qu'Andecom est plutôt une agence de communication chargée de vendre l'image de personnalités, mais n'a aucune compétence dans le domaine du Web. La somme engagée est dérisoire ? Sans doute. Mais elle ternit pour la première fois l'image de « Madame Propre » qui colle à Ségolène Royal. La grande prêtresse des messes participatives perd la main. Sa tentative de putsch a échoué.

Ses alliés se sont égaillés dans la nature. Pierre Bergé et son carnet de chèques se font de plus en plus rares. Même son plus fidèle lieutenant, Vincent

Peillon, à qui elle avait promis monts et merveilles, et surtout le poste de premier secrétaire du parti, a fini par prendre ses jambes à son cou. Après avoir tenté de lui chaparder son courant, Espoir à gauche, le député européen claque la porte. Et règle ses comptes. Au bazooka. Il dresse le réquisitoire le plus cinglant qu'elle ait jamais subi. Il brocarde, sur France Inter, la dérive « sectaire » et populiste de l'ancienne candidate à l'élection présidentielle et la juge totalement « disqualifiée » pour un nouveau tour de piste. « C'est tout le problème avec le ségolénisme en France, accuse-t-il. Le vrai débat public, avec les vrais acteurs sociaux qui représentent 20 millions de personnes, est effacé par ce qui est de l'ordre de la “pipolisation”. Ça fait le lit d'une société qui se fascise progressivement. » En gros, pour Peillon, la reine du chabichou est devenue une héroïne de télé-réalité et a perdu ses repères. Or, selon lui, quand une personnalité politique entre dans une phase de confusion des signes, elle peut glisser vers une forme douce de fascisme. Pour le spécialiste de Jean Jaurès[1] et de l'histoire du socialisme français, le mot « fascisme » n'est pas lâché au hasard. Le fascisme n'est-il pas fondé sur la mystique du chef, sur la disparition des corps intermédiaires au profit d'un lien direct entre un leader et le peuple ? Les réunions « participatives » tant prisées par les « ségolénistes » ne sont-elles pas, en modèle réduit, des versions modernes de cette dérive ? Au

1. *Jean Jaurès et la religion du socialisme*, Grasset, 2000.

milieu du cercle, la grande prêtresse, objet de tous les regards, et autour, une multitude bourdonnante. Ségolène, reine des abeilles ?

La thèse de Peillon choque à peine François Hollande. Ce dernier s'est toujours méfié des effets de la surmédiatisation et de la vénération pour un leader charismatique. Que cela plaise ou non, il ne sera jamais un « Conducator ». Il ne l'est ni par nature ni par conviction. Passionné par l'histoire de la Seconde Guerre mondiale, il vient de lire Éric Roussel, auteur d'un ouvrage, *Le Naufrage*[1], consacré à la défaite de 39-40 et à ses effets dévastateurs sur les élites françaises qui se sont données au maréchal Pétain. L'ancien premier secrétaire du PS n'en finit pas d'être intrigué par le glissement d'une société démocratique vers un système autoritaire. En sommes-nous là, aujourd'hui ? Évidemment non, mais rien n'est définitif. Une autre question le tourmente : comment des hommes au parcours sans tache plongent-ils dans un régime qu'ils ont autrefois ardemment combattu ? « C'est l'histoire qui, à un moment précis, façonne le parcours des hommes, soutient-il. Dans une période comme 1939, l'année de la débâcle, des républicains authentiques ont basculé progressivement dans le pétainisme. Cela reste pour moi une énigme. Ces hommes ont renoncé, pour mille raisons, à défendre leurs convictions. Pourquoi, à un moment précis, un homme comme Charles de Gaulle se lève

1. Gallimard, 2009.

et a le courage de refuser ? Pourquoi d'autres, peut-être plus brillants, ont raté leur rendez-vous avec l'histoire ? » En filigrane, c'est de lui qu'il parle, bien sûr. De la construction de son propre destin. De ses choix et de ses renoncements. Pour lui, un homme est davantage « la somme de ses renoncements que de ses conquêtes ». Aurait-il donc une vision tragique de l'histoire ? Sans doute. En cela, il est très mitterrandien. Comme son illustre prédécesseur à la tête du PS, il est fasciné par les zones grises de l'âme humaine. Dans les congrès socialistes, il a vu tant de retournements de veste, de compromissions en tout genre, de grandes et de petites trahisons. Et lui-même, a-t-il toujours été à la hauteur ? Combien de fois a-t-il renoncé à la prise de la Bastille, sabre au clair, pour de bonnes ou de mauvaises raisons ? Il y a en lui un vieux fond marxiste qui le conduit à penser que c'est l'histoire qui façonne les hommes, et non l'inverse. Est-ce pour cette raison qu'il n'a jamais forcé le destin, tout simplement parce qu'il attendait que celui-ci vienne à lui ? Ce fatalisme stoïcien cher à Diderot, qu'on retrouve dans le roman du philosophe des Lumières *Jacques le fataliste*, est au cœur de l'énigme François Hollande. Cette posture du guetteur attendant son heure lui est si souvent reprochée. Comme dans la pièce de Samuel Beckett *En attendant Godot*, il pourrait bien être Godot, celui qui n'arrive jamais.

Un soir d'été, alors qu'il dîne dans un restaurant sur les hauteurs de Mougins, en Provence, avec ses amis Jean-Pierre Mignard et Jean-Pierre Jouyet, au cours de la conversation, le spectre du maréchal Pétain ressurgit. La question qui hante François Hollande revient sur le tapis : comment la gauche a-t-elle pu donner les pleins pouvoirs à ce vieil homme passé à l'extrême droite et à la Collaboration ? « Parce que ce sont le tempérament et le caractère des hommes qui pèsent dans ces moments-là, prétend Jean-Pierre Mignard, et pas du tout leurs convictions. » Le député de Corrèze récuse fermement cette thèse. Pour lui, l'histoire a tout simplement englouti les tempéraments et les convictions de ces « félons ». Ils n'ont été que les jouets de forces qui les dépassaient. Cette vision pessimiste de l'homme a des conséquences dans sa relation aux autres. Quand il est trahi ou simplement oublié par un de ses amis, il ne lui en veut pas vraiment. Il pardonne même assez vite. Ainsi pour Jean-Pierre Jouyet, passé un an et demi au service de l'ennemi Sarkozy. Quand, le 15 décembre 2008, son vieil ami de l'Ena lui annonce qu'il démissionne du gouvernement, François Hollande le revoit aussitôt et dit : « J'ai retrouvé un ami. » Au fond, ce qui agaçait le plus le député de Corrèze dans cet « éloignement » ? L'attachement que pouvait avoir l'ancien directeur du Trésor pour ce Bonaparte sur ressorts qui veut franchir des ponts d'Arcole tous les quatre matins. François Hollande se méfie de l'homme providentiel comme de la peste. « Pour comprendre vraiment les fondations morales de François Hollande, souligne Jean-Pierre Mignard, il faut connaître la pensée d'une figure de la SFIO des années 1930, Alexandre Marie Bracke-Desrousseaux. » Député socialiste du Nord, helléniste réputé, ce proche de Roger Salengro, pourfendeur des grands et des petits despotes, répétait à tous les faiseurs de rois : « Nous n'avons pas besoin de surhommes, nous avons besoin d'hommes sûrs. »

Chapitre 17

La tortue et le chaud lapin

Ce duel, il en rêvait. Il est en train de le concrétiser. En douceur, à sa main. Surtout, il ne doit pas s'emballer. Rester calme. Il est dans une position idéale, celle du challenger. Il suit, les mains bien accrochées au guidon, dans la roue de son rival. Il est protégé des vents. Il prend moins la lumière, certes, mais il roule à son rythme. Pas question de se précipiter. Rien ne sert de courir… François Hollande se sent bien dans le rôle de la tortue. DSK-Hollande, le match ! Il répète à ses lieutenants qu'une primaire socialiste avec le patron du FMI lui convient parfaitement. Une affiche qui a de la gueule. Cela se passera entre gentlemen. Quel que soit le vainqueur, la gauche n'en sortira pas en lambeaux. Ils sauront se tenir. Et les marchés ne seront pas terrorisés. Ces deux-là n'iront pas se chamailler pour des peccadilles. François Hollande, durant l'année 2010, est encore loin de briller dans les sondages. Il n'est qu'un des satellites de l'astre DSK qui caracole en tête de tous les baromètres de popularité. Martine Aubry et Ségolène Royal suivent loin derrière. L'ancien premier secrétaire socialiste n'est encore qu'un petit point sur la ligne d'horizon. Mais il commence à jouer sa petite musique. Il est passé du « nous » au « moi, je ». Il ne se bidonne plus. Il prend des airs sérieux et fait des propositions sérieuses. Ses adversaires lui font un procès en incompétence ? Il leur claque le bec en présentant une série de mesures précises sur « sa » réforme de la fiscalité.

Pour lui, il faut bombarder le cœur du réacteur nucléaire de la politique de Nicolas Sarkozy : l'injustice fiscale. Cette thématique, un peu ardue, sera au centre de l'élection de 2012, il en est persuadé. Or, c'est son domaine de prédilection, sa chasse gardée. Il connaît le sujet par cœur. Il n'a pas dirigé Bercy, mais il a pondu de nombreux rapports sur la fiscalité, plusieurs livres[1] aussi, et donné des cours à Sciences Po sur le sujet. Autour de lui planche une petite équipe, composée de Michel Sapin, ancien ministre des Finances, et de quelques experts de la fondation Terra Nova. Pour convaincre les Français que le thème de la baisse des impôts est un boniment qui n'avantage que les plus fortunés, il assène quelques chiffres : contrairement à ce que vend la propagande sarkozyste, sur les 116 milliards d'euros du déficit qui plombent l'économie française, 50 seulement sont le résultat de la mauvaise conjoncture

1. *L'Heure des choix*, avec Pierre Moscovici, Odile Jacob, 1991.

internationale. Les 66 milliards restants ? Ils sont imputables en grande majorité aux baisses d'impôt. Depuis dix ans, selon Hollande, la France s'est privée de plus de 30 milliards de recettes fiscales. Au passage, il égratigne Lionel Jospin et Laurent Fabius, alors en poste à Bercy, qui avaient été les premiers à réduire la pression fiscale de 20 milliards d'euros, contre l'avis de François Hollande. Cette affaire de différend sur la politique fiscale correspond au début de la brouille Hollande-Jospin. La première phase des malentendus. Aujourd'hui, le député de Corrèze enfonce le clou, toujours le même : « Une très grande majorité de Français se rend compte qu'elle n'a pas vu la couleur de ces baisses d'impôts, soutient-il, et c'est bien normal, puisque plus de 80 % des cadeaux fiscaux ont bénéficié aux 20 % des ménages les plus favorisés. » Il faut donc réformer le système fiscal, le simplifier, et le rendre plus juste. Augmenter les impôts ? Attention, terrain miné, très dangereux électoralement. François Hollande le sait. Il prend le risque. Certains le jugent suicidaire. Il répond à ses détracteurs : « La question, en 2012, ne sera pas de savoir s'il faut augmenter les impôts mais de dire lesquels et qui va payer ! » La gauche existerait-elle ? Oui, elle a même dans son arsenal de propositions un impôt juste. C'est le credo de François Hollande. Il ne l'improvise pas en 2010, pour amuser la galerie et séduire les couches populaires, perdues depuis belle lurette par le PS. Il tient ce discours depuis toujours. L'impôt est son obsession. Pour le grand débat sur le bilan fiscal de Nicolas Sarkozy, il est prêt, affûté. Le président Sarkozy, à la popularité déclinante, ne pourra pas se cacher derrière la crise de 2008. C'est sa politique économique que François Hollande veut mettre en charpie. Sûrement pas ses coups de menton et sa gouvernance chaotique. L'ancien premier secrétaire, si les électeurs de gauche le choisissent aux primaires d'octobre 2011, ne commettra pas l'erreur de Lionel Jospin qui avait conduit une grande partie de sa campagne sous le slogan « Présider autrement ». Pour le député de Corrèze, il ne s'agit pas seulement de changer de style, mais de politique.

En 2006, il avait eu cette phrase malheureuse : « Je n'aime pas les riches ! » Or, le quinquennat de l'ancien maire de Neuilly porte la marque indélébile de la défense des gros revenus. Le bouclier fiscal lui colle au doigt comme le sparadrap du capitaine Haddock. Nicolas Sarkozy est, pour une majorité de Français, quoi qu'il fasse, comme le surnomment les sociologues Michel Pinçon et Monique Pinçon-Charlot[1], le « président des riches ». Du coup, la petite musique « antiriches » de Hollande, à l'ère des rémunérations stratosphériques des traders et des salaires scandaleux des grands patrons qui vont jusqu'à cinq cents fois le Smic[2], a perdu de sa dangerosité. Elle est presque banale. Hollande, le Robin des bois de Tulle ? Il ne veut surtout pas jouer les démagogues.

1. *Le Président des riches*, Zones, 2010.

2. Salaire minimum interprofessionnel de croissance. Au 1er janvier 2011, il s'élève à 1073 euros net.

Au contraire, le Corrézien donne des consignes de modération et de prudence à ses proches. Demain, on ne rase pas *gratis*. On n'ouvre pas les vannes des promesses fumeuses. Hollande veut bien jouer les pères la Rigueur, mais pour tous, sans épargner les plus favorisés. La crise financière qui ébranle le monde et fragilise les plus faibles va durer, prophétise-t-il. Où se situe-t-il ? Entre « la sueur et les larmes » de Winston Churchill et le « gouverner c'est choisir » de Pierre Mendès France. Hollande fait le coucou dans le nid de Dominique Strauss-Kahn. Il s'installe sans vergogne sur son créneau, celui de la rigueur et des projets responsables. Il profite du vide lié à l'éloignement de son rival outre-Atlantique. Les absents ont toujours tort.

DSK ne peut en effet bouger une oreille dans la politique française : son statut de directeur du FMI l'en empêche. À la moindre incartade, le Fonds, qui ne plaisante pas avec la neutralité politique, le sanctionnera. DSK ne peut que faire des apparitions médiatiques, distiller quelques formules sibyllines qui entretiennent le suspense sur son éventuelle candidature à l'élection présidentielle. Il est condamné au mutisme. Sa seule arme : peaufiner son image de « maître du monde », de pompier de l'économie planétaire. Sa position n'est pas simple. Logiquement, son mandat au FMI s'achève en novembre 2012. Pour se présenter à l'élection présidentielle, il est contraint de sortir du bois avant le 13 juillet 2011, date limite de dépôt des candidatures aux primaires socialistes. Sérieux casse-tête. Va-t-il abandonner un poste prestigieux, où il a rang de chef d'État, où il côtoie les grands de ce monde, jouant à saute-mouton sur les fuseaux horaires, en première classe, de palace en palace ? Pour refaire le sale boulot, se « farcir » ces réunions militantes qu'il abhorre ? Le souvenir des débats aux primaires de 2007, face à Ségolène Royal, lui donne des sueurs froides. Il a vécu alors un vrai cauchemar. Ses amis ont du mal à le convaincre de reprendre du service. Il ne s'imagine pas dans cette arène-là. Ses hésitations ne sont pas de la pure coquetterie. Ses lieutenants se souviennent de DSK au bureau national du PS, s'ennuyant ferme, jouant à résoudre des équations sur son carnet de notes, ou s'attardant à la rubrique « Échecs » du *Monde*. Les batailles d'appareil, ce n'est pas son truc. François Hollande le qualifie d'« universitaire brillant mais désinvolte » ? Il vise juste.

DSK n'a pas la fibre militante. Il assiste, impuissant et agacé, au petit jeu de Hollande qui lui fait les poches et pourrait bien finir par lui piquer son fonds de commerce. Le Muet de Washington, prisonnier de son devoir de réserve, court le monde. Il ne peut que surveiller, depuis son Olympe, les petits jeux de ses camarades. À cause d'une aventure extraconjugale avec une responsable du département Afrique du Fonds, Piroska Nagy, il a échappé de justesse à une éviction du FMI, à l'automne 2008. Les tabloïds américains l'accusèrent d'abus de pouvoir. Il est sorti de ce scandale sans trop d'égratignures et a poursuivi sa mission de grand argentier de la dette des pays pauvres. Tout en jetant un œil sur les mouvements tectoniques du Parti socialiste français.

S'inquiète-t-il des entrechats du « matou » de Corrèze qui lui mange la laine sur le dos ? Ses lieutenants lui martèlent que Hollande pédale dans le vide. « Il pense à la présidentielle en nous rasant », ironise l'un d'eux. Dans l'appareil, ajoutent-ils, il ne pèse plus rien. Dans l'opinion ? Une goutte d'eau. C'est tout juste si on ne fait pas courir le bruit que l'ancien premier secrétaire est en voie de clochardisation. Dans les réunions de la direction du PS, strauss-kahniens et partisans de Martine Aubry lui adressent à peine la parole. « C'était un moment étrange, pas très agréable, se souvient François Hollande. Ils ne prononçaient jamais mon nom, comme si je n'existais pas. » Cette forme de mise en quarantaine blesse l'ancien premier secrétaire plus qu'il ne le dit. Ostracisé, mis au ban, il observe la montée en puissance de Martine Aubry, reine de l'appareil. Après plus d'une année de flottement, plusieurs démissions remisées dans les tiroirs, elle commence à goûter à la fonction. Elle profite, elle aussi, de l'exil doré de DSK. À sa façon, elle occupe le terrain et marque des points.

Avec le directeur du FMI, elle a finalisé à l'été 2010, au cours d'un dîner dans le très chic riad de DSK et d'Anne Sinclair, à Marrakech, un accord que leurs lieutenants avaient conclu un an plus tôt, à l'Institut agronomique de Paris, dans le XIIIe arrondissement. Cette réunion des conjurés, hors la présence de DSK, pour cause de devoir de réserve, avait pour but de neutraliser définitivement les « Thénardier du PS », Ségolène Royal et François Hollande. En d'autres termes, de les réduire à néant. Le couple n'existe plus dans le privé ? Peu importe. Ils sont politiquement incompatibles pour longtemps ? Secondaire. Il faut les rendre définitivement inoffensifs. Les exiler à Sainte-Hélène. Parmi les comploteurs, Laurent Fabius, Martine Aubry, Pierre Moscovici, Claude Bartolone, Arnaud Montebourg et Jean-Christophe Cambadélis. Ce dernier trouve un nom à cette assemblée de l'ombre : les « reconstructeurs ». Ils jurent alors que l'élection se jouera entre Martine Aubry et DSK, qu'ils n'iront pas au feu l'un contre l'autre. Aux primaires socialistes, celui ou celle qui aura le plus de chances de battre Sarkozy sera prioritaire. Traduction : si DSK est candidat, Martine Aubry n'ira pas. « Ce qu'on a appelé le pacte de Marrakech, qui date du 15 août 2010, n'est que la suite logique de cette réunion fondatrice de l'Institut agronomique, raconte Jean-Christophe Cambadélis. Nous ne voulions plus revivre cette situation ubuesque et dévastatrice pour le parti… » Situation ubuesque ? Le député de Paris parle du cataclysme conjugal, surgi en pleine élection présidentielle, qui a paralysé et tétanisé l'ensemble du parti. Jamais dans l'histoire on n'avait connu pareille incongruité. Quand l'intime et le politique se télescopent à ce point, cela provoque des petits cyclones. Aucun scénariste sérieux n'aurait imaginé une telle histoire. Les « reconstructeurs », la main sur le cœur, lancent : « Plus jamais ça ! » La plupart des comploteurs ont eux-mêmes vécu des divorces mouvementés ? Peut-être. Mais leur vie privée n'a jamais rejailli à ce point sur leur vie politique.

François Hollande, lui, est passé à autre chose. Il s'est réconcilié avec ses enfants, avec ses amis et avec lui-même. Ses potes de caserne et de l'Ena l'entourent à nouveau. Les Jouyet, Sapin, Cambacérès, Ripert, Cottin, et une poignée d'autres copains, reviennent dans le premier cercle. Ils sont là par amitié mais aussi parce qu'ils croient tous en ses chances pour 2012. Ce ralliement des « mousquetaires » lui fait chaud au cœur. Il se sent pousser des ailes. Tout le monde se met au travail pour peaufiner son projet présidentiel. Au fil des semaines, son côté bon élève, discret, sérieux, finit par intéresser les rédactions. La petite partition de Hollande le Pragmatique commence à faire son effet. Dans les sondages, les premiers frémissements apparaissent au début de l'hiver 2010. Pas de quoi encore terroriser l'équipe de DSK. Hollande bouge encore ? Il vaudrait mieux connaître ses intentions.

Le patron du FMI organise alors, en novembre 2010, une première rencontre, secrète, avec François Hollande, à Paris, dans un hôtel chic de la place des Vosges, Le Pavillon de la reine, à deux pas de son domicile. La réunion est détendue, presque amicale. Monsieur Monde face à Monsieur Personne. Les deux fauves se flairent, se reniflent. DSK ne semble pas avoir un désir féroce d'affronter Nicolas Sarkozy, et encore moins de faire le clown aux primaires. Il joue les dubitatifs. François Hollande ? Raminagrobis reste prudent. Comme toujours, il laisse plusieurs portes ouvertes. Il ira jusqu'au bout, bien sûr… si les vents sont favorables. Se voit-il Premier ministre ou ministre de l'Économie d'un DSK installé à l'Élysée ? Pourquoi pas. Mais l'inverse serait bien, aussi, suggère-t-il. Hollande et la stratégie du « peut-être bien que oui, peut-être bien que non ». Le natif de Rouen, dans ces moments de confrontation, de prise de pouls du rival, est plus normand que jamais. Être assis sur un seul siège ? Ce n'est pas le genre de la maison.

Les deux hommes se revoient en février, chez l'écrivain Dan Franck, boulevard du Montparnasse, en face de La Closerie des Lilas. DSK utilise l'atelier de son ami pour ses rendez-vous secrets. Il possède un jeu de clés. Cette fois, le climat s'est singulièrement refroidi. DSK est moins coulant. Le patron du FMI a des raisons de s'inquiéter. Il observe le décollage de la fusée Aubry dans l'appareil socialiste. La montée en puissance de la fille de Jacques Delors n'était pas prévue dans le pacte de Marrakech. Elle a tendance à verrouiller l'appareil, place ses gens, multiplie les pressions auprès des barons régionaux pour qu'ils se rallient à elle. La loyauté du maire de Lille pour l'exilé de Washington aurait-elle du plomb dans l'aile ? DSK ne le croit pas. Ce qui l'inquiète pardessus tout est la détermination tranquille de Hollande à se maintenir dans le jeu. Pas de quoi encore paniquer, mais DSK remarque la lente remontée de François Hollande dans les sondages. Le Petit Chose, en jouant les hommes « libres », sort enfin la tête de l'eau. Il devient dangereux. « Dominique » pourrait bien être doublé sur ses deux ailes. À gauche, hypothèse basse, par son alliée de Marrakech. À droite, scénario de plus en plus probable, par la « tortue » de Corrèze. Cette fois, le ton est moins amène, voire menaçant. « Je vais y aller, confie le patron du FMI. Si tu te maintiens, après, il ne faudra pas pleurer. Tu prends tes responsabilités. » Sous-entendu, tu n'auras aucun maroquin si je passe. Ce jour-là, l'ancien premier secrétaire du PS commence à être pris au sérieux. Pour Dominique Strauss-Kahn, le changement de paysage qui s'opère à gauche n'est plus un simple parcours de santé. Ses conseillers l'ont « vu trop beau ». Serait-il en train de paniquer avant le grand saut vers l'inconnu ? François Hollande a en mémoire l'année 1995, les hésitations de Jacques Delors à se présenter à l'élection présidentielle. Au final, l'ancien président de la Commission européenne avait calé au moment de franchir l'obstacle. Delors était auréolé de sa compétence de dirigeant européen, affranchi des querelles intestines socialistes. Comme DSK le « sauveur du monde ». Delors voulait vaincre sans péril. Comme DSK ? « Dominique aimerait que tous les candidats importants lui fassent un cortège pour sa victoire, lui reproche François Hollande. Mais cela ne marche pas comme cela. Il faut mériter les lauriers. » L'élection présidentielle n'est pas une promenade de santé. Il faut se préparer « à la baston », comme dit Julien Dray. « Il y avait un peu de l'attitude de Delors chez Strauss-Kahn, avoue un dirigeant socialiste. Il voulait être désigné sans passer par la case “primaires”. Il désirait un plébiscite sans risque. C’était impossible. Le projet des primaires était au cœur de la rénovation du Parti socialiste. Les annuler aurait été vécu comme une trahison par les militants. Un temps, les proches de DSK ont tenté de les contourner, de revenir à une désignation directe par la direction du parti. Mais il était trop tard. Cette petite révolution interne, que Dominique voyait comme une machine infernale, était lancée. Impossible de faire marche arrière. »

Au cours de son tête-à-tête avec « Monsieur Monde », le député de Corrèze cache à peine son agacement. Il sait que les lieutenants du patron du FMI font courir le bruit qu’il a déjà négocié avec DSK un retrait dès que ce dernier annoncera sa candidature, fin juin ou début juillet. La rumeur court les couloirs de la rue de Solférino et les rédactions parisiennes. Hollande, dernier round. La « tortue », fin de piste. Dans le meilleur des cas, il ne serait qu’un plan B. Hypothèse où DSK, en cas d’aggravation de la crise internationale, resterait à Washington. « Je ne suis pas un plan B, rétorque le président du conseil général de Corrèze. Je suis le plan H. » Il affirme alors clairement à l’ancien ministre des Finances de Lionel Jospin qu’il ne se dégonflera pas. Il ira jusqu’au bout. Il sera face à lui, au début de l’automne, et il le battra. Alors qu’il n’est encore qu’un Petit Poucet dans les sondages, François Hollande ne doute pas une seconde qu’il lui fera mettre un genou à terre. Ses proches ont déjà leur plan de bataille. Hollande restera dans le registre du candidat « sérieux », débattant sereinement avec ce concurrent si respectable. Dans la coulisse, ils bombarderont l'homme du FMI, cet « étranger » qui ne vit plus en France depuis quatre ans. DSK se souvient-il encore des Français ? A-t-il été une fois à leur contact durant toutes ces années à jouer les *globe-trotters* de luxe ? Dans le camp adverse, on concocte un autre scénario pour éliminer Hollande l'Importun. « On était convaincus qu'il ne tiendrait pas la distance, reconnaît Jean-Christophe Cambadélis. Comme dans le Tour de France, on le voyait tenter une échappée en solitaire en plaine, beaucoup trop tôt. Mais dès que les premiers lacets des cols apparaîtraient, il serait avalé par le peloton… » Traduction : le maire de Tulle bluffe. Il ne tiendra pas la distance. Il va s'essouffler. Mauvais calcul. Il est bien décidé à poursuivre sa route.

En fait, Hollande n'a pas le choix : s'il s'arrête de pédaler, pour reprendre la métaphore cycliste, il tombe. Il faut qu'il poursuive ce parcours du combattant de seconde catégorie, laissant à ses adversaires le soin de le sous-estimer. Il n'a pas le maillot jaune ? Tant mieux. Dans le clan d'Aubry, on le surnomme « le Raymond Poulidor rose » ? Il laisse dire. Autour de lui, pourtant, les forces s'organisent. Il thésaurise sur le capital de sympathie qu'il a accumulé chez les militants de base et chez les élus depuis vingt ans. C'est d'ailleurs sur eux qu'il s'appuie. Il retrouve aussi son vieux copain de Sciences Po et de l'Ena, Jean-Marie Cambacérès, grand spécialiste de la Chine. Cet ancien de la promotion « Voltaire » fonde l'association Démocratie 2012, dont la mission est de faire connaître le projet présidentiel de François Hollande aux décideurs, en particulier aux P-DG du Cac 40. Durant le premier semestre 2011, l'ancien premier secrétaire fait discrètement la tournée des grands patrons. L'air de rien, il grappille des sympathies dans les milieux d'affaires. Et dans la presse. *Libération*, *Les Inrockuptibles* et *20 Minutes* lui consacrent leur une. Il bénéficie du ralliement de nombreux dirigeants socialistes, dont François Rebsamen, qui a longtemps hésité entre DSK et lui, Aurélie Filipetti, l'ancienne ségoléniste, député de Moselle, porte-parole du groupe socialiste à l'Assemblée nationale, et Malek Boutih, secrétaire national pour les questions de société, ancien président de SOS Racisme.

Pour séduire un peu plus les élus locaux, il tire au canon sur la réforme territoriale de Sarkozy qui vise à détricoter la décentralisation engagée par François Mitterrand et Gaston Defferre et à redonner du pouvoir aux préfets. Il défend aussi, en vieux briscard, le principe du cumul des mandats, contrairement à Martine Aubry. Lui-même n'est-il pas un supercumulard ? Député, président de conseil général. François Hollande, dans ce domaine, est un conservateur. Il soutient qu'un maire est plus apte à défendre l'intérêt de ses administrés s'il peut agir au Parlement, en tant que député. Et réciproquement. De quoi satisfaire les « anciens », le noyau dur du parti, qui, au moment des primaires, jouera un rôle décisif.

En janvier 2011, contre toute attente, il décolle. Dans tous les sens du terme. Il a perdu quinze kilos et vit sa première embellie dans les sondages. Alors que ses deux concurrents, Aubry et DSK, restent sur leur réserve, à quelques semaines des élections cantonales, qui se déroulent fin mars, il passe la surmultipliée. Il occupe le terrain. Il fait du « *teasing* ». Il annonce qu'il conditionne sa candidature à l'élection présidentielle à son maintien à la tête du département de la Corrèze. Suspense garanti. Petite habileté du spécialiste des médias qu'il est : il dramatise pour être dans le film. S'il perd la présidence, promet-il, il sortira du jeu. Or, sa majorité départementale n'a qu'un malheureux siège d'avance. Sur 37 conseillers généraux, la gauche en compte 19 contre 18 à l'UMP. Au terme d'une campagne « à la Chirac », où pas une cour d'école, pas un marché aux bestiaux, pas un banquet républicain ne lui a échappé, il est réélu président du conseil général de Corrèze. Il a même chapardé un petit siège supplémentaire au profit de la gauche. Petite victoire mais gros effet médiatique.

Le jeudi 31 mars, dans la salle Prestige de l'assemblée départementale, à 14 h 24 exactement, devant une nuée de caméras, François Hollande, légèrement ému, passe enfin à l'acte. Il annonce sa candidature à l'élection présidentielle. Le ton est ferme, posé, sans emphase. Pas de flamboyance, pas de débordement. Voici donc le candidat « normal ». Son discours dure sept minutes. Il l'a écrit la veille au soir, puis retouché le matin, à l'encre bleue. Ses proches sautent de joie, il dit enfin : « Moi, je… » On dirait presque du Ségolène Royal. « Je n'accepte pas l'état dans lequel la France se trouve, et je n'accepte pas davantage la situation qui est faite aux Français. [...] Je refuse les inégalités de revenu et de patrimoine. » Il pointe du doigt « un État sans cap, sans direction, et, pire, sans morale ». Son slogan de campagne est trouvé : la France en avant. Pas de quoi faire délirer les foules. La formule a le mérite de mettre tout le monde d'accord. Qui pourrait s'opposer à un projet si consensuel ? Pour le trouver, François Hollande n'a pas eu besoin de faire bûcher une armada de publicitaires. C'était son slogan pour la Corrèze. Il l'a « nationalisé », tout simplement.

Au football, Hollande jouait avant-centre, il était ce qu'on appelle un renard des surfaces de réparation, celui qui attend patiemment la faute de l'adversaire. En politique, on lui a longtemps reproché de jouer en contre. Cette fois, il fonce. Pas question de jouer la défensive. Le Hollande toujours « planqué » derrière les autres est mort et enterré. Il s'engage à « réconcilier, rassembler autour des principes républicains, la dignité, la liberté, la laïcité ». Il revendique aussi clairement « la suprématie de la démocratie sur les marchés ». Pour DSK et Aubry, il lâche une petite phrase : « Je ne me présente pas pour négocier quoi que ce soit. » La tortue a mangé du lion. À ses côtés, une dame d'un âge respectable, soixante-dix-sept ans, observe la métamorphose de ce garçon qu'elle côtoie depuis plus de trente ans. Un gamin qu'elle a vu mordiller les chevilles de son mari, en 1981, à Ussel. Elle n'est pas de son bord, mais elle a une petite faiblesse pour lui. Elle apprécie sa courtoisie, sa tolérance, son opiniâtreté. Cet homme a la constance du jardinier. Derrière son visage d'enfant de chœur se cache une volonté farouche. Elle connaît les hommes politiques mieux que personne. Bernadette Chirac, l'épouse de l'ancien président de la République, en tant que doyenne de l'assemblée départementale, est chargée d'adouber François Hollande dans ses fonctions. Clin d'œil de l'histoire. « Mme Chirac qui me proclame président, ironise-t-il. C'est un beau présage, vous vous rendez compte ? »

Début avril, avec quelques-uns de ses proches, le Corrézien fait un bilan politique de ces derniers mois. Un : il est parvenu à revenir à hauteur de Martine Aubry dans les sondages. Deux : il ne croit plus à un retour de Ségolène Royal dans les premiers rôles. Trois : il doute toujours de l'envie réelle de DSK de venir s'abîmer dans une « bagarre de rues » en France. Il est convaincu qu'au fond le patron du FMI est prisonnier de ses entourages. DSK est atteint du syndrome Delors. Mais le patron du FMI ne peut se l'avouer. Trop de gens comptent sur lui. Trop d'amis ont tout misé sur sa personne. Il est ligoté. « La candidature de Strauss-Kahn est vulnérable, ose lancer le député de Corrèze. Il ne me fait pas peur. » L'animal politique qu'est François Hollande a flairé la fragilité du roi des sondages. Il a trois mois pour le faire douter davantage et le faire reculer. Pour parvenir à ses fins, il n'a pas cinquante moyens : il doit impérativement lui grignoter son avance dans les sondages. Tout en affaiblissant les positions de Martine Aubry.

Pour se démarquer d'elle, il fustige le concept de « *care* », celui d'un État protecteur dont elle se fait le chantre. Si Hollande était Sarkozy, il dirait que l'État n'est pas une assistante sociale. Dans sa bouche, cela devient : « Faire de la société du soin la pierre angulaire du projet, comme si nous étions malades ou comme s'il s'agissait seulement de défendre les acquis, ne me paraît pas judicieux. Le PS ne doit pas se contenter de l'idée de réparation. Les Français ne veulent pas revenir en arrière, ils veulent aller de l'avant. » Pour faire entendre sa singularité, le candidat désormais déclaré multiplie les entretiens dans la presse. Il martèle son projet, qui s'appuie sur celui du Parti socialiste, puisqu'il l'a lui-même validé, en tant que membre du bureau national, mais il prend parfois des chemins buissonniers. Il y a un chemin Hollande, plus indépendant, moins corseté, moins prisonnier des équilibres entre courants. Le PS propose trois cent mille emplois jeunes sur le modèle de ceux créés sous le gouvernement Jospin ? François Hollande, lui, préconise la création de cinq cent mille emplois jeunes-seniors. En fait, les emplois jeunes de l'ère Jospin avaient surtout ciblé les jeunes sans formation, sans qualification, issus des banlieues difficiles. Ils concernaient des emplois dans les activités publiques ou sociales. Pas dans la production. « Le contrat de génération que je propose concerne le secteur privé, soutient-il devant les journalistes de *L'Express*[1]. Les entreprises qui font l'effort de garder un senior et qui, parallèlement, embauchent un jeune bien avant vingt-cinq ans avec un contrat à durée indéterminée, le senior transmettant

1. *L'Express*, 6 avril 2011.

son savoir au plus jeune, seront dispensées pendant trois ans du versement de cotisations sociales sur ces deux emplois. » Autre thème rabâché par François Hollande dans les médias : il veut réparer les dégâts du sarkozysme. À l'école primaire, surtout, « où tout se joue en matière d'éducation », et où trop d'emplois ont été supprimés. Il compte aussi mettre le paquet sur des secteurs comme la police, la justice et la prévention. Dans ces trois domaines, il annonce qu'il créera des emplois. Jouera-t-il les pieds tendres sur la sécurité ? « Sûrement pas, répond François Rebsamen, sénateur-maire de Dijon, spécialiste des questions de sécurité. Au lendemain de la défaite de Lionel Jospin, il a demandé une étude très précise à Julien Dray sur toutes ces questions. La sécurité est au cœur de ses préoccupations. Il me réclame des notes en permanence. Il travaille beaucoup sur les raisons du fiasco de Sarkozy dans ce domaine. Il soutient la formule : "Dur avec le crime, dur avec les causes du crime." » François Hollande est partisan des établissements fermés pour jeunes délinquants récidivistes, version moderne des maisons de redressement. Il ne va pas jusqu'à l'encadrement militaire que prône Ségolène Royal, mais il a bien l'intention de surprendre son monde sur la sécurité. Le mollasson sortira la matraque.

Cette omniprésence médiatique du maire de Tulle dans les journaux exaspère DSK. Ce dernier, depuis Washington, lui fait passer des messages par ses proches. Il faut réfréner ses ardeurs. Halte à l'activiste ! « Il commençait sérieusement à nous taper sur le ciboulot, raconte un lieutenant du patron du FMI. Il se prenait pour Martin Luther King, avec son rêve français. Il était en train de s'enflammer. On ne lui connaissait pas cette verve. Il jouait à la grenouille qui voulait devenir aussi grosse que le bœuf. Il mettait les nerfs de Dominique en pelote. » Hollande, c'est la vaguelette que l'on ne voit pas arriver et qui se transforme en raz-de-marée aux abords de la plage. Il est en campagne, aucun doute. Le 27 avril, il tient meeting à Clichy-la-Garenne, dans les Hauts-de-Seine. Son rival lui intime de calmer le jeu ? Il lance à une salle surchauffée, encore modeste en nombre : « Il n'y a pas de temps à perdre, car le pays va mal. [...] Les Français vivent mal. » François le candidat « anti-bling-bling » trace sa route. La tortue augmente la cadence. Elle passe au trot. Il parle comme s'il était sûr de gagner. Il sera, il le promet, « un président qui tient le cap, garde son sang-froid, évite les foucades, les caprices et les confusions de genres ». Rien ne l'arrêtera. Il fait comme si DSK n'existait plus. En gonflant ainsi les pectoraux, l'ancien premier secrétaire compte bien faire sortir ses rivaux de leurs gonds.

Y parvient-il ? Les strauss-kahniens, agacés par les moulinets du maire de Tulle, se réunissent pour réagir. Leur objectif : empêcher Hollande de prendre de l'ampleur. Jean-Christophe Cambadélis, Pierre Moscovici, rejoints par Manuel Valls et Vincent Peillon, et quelques autres, s'organisent pour « créer les conditions de l'atterrissage » de leur champion. La navette spatiale DSK est encore dans la stratosphère ? Les ingénieurs au sol doivent à tout prix éviter le crash au moment de l'entrée dans l'atmosphère. Tous les spécialistes des sondages le savent : dès qu'il se déclare, un candidat subit une dépressurisation dans les baromètres de popularité. Le danger pour DSK est bien réel. Le coupable ? L'increvable Hollande qui n'a pas la gentillesse d'attendre le retour de la comète Strauss-Kahn. Flamby est devenu Satanas. Comment faire durer le « désir » de DSK dans l'opinion, s'interrogent ses amis ? Comment rendre l'Absent plus présent ? Les strauss-kahniens sont dans une position infernale. Ils sont contraints de faire dans le symbolique. Ils pratiquent une communication par défaut, sous la houlette de l'équipe d'Euro RSCG, dirigée par l'ami de DSK, Stéphane Fouks. Leur arme de persuasion massive : un documentaire télé, *Un an avec DSK*, diffusé sur Canal +, un portrait très amical du directeur général du FMI. Autre sucrerie entre les mains des strauss-kahniens : la biographie très autorisée d'un journaliste d'Arte, Michel Taubmann, ancien trotskiste, membre du Club de l'Oratoire, cercle intellectuel parisien connu pour son anti-islamisme viscéral. L'auteur n'a pas froid aux yeux : sur une dizaine de pages, à la fin de l'ouvrage, il cherche à faire passer Strauss-Kahn le séducteur pour une « victime de harcèlement sexuel » des… femmes[1]. Les proches de l'ancien

1. Michel Taubmann, *Le Roman vrai de DSK*. Éditions du Moment, 2011. Dans une deuxième édition, publiée après l'affaire du Sofitel de New York, l'éditeur édulcorera ce passage.

député-maire de Sarcelles savent que le maillon faible de leur challenger est sa réputation de séducteur invétéré. Ils craignent quelque missile envoyé par la droite, dans les mois à venir, surtout durant la campagne présidentielle. Il faut désamorcer au plus tôt ces Exocet. Pour appuyer la thèse de « Dominique le *poor lonesome* harcelé », l'auteur cite une ancienne attachée parlementaire de DSK, ancienne militante socialiste de Sarcelles, Véronique Bensaïd, aujourd'hui conseillère régionale en Île-de-France, apparentée UMP : « Quand nous étions au banc du gouvernement, pour la discussion des amendements, révèle-t-elle, certaines femmes députées me passaient des mots à lui transmettre contenant parfois des déclarations enflammées, voire délirantes. J'ai vu des femmes faire des numéros de claquettes dignes des plus grandes prostituées, j'ai vu des élues, des collaboratrices prêtes à tout pour coucher avec lui. [...] J'ai remarqué ce phénomène avec d'autres ministres. Mais avec Dominique, cela atteignait des sommets. En réalité, on peut parler de harcèlement sexuel. Mais Dominique en était la victime. » Le livre de Michel Taubmann sort en librairie le 5 mai. Il va pouvoir tenir en haleine les sympathisants de celui qui joue l'Arlésienne à Washington. Ce DSK, victime des femmes.

Une semaine plus tard, à Paris, le 14 mai, au milieu de la nuit, François Hollande dort tranquillement à son domicile du XVe arrondissement. Il est réveillé en sursaut par sa compagne, Valérie. Dominique Strauss-Kahn vient d'être arrêté à New York. La police l'accuse de tentative de viol sur une femme de chambre d'origine guinéenne, dans sa suite de l'hôtel Sofitel, à Manhattan. François Hollande est abasourdi, effaré par la nouvelle. Il écoute les flashes de la nuit sur France Info. C'est une déflagration dans le ciel de la gauche. La fusée DSK n'atterrira plus dans les délais. Elle est désormais hors course. La déflagration est telle qu'au-delà des socialistes, elle ébranle toute la classe politique française. Quels que soient les faits qui ont été commis dans la suite 2806 de l'hôtel Sofitel de New York, le candidat virtuel est dans une nasse judiciaire d'où il ne sortira pas indemne. Coupable ou cible d'un abominable complot, il ne se relèvera pas de cette épreuve en quelques mois. Victime collatérale du scandale : le Parti socialiste. Cette affaire le met en état de sidération. Les images de leur « futur président » menotté comme un chef mafieux ont anéanti les militants, de la base jusqu'à la rue de Solférino. Comment réagir à un tel cataclysme ?

François Hollande, dès le lendemain de la mise en garde à vue de DSK au commissariat de New York, appelle ses lieutenants. La tragédie de Manhattan, devenue fait divers planétaire, le déboussole. Il a toujours respecté Dominique Strauss-Kahn, même s'ils ne gravitent pas dans les mêmes mondes. Il avait reçu, en 2003, l'écrivaine Tristane Banon, qui se plaignait auprès de lui en tant que premier secrétaire du PS, d'avoir été victime d'une agression sexuelle de la part de DSK. Difficile à croire ? Il lui avait conseillé de porter plainte. Sans succès. Et l'affaire avait été oubliée. Cette fois, le dossier paraît plus sérieux. DSK est cloué au pilori. Hollande n'a pas l'intention de participer à la curée qui s'annonce. La déflagration, venue d'outre-Atlantique, chamboule tous ses plans. En quelques heures, il est devenu le premier de cordée. Un sondage Harris Interactive fait sur Internet du 15 au 16 mai le propulse devant tous les autres candidats de gauche : 37 % des sympathisants de gauche se prononcent en sa faveur, contre 22 % en faveur de Martine Aubry et 14 % pour Ségolène Royal. La tortue est en tête. François Hollande n'aime pas ça. Il détecte tout de suite son prochain problème : la ligne d'arrivée est encore loin. Très loin. L'effacement de DSK affecte singulièrement le député de Corrèze. Avec les siens, il avait concocté le scénario rêvé. François Hollande s'était bien calé derrière Monsieur Monde, pour le coiffer sur le poteau. Patatras ! La belle construction s'est effondrée comme un château de cartes. Le « Petit Mécano » va se retrouver en combat singulier face à Martine Aubry ou… à la mère de ses enfants. Comment gérer cette nouvelle donne ? Peut-il se maintenir au sommet des sondages si longtemps ? L'élection présidentielle est dans un an ? Une éternité…

Chapitre 18

Le légataire

Normal ! L'épithète fait sourire. Comment peut-on le croire ? Un homme « normal » ne s'accroche pas, durant onze années, à la direction du Parti socialiste. L'exercice relève du sacerdoce, du chemin de croix ou de la folie douce. Un individu « normal » ne sillonne pas la France, depuis trente ans, bardé d'une foi inébranlable, supportant défaites, quolibets, trahisons et vilenies, avec le flegme d'un bon Samaritain. Il psalmodie, à chaque coup bas : « Tous ceux qui m'ont fait du mal m'ont fait du bien. Ils m'ont endurci. Ils m'ont rendu invulnérable. » Cette formule est son chant de guerre. À la différence d'autres, il la prononce sans haine ni rage. En apparence. Un type « normal » ne se sépare pas de la mère de ses enfants au beau milieu d'une campagne présidentielle. Un garçon « normal » ne résiste pas aux coups de boutoir des amis de Laurent Fabius qui persistent à le traiter de « livreur de pizzas ». Un homme politique « normal » ne parle pas dans la presse *people* de sa nouvelle compagne en la présentant comme « la femme de sa vie », alors qu'il vient de se séparer de son ex. Il ne faut pas s'y fier : Hollande le brave type, le pote avec qui l'on va boire un coup au bistrot du coin, le conducteur de scooter trois roues, qui ne porte que des montres à trente euros, est totalement « a-normal ». Cinglé, givré ? Non, bien sûr. Mais réellement déraisonnable. Pour s'en apercevoir, il suffit de gratter un peu sous la surface.

François Hollande l'agnostique est un homme qui avance masqué. L'ancien élève des Frères des écoles chrétiennes de Saint-Jean-Baptiste-de-La-Salle, à Rouen, a appris très jeune à dissimuler ses sentiments. Il lui a fallu pratiquer l'art de l'esquive, s'obliger au contournement. Pour échapper aux châtiments corporels de l'institution religieuse et à ceux d'un père qui maniait la trique à ses heures. Son bouclier principal : le rire. François Hollande, c'est Lion, le héros de *L'Épouvantail*[1], film culte des années 1970 réalisé par Jerry Schatzberg. Lion, interprété par Al Pacino, est un vagabond chétif qui se sort de toutes les situations dangereuses, voire violentes, par son humour ravageur. Comme Lion, François Hollande déteste tout ce qui relève de la violence ou de l'autoritarisme. Cette attitude est profondément inscrite dans ses gènes. Est-ce un handicap pour gouverner la France ? Contrairement à ce que croient ses détracteurs, l'homme n'est ni rusé ni cynique, il est simple-

1. *L'Épouvantail*, avec Al Pacino et Gene Hackman (1973).

ment dans une posture d'évitement. C'est ce qui lui donne ce côté insaisissable, fuyant, qui dérange tant. Sa pudeur légendaire, utile pour échapper à la curiosité des médias, relève du même symptôme. Surtout, ne pas se découvrir. Est-ce le reliquat de l'héritage de ses lointains ancêtres protestants, originaires des Pays-Bas, venus s'installer dans le Nord, au milieu du XVIe siècle, pour échapper aux massacres perpétrés par l'armée espagnole ? Les Hollande, exilés protestants, pour vivre en paix, sont devenus de bons catholiques. Ils se sont convertis. Ont-ils pour autant abjuré leur foi ? François Hollande est un enfant sauvé des guerres de Religion. Certains prétendent que nous portons, au plus profond de notre ADN, les stigmates des siècles passés. Chez l'ancien premier secrétaire du PS, on pourrait le croire. L'art de la dissimulation est chez lui une seconde nature.

Au fond, le rescapé de toutes les tempêtes socialistes est pour beaucoup un inconnu. On a longtemps reproché à Lionel Jospin d'être verrouillé, de ne pas avoir « fendu l'armure ». François Hollande porte, lui aussi, sa cotte de mailles. Elle est plus souple, toute en causticité et en ironie moqueuse. Paradoxe : pour atteindre le cœur des Français, il doit, lui aussi, fendre l'armure. Il le sait. Il a entamé sa mue.

Après le congrès de Reims, il a tout bazardé. Il n'est pas devenu quelqu'un d'autre pour autant. Aucun conseiller en communication ne l'a déguisé. C'est la vie qui l'a transformé. En accéléré. En quelques années, le bel édifice qu'il avait bâti a implosé. Une famille parfaite. Quatre enfants. Une compagne hors norme. Une image de joyeux drille, un peu boy-scout, un peu farceur. Trop rond, et curieusement trop léger. Il lui a fallu se reconstruire, dans une grande solitude. Le purgatoire a été rude. Dans sa vie privée et dans sa famille politique, il a touché le fond. Il ne pouvait que remonter à la surface. Et se regarder enfin dans un miroir sans appréhension. Que découvre-t-il alors ? Son ambition originelle. Celle de l'époque du lycée Pasteur à Neuilly, quand il confiait à ses copains, avec l'aplomb d'un général trois étoiles, qu'il voulait devenir président de la République. L'ambition des jeunes années est toujours là, intacte, plus vivante que jamais. Elle ne l'a jamais quitté, mais il n'osait plus la regarder. Lui, président de la République ? Oui, il en rêve depuis près de quarante ans.

Après s'être désintoxiqué des guerres intestines du PS, il est enfin prêt, en paix avec lui-même. Remis à neuf par l'épreuve. Sorti intact d'une ordalie peu commune, celle d'un homme traversant un désert invisible à la recherche de lui-même. François Hollande accepte alors d'être ce qu'il est : un pèlerin arpentant les chemins vicinaux français en quête de « l'impossible étoile ». Il a beau dissimuler cette soif d'un destin extraordinaire sous une peau de Français moyen, de Monsieur Tout-le-Monde, plus personne n'y croit. « Quand il dit qu'il est normal, cela veut dire humain, sensible, intelligent, et cela nous élève, précise le metteur en scène Jean-Michel Ribes. Il nous considère à sa hauteur. »

Et si le candidat « normal » était un simple slogan, un viatique, une marque de fabrique ? Concocté comme une arme de guerre. L'antidote à Nicolas Sarkozy devenu, par effet boomerang, le président « anormal », hystérique, dérangé, déjanté. Les deux hommes sont-ils si différents ? En apparence, sûrement. Ils ont aussi bien des points communs. Une capacité de résistance d'acier : ils sont tous les deux sur le ring de la politique depuis la fin des années 1970, couturés de partout. Ils partagent une lucidité politique indiscutable : ils ont la même aptitude au pragmatisme et analysent froidement les pires situations. Enfin, ils ont le goût du jeu : ils vivent la politique comme une partie d'échecs. Même s'ils ne se font aucun cadeau, les deux hommes se respectent. Il y a entre eux une forme de complicité générationnelle. Ce sont tous les deux des quinquagénaires qui ont refait leur vie. Ils ont de l'estime l'un pour l'autre. Pour Nicolas Sarkozy, l'homme de Tulle est « une balle de caoutchouc qui n'en finit pas de rebondir ». Pour François Hollande, l'ancien député des Hauts-de-Seine est un « *alien* » de la Ve République, une curiosité. En entomologiste du milieu politique, il étudie à la loupe ce personnage qui a inventé un genre nouveau, l'omniprésidence. Avec cette singularité : « Sarko » n'a jamais habité la fonction présidentielle, pense-t-il. Il a fait des « sauts de cabri » sur le trône élyséen, sans jamais se poser. Bien que, à l'approche de l'échéance de 2012, il tente de changer de stature. Le président se fait plus rare, plus discret. Il se réfère à Georges Pompidou dans ses interventions. Il ne légifère plus à tout bout de champ. Il joue les pères tranquilles. La tornade DSK l'a presque fait passer pour un homme mesuré. François Hollande ne prend pas cette évolution à la légère. En politique, rien n'est figé. Les vérités d'un jour ne sont pas forcément celles du lendemain. Malgré les sondages, le président a encore des cartes dans son jeu.

Depuis la déclaration de candidature de Martine Aubry à la primaire socialiste, fin juin 2011, Nicolas Sarkozy semble rasséréné. Il a choisi son prochain adversaire pour 2012. Ce sera « Martine ». Le président fait la promotion de la fille de Jacques Delors à grands coups de trompette. Il la présente comme sa prochaine rivale. *Exit* l'homme de Tulle. Pour l'Élysée, la consigne est claire : il faut tout faire pour éliminer le Corrézien. « Hollande est beaucoup plus calme, moins instable que Martine Aubry, souligne un collaborateur du président sortant. Au second tour, il sera un adversaire plus dangereux qu'elle, car il prendra plus de voix au centre. Et en débat télé, il est plus coriace, sous ses allures de gentil social-démocrate. C'est un toutou qui peut mordre. Il peut cogner. » Ce proche de Nicolas Sarkozy a en mémoire leur joute sur TF1 en 1999, lorsque les deux hommes étaient chacun tête de liste aux élections européennes. Nicolas Sarkozy avait avoué, beau joueur, à la fin de l'émission : « Il est difficile à bouger celui-là. » Les observateurs avaient reconnu que François Hollande avait gagné aux points. Vers la fin de l'émission, le candidat de l'UMP avait tenté un petit uppercut sur son adversaire, en lâchant, sur le ton de la plaisanterie : « Il est toujours gentil au début, et après ça se gâte. Il se fera le cuir dans quelques années. » Sans se démonter, Hollande, du tac au tac, avait rétorqué : « Vous, gentil, vous ne l'êtes ni au début ni à la fin ! » Les deux hommes eurent d'autres face-à-face, plus équilibrés. Aujourd'hui, François Hollande n'est pas impressionné par la bête de télévision qu'est l'ancien maire de Neuilly. Il répète à ses proches qu'il connaît son « Sarko » par cœur. Il l'a décrypté depuis longtemps. « Durant une campagne, il est très facile à contrer, prétend-il. Avec lui, il n'y a pas de phénomènes de surprise, il répète toujours les mêmes choses, à chaque intervention. Il suffit de bien l'étudier. » Pour mieux le démasquer. Vieille technique : François Hollande fait dans la guerre psychologique. C'est sa spécialité : taquiner l'adversaire, l'agacer, jouer la mouche du coche. Le député de Corrèze est un adepte du « *shoot and run* », tactique de guérilla consistant à « piquer » l'adversaire puis à détaler à toutes jambes. Je cogne, je file. Je cogne, je file. « C'est la force du bonhomme, analyse François Bazin, rédacteur en chef du *Nouvel Observateur*. Pour attraper le lapin, il faut lui braquer les phares en pleine figure, sinon c'est impossible de le coincer. » Nicolas Sarkozy, en bon animal politique, le devine : Hollande est un adversaire piège. Il préfère se frotter à Martine, la candidate « par devoir », partie dans la compétition à reculons. Il y a encore quelques mois, elle n'avait aucune envie de livrer bataille. Elle répétait à ses proches que le ministère de la Culture lui suffirait, si DSK était élu président. Le scandale de New York l'a contrainte à revoir sa copie. Elle est comme une patineuse avant l'épreuve des figures imposées. Sa marge de manœuvre est faible, face à l'électron libre Hollande. « Elle est dans une situation inconfortable, dit Bruno Le Roux, député de Seine-Saint-Denis. Elle est prise en étau entre Laurent Fabius, le droitier, et Benoît Hamon, l'homme de l'aile gauche du parti. L'attelage va sûrement connaître des secousses. » Dans l'entourage de Nicolas Sarkozy, on jubile déjà en pensant à un deuxième tour face à l'ancien ministre de l'Emploi et de la Solidarité de Lionel Jospin. « Elle a au-dessus de la tête une jolie épée de Damoclès : le congrès de Reims, susurre un conseiller du château. Comment les Français pourront-ils croire quelqu'un dont la légitimité est due à une tricherie ? À Reims, il y a eu vol de congrès. Les socialistes n'ont pas eu le courage de retourner devant les urnes. Croyez-moi, le procès en illégitimité de Mme Aubry ressurgira quand ce sera nécessaire. La malédiction plane encore… » À l'UMP, les ordres ont été donnés : il faut tirer à vue sur Hollande, le « *bad boy* », l'homme à déboulonner des sommets des sondages au plus vite. Et ménager la « bonne » concurrente.

Pour l'heure, l'homme de Tulle reste d'une prudence de Sioux. Il ne veut surtout pas entrer dans les petits calculs des uns et des autres. Il sait que la route sera longue et semée d'embûches d'ici à l'élection de

2012. Les sondages connaîtront des hauts et des bas. Il lui faut garder le cap, ne pas se laisser distraire par les procès en incompétence qui lui sont intentés. Il y en aura d'autres. En attendant, il engrange de la popularité à la petite cuillère. Sans faire trop de bruit. Dans l'opinion, en quelques mois, l'énarque parisien, l'*apparatchik*, le bureaucrate, a réussi le tour de force de passer pour un rural. L'homme du bitume sent désormais le crottin. Joli coup. En Corrèze, il a endossé sans complexe le titre d'héritier de Jacques Chirac. L'ancien président de la République n'en revient toujours pas du parcours du « Petit ». En 1981, il avait vu débarquer ce freluquet, conseiller comme lui à la Cour des comptes. Il l'avait pris de haut. Il l'avait traité de « candidat moins connu que le labrador de Mitterrand ». Depuis, le gamin a pris les clés de la maison. En outre, il sait se tenir. Il ne manque pas une occasion de chouchouter les Chirac. Là, une généreuse subvention pour le musée du président à Sarran. Ici, le maintien d'une voiture avec chauffeur pour Bernadette, bien qu'elle ne soit plus la première dame. À chaque occasion, Hollande cajole, flatte. Entre le couple présidentiel et l'homme de Tulle, un lien de cousinage s'est tissé. En terre radicale, il n'y a pas d'ennemis, il n'y a que des électeurs plus ou moins bien servis. Tous les chiraquiens du cru ont vu le dirigeant socialiste se mettre dans les chaussons de Chirac sans le moindre complexe. Il pratique le même clientélisme, la même politique des services rendus. Mieux, il s'en délecte. Dans sa circonscription, tout comme son illustre prédécesseur, il connaît les histoires des familles de ses administrés sur le bout des doigts. À Paris, on se gausse de son côté « cul-terreux », accroché à une France traditionnelle ? François Hollande n'oublie jamais ce qu'il doit à ses électeurs corréziens. Ils l'ont sauvé plus d'une fois. Entre l'ancien maire de Paris et lui, il y a comme un lien du sang, ou plutôt d'humus, celui de la terre corrézienne. Comme Chirac, il est capable de parler des heures des petits villages de sa terre d'adoption. Gros-Chastang, petite commune qui domine la Dordogne. Saint-Pantaléon-de-Lapleau et sa chapelle. Saint-Bonnet-la-Rivière, son église en rotonde. Auriac, village de l'écrivain Denis Tillinac. Ou encore Les Cars et ses ruines gallo-romaines. Et toutes les autres communes. « Je les connais toutes ! » se vante-t-il. De la rivalité entre les deux grandes villes du département, Brive la Bourgeoise et Tulle l'Ouvrière, il n'ignore rien. Les touristes, stupéfaits, découvrent que le guide du conseil général de la Corrèze est préfacé par Mme Chirac. Pour François Hollande, elle est le meilleur ambassadeur pour la région. N'a-t-elle pas attiré sur ces terres limousines Hillary Clinton et le présent chinois Jiang Zemin ? Chirac-Hollande, la nouvelle alliance. À l'Élysée, on s'irrite des roucoulades des Chirac avec l'ancien premier secrétaire du PS. Il y a de la captation d'héritage dans l'air. De l'abus de faiblesse. Fin avril, Nicolas Sarkozy, pour enrayer le processus, s'invite en Corrèze. Officiellement, il vient pour s'informer de l'état de la filière bois. Le vrai motif de sa visite éclair : se faire adouber par la grande-duchesse de Corrèze, si populaire auprès des Français. La dame des Pièces jaunes est une force électorale. Nicolas Sarkozy la surnomme sa « bonne fée »... François Hollande, pas dupe, veut être sur la photo. En bon élu républicain, il va accueillir le président, en tant que président du conseil général. Il attend le couple à la lisière de la forêt de Darnets, où Sarkozy vient de planter un arbre avec Bernadette Chirac. Interrogée par les journalistes qui veulent savoir si elle soutiendra le président en 2012, elle chuchote un énigmatique : « Devinez ! » À la sortie du bois, le locataire de l'Élysée tombe nez à nez avec le président du conseil général, hilare, très en verve. « Vous êtes allés en forêt ? interroge Hollande. Vous avez trouvé des cèpes ? » Le président, les traits tendus, agacé, lui rétorque : « Vous croyez que j'ai emmené Bernadette aux champignons ? » devant une Mme Chirac un brin goguenarde. L'échauffourée l'amuse. Elle prend un certain plaisir à voir deux hommes la courtiser avec tant d'entrain. Sur les photos parues dans la presse, Hollande marque un point. Tout sourire, il apparaît comme complice de l'épouse de l'ancien président. Sarkozy, lui, est tout chafouin, le visage barré par un rictus inquiet. Il enrage. Il s'est fait rouler dans la farine. Hollande avait lancé aux journalistes : « Il vient chercher son brevet de chiraquisme. » Nicolas Sarkozy ne l'a pas obtenu. L'opération « Bernadette » a échoué.

Informé de l'impromptu de la forêt de Darnets, Jacques Chirac se tape sur le ventre. Il est ravi du tour qu'a joué François Hollande à celui qui n'a cessé de l'humilier depuis son accession à l'Élysée, le critiquant à chaque occasion, jusqu'à le traiter de « roi fainéant ». Ce Sarkozy n'a même pas eu le respect de la fonction. Il s'est comporté comme un gougnafier avec lui. Jacques Chirac ne le lui pardonne pas. Son incroyable regain de popularité lui donne aujourd'hui l'occasion d'une petite vengeance. Dans le deuxième tome de ses Mémoires, *Le Temps présidentiel*[1], l'ancien président avoue son penchant pour François Hollande. Il lui accorde même un brevet d'« homme d'État », pour « son attitude exemplaire », en 2004, sur le vote de la loi sur le voile à l'école[2]. Il aurait pu ajouter le « oui » au traité constitutionnel européen du premier secrétaire du PS, en 2005, où François Hollande associe son vote à celui de Jacques Chirac. Homme d'État ! Ce coup de pouce inattendu de l'ancien hôte de l'Élysée est une bénédiction pour le dirigeant socialiste. En quelques lignes, il l'a propulsé dans la catégorie des présidentiables. Les Français ne s'y trompent pas. Les sondages signalent aussitôt ce changement de statut. Il est désormais l'homme le plus crédible de l'opposition. Son équipe de communication, composée entre autres de Robert Zarader, Grégoire Biasini, Antoine Boulay et Pascal Manry, s'arrachait les cheveux pour en faire un « candidat capable, sans avoir

1. Nil-Robert Laffont, 2011.
2. Le 15 mars 2004, l'Assemblée nationale vote à une large majorité (494 voix contre 36), dont les voix socialistes, la loi interdisant les signes religieux ostentatoires à l'école.

été ministre, de diriger le pays ». L'ex-président a réglé en partie leur problème.

Quelques jours plus tard, lors d'une visite du musée qui lui est dédié, à Sarran, l'ancien maire de Paris récidive. Il multiplie les gestes d'affection envers François Hollande, le prend par le coude, arbore un sourire radieux. Visiblement, il se sent en famille. En confiance. Il donne le sentiment de se balader avec un de ses fils. Sous le feu des caméras et des micros, il désigne le président du conseil général de Corrèze et lâche, narquois : « Je vais voter pour lui ! » puis se rattrape : « Sauf si Juppé se présente, parce que j'aime bien Juppé. » François Hollande, éberlué, fait signe à l'ex-président de se méfier. Il lui montre du doigt les micros penchés au-dessus d'eux. Se rend-il compte qu'il est enregistré et que sa petite phrase va provoquer un scandale politique ? L'ancien chef de l'État se tourne alors ostensiblement vers la presse. Il répète, en appuyant sa phrase : « Je peux vous dire que je voterai Hollande. » Du jamais entendu ! Un ex-président annonce son soutien à l'homme qui l'a combattu trois décennies durant. Ce n'est plus un ralliement, c'est une mise sur orbite. Nicolas Sarkozy, lui, le vit comme une déclaration de guerre. À l'Élysée, on enrage. On a du mal à croire à ce coup de poignard dans le dos. Il faut réagir vite. Faire passer la foucade du « Vieux » pour un signe de sénilité avancée. Le message ? À soixante-dix-huit ans, l'homme n'a plus toute sa tête. Son accident cérébral du 2 septembre 2005 l'a terriblement fragilisé. Certains jours, il « débranche ». Son soutien intempestif au candidat « normal » est bien la preuve de son « déclin ». Claude Chirac, gardienne vigilante et attentive de l'image de son père, est reçue à l'Élysée pour éteindre l'incendie et rectifier le tir. On conclut un armistice : en fait, l'ex-président aurait joué les farceurs. C'était une blague. Comment pourrait-on croire que l'homme qui a dirigé la droite française pendant trente ans, au crépuscule de sa vie, appelle à voter pour un socialiste ? François Hollande, dans un premier temps, réagit sur le registre de l'humour. Il désamorce la bombe. « C'est une plaisanterie, dit-il. C'est pour énerver ses amis, c'était sur le mode du sourire. » Très vite, les proches de l'ancien premier secrétaire du PS comprennent que cette affaire est miraculeuse. Ils ne rient plus du tout. Ils exultent. Les aiguilles des indicateurs d'opinion s'affolent littéralement : le dérapage de Jacques Chirac bouscule tout. Hollande grimpe en flèche et se retrouve seul en tête. Il est considéré soudain comme le « meilleur des présidentiables ». La contre-attaque sur la démence sénile venue du camp Sarkozy a échoué. Les Français ne croient pas une seconde que, dans cette affaire, le « Vieux » soit gâteux. Pour eux, les images de l'ex-président aux côtés de François Hollande sont éclatantes de vérité. Visiblement, le patriarche rayonne, il paraît comme délivré, presque transfiguré. Sur Internet, des millions de visiteurs regardent, incrédules, l'incroyable réunion de famille corrézienne. On se repasse en boucle l'image de la main de Chirac sur l'épaule de Hollande. Un geste plus qu'affectueux. Il est dévastateur pour la droite.

Aucun communiqué officiel ne pourra l'effacer. « L'ancien président de la République, tellement moqué il y a quelques années, est devenu furieusement tendance, écrit Anne Fulda dans *Le Figaro*[1]. Un président *vintage*. Aussi chic qu'un bon sac au cuir vieilli, tanné par les années et l'expérience et exhalant un parfum de douce nostalgie. » La stupéfiante cote de l'ex-président dans l'opinion, qui dépasse parfois les 80 % d'avis positifs, est toute contenue dans cette nostalgie bleu, blanc, rouge. Les Français sont fatigués qu'on massacre leur modèle de société. Sans notaire, sans préparatifs, presque au débotté, c'est le legs qu'a transmis l'ancien maire de Paris au député-maire de Tulle, celui de la préservation du patrimoine politique du pays. Tenir la boutique, telle est, symboliquement, la mission assignée au « Petit ». Cela sent terriblement le radicalisme, si souvent revendiqué, en privé, par Jacques Chirac. L'affaire du musée de Sarran, sous ses allures bonhommes, est un tremblement de terre politique. Ceux qui connaissent les deux hommes sont moins surpris. Leur connivence a une explication.

Ils ont le même modèle politique, Henri Queuille, le pape du radicalisme, originaire de Neuvic, en Corrèze. François Hollande a dévoré la volumineuse et passionnante biographie de l'ancien président du Conseil de la IVe République écrite par un diplomate américain, Francis De Tarr[2]. Une vie hors du

1. 29 avril 2011.

2. *Henri Queuille en son temps*, La Table ronde, 1995.

commun. Médecin militaire pendant la Première Guerre mondiale, Queuille participe aux batailles de Verdun et à l'offensive de la Somme. Député radical-socialiste sans discontinuer de 1914 à 1935, sénateur de 1936 à 1940, il refuse de voter les pleins pouvoirs au maréchal Pétain en 1940, puis il rejoint le général de Gaulle à Londres et devient, en 1944, à Alger, président par intérim du Gouvernement provisoire. Après la guerre, il retrouve son siège à l'Assemblée, de 1948 à 1956. Il est, durant cette période, trois fois président du Conseil. Au cours de sa longue vie politique, Henri Queuille est ministre ou secrétaire d'État un nombre incalculable de fois. Pour Pierre Viansson-Ponté, directeur du quotidien *Le Monde* dans les années 1960, il est « le *recordman* toutes catégories et sans challenger de la politique française ». La longévité d'Henri Queuille laisse pantois. Ce qui lui valut une réputation de vieux sage roublard, porté sur le compromis. Certains le jugeaient cynique, car il goûtait aux bons mots et à la moquerie.

Les observateurs n'ont longtemps vu en lui que le chantre du bon sens et du pragmatisme, ce « petit père Queuille » au ton malicieux et caustique qui répétait avec délices : « L'immobilisme est en marche, rien ne pourra l'arrêter. » Ils ont oublié le héros et le bâtisseur. « C'est un personnage central du XXe siècle, soutient François Hollande. Il est le créateur du Crédit agricole et aussi de la SNCF. C'est lui qui, en 1945, dit à François Mitterrand d'aller conquérir un département s'il veut faire une carrière politique. Il l'envoie alors dans la Nièvre. Il lui dit : “Vous êtes inconnu, vous n'avez donc aucun ennemi…” Mitterrand lui en a toujours été reconnaissant. Il s'est bâti un fief grâce à lui. C'est ce même message que m'a transmis François Mitterrand, celui de l'enracinement, pas seulement pour faire carrière mais pour aimer la France. Mitterrand écrivait régulièrement à Henri Queuille des lettres très chaleureuses. Il est allé jusqu'à inaugurer lui-même, en 1982, le musée Henri-Queuille à Neuvic d'Ussel, sur le territoire de son ennemi Chirac, patron du RPR à l'époque. » L'ancien président du Conseil fut aussi le parrain politique de… Jacques Chirac. En 1965, fatigué et malade, il ouvre les portes du département au fringant énarque pompidolien, lui offre ses réseaux. Jacques Chirac a un lien quasi familial avec Henri Queuille. La petite-fille de ce dernier est mariée avec un de ses meilleurs amis, Jérôme Monod. En politique, le parrainage d'une figure tutélaire est obligatoire, si l'on veut durer. Ainsi, Henri Queuille fut le mentor de deux ennemis irréductibles, Mitterrand et Chirac, qui, par l'usure du temps et des combats, ont fini par se supporter puis par s'apprécier. Henri Queuille, devenu au fil des années le symbole de l'incurie de la IVe République, du régime des partis, a disparu du panthéon de la mémoire nationale. Un injuste oubli de l'histoire que veut réparer François Hollande. « Henri Queuille, dit un proche de l'ancien président de la République, c'est aussi le Conseil national de la Résistance, l'outil qui a forgé notre pays, avec ses valeurs de tolérance, de sens du partage, de refus de la soumission à la toute-puissance des banques. À l'époque, dans ce Conseil, il y avait des gens de droite et des gens de gauche. » La grave crise économique que traverse le monde occidental justifierait ce rassemblement ? C'est ce que veut transmettre le candidat Hollande aux Français. Après la rupture au pas de charge de Sarkozy vient le temps de l'apaisement, non pas pour une gestion patachon du pays. « Il n'y a pas de modernité, d'innovation, de confiance en l'avenir sans savoir d'où l'on vient et où on veut aller », martèle François Hollande dans ses réunions publiques. Le vainqueur de 2007 l'avait emporté en pratiquant allégrement le meurtre du père, Jacques Chirac. Sarkozy massacrait à la hache celui qu'il avait servi avec zèle. Le nouveau maître de la Corrèze, lui, au contraire, ne rejette rien. Il ne tue pas. Il faut s'y habituer. Il prend le meilleur chez tous ses « pères ». Il en a tellement. Il picore chez chacun d'eux. François Mitterrand, le Sphinx. Jacques Delors, le Pusillanime. Lionel Jospin, le Pasteur. Jacques Chirac, le Hussard. Henri Queuille, l'Indestructible. Et lui, désormais, de quelle épithète peut-on l'affubler ? Peut-être les six à la fois ? Ou celle que les perfides fabiusiens lui ont donnée, Guimauve le Conquérant ? Obsolète. François le Novice ? Dépassé. Hollande, la farce tranquille ? Caduc. Alors ? Sa brusque métamorphose a brouillé son image. Même les auteurs des *Guignols de l'info*, sur Canal +, sèchent. Ils ont modifié la marionnette du gentil Flamby, ont durci le trait, ont fondé leurs sketches sur son régime basses calories, mais reconnaissent qu'ils ne savent pas « par où l'attraper ». « Nous savions que sa marionnette était très injuste, dit Yves Le Rolland, producteur de l'émission, qu'elle ne reflétait sans doute pas la réalité du personnage. Mais, en même temps, c'est ce qu'il donne à voir. Son côté consensuel, un peu mou, c'est son image. Il y a chez lui un côté trou noir qui absorbe les problèmes, et puis on a le sentiment que ces problèmes ne ressortent jamais. » Après Flamby, qui est le nouveau Hollande ? Les quinze kilos perdus lui ont indubitablement fait du bien. En fondant, il s'est densifié. Que lui manque-t-il ? De gagner, prétend-il. « Qui se souvient que, quelques mois avant l'élection présidentielle de 1981, peu de gens misaient sur François Mitterrand ? rappelle François Hollande. On moquait ses rouflaquettes, ses yeux qui clignaient en permanence et ses incisives trop pointues. Vous connaissez la suite… » François l'Optimiste est convaincu que, cette fois, les vents lui sont favorables. Comme Queuille l'Insubmersible, son maître, qui fut lycéen à Tulle, le député de Corrèze n'a pas abandonné son humour corrosif pour franchir les derniers obstacles. La présidence de la République ? Plus qu'une poignée de mois à ferrailler. Le temps d'une année scolaire. Le surdiplômé a bien l'intention de réussir l'examen de passage. En tentant de se débarrasser de sa peau d'éternel étudiant. Et si ce n'était pas nécessaire ? Si son sens de l'humour pouvait encore l'aider ? Récemment, lors d'une visite à Bruxelles, il croise un groupe de lycéennes.

— Dans quelle classe êtes-vous ? leur demande-t-il.

— En première, répondent en chœur les jeunes filles.

— Moi aussi, je suis en première PS, mais, bientôt, je serai en terminale !

Fin mai 2011, à la halle Freyssinet, dans le XIIIe arrondissement, à Paris, le PS est en convention. Au programme des hiérarques socialistes : comment redonner de l'espoir à la jeunesse. François Hollande est assis à trois sièges de Ségolène Royal. Entre eux, Martine Aubry et Bertrand Delanoë. Soudain, le maire de Paris et la première secrétaire se lèvent et laissent l'ancien couple côte à côte. Pendant quelques secondes, ils se regardent, interloqués. Ils échangent un regard. Tous les photographes sont à l'affût. C'est Ségolène qui entame la conversation. Elle vient d'entendre Laurent Fabius défendre la candidature de Martine Aubry, vantant ses trois atouts : être une femme, avoir été ministre et être capable de rassembler. Ségolène Royal, en riant, a pris ces compliments pour elle.

— Tu as vu, Fabius me soutient ! lui lâche-t-elle, goguenarde.

— Méfie-toi, la prévient François Hollande, hilare. Il a aussi soutenu Strauss-Kahn…

En quelques secondes, la vieille complicité d'un couple séparé a ressurgi. Les photographes immortalisent ce moment étrange qui en dit plus long que tous les discours. Leurs sourires ne trompent pas. Certes, ils ne sont plus que deux présidentiables, deux animaux politiques, qui savent que leur destin, au fond, repose sur peu de chose. Ils ont pris de la bouteille. Leur cuir s'est épaissi. Ils semblent rassérénés. La descente aux enfers de DSK, le favori socialiste, a renvoyé leurs querelles de « divorcés » au rang des petites banalités du quotidien. Leurs enfants n'auront pas à choisir entre l'un ou l'autre. Ces derniers sont bien décidés à attendre tranquillement le résultat des primaires. Ils se sont réunis et ont pris une position claire : ils soutiendront celui, ou celle, qui sera le ou la candidate socialiste à l'élection présidentielle. La guerre des roses Royal-Hollande est derrière eux. Ils pourront, le cas échéant, s'entendre pour gouverner le pays. Ils y sont prêts tous les deux. Ils pourront même s'allier politiquement pour le bien de la gauche. Invraisemblable ? Ils l'ont confié clairement à l'auteur de ces lignes. Après la séparation et ses blessures, les retrouvailles politiques. Ce serait le comble du romanesque. Pour François Hollande, qui déteste les romans et qui prétend n'en avoir lu qu'une poignée dans sa vie, ce dénouement n'est encore qu'une belle fiction. Elle pourrait en faire trembler plus d'un. Le député de Corrèze, l'homme qui voudrait tant que la vie politique ne soit qu'une interminable suite d'équations. Tout son combat, depuis trente ans, prouve l'inverse. Il rêve bien d'être un héros, comme ses deux grands-pères, miraculés de la Grande Guerre, décorés au champ d'honneur. Les héros ne sont pas tous des surhommes. Au contraire, comme l'a écrit Bertolt Brecht, ils sont souvent des gens ordinaires confrontés à des temps extraordinaires. Ceux-ci se révèlent infiniment plus courageux que tous les fanfarons de la terre. Que fuit François Hollande en jouant la bonhomie tranquille ? Les fantômes de ses ancêtres bataves, ceux qui ont échappé aux bûchers de la Sainte Inquisition et qui se sont cachés, durant des siècles, dans la peau de petits paysans sans terre du nord de la France ? C'est cette mémoire en fuite que le candidat socialiste doit chercher, pour en livrer une parcelle aux Français. François Hollande prétend qu'on ne change jamais vraiment, même en perdant quinze ou vingt kilos. Sous l'écorce, le noyau dur, croit-il, est rigoureusement le même.

Chapitre 19

La tactique de l'édredon

Elle est rayonnante. Elle avance de son pas de diva, entourée d'une noria de micros et de caméras. Pas de doute, elle est toujours une star. La presse étrangère l'assaille encore avec la même ferveur. Elle a le port altier, comme à ses meilleurs jours. Elle n'est jamais aussi resplendissante que sous le feu des médias. Ségolène Royal sent bien que la flamme qu'elle a allumée en 2007 dans le cœur des Français est loin d'être éteinte. Cinq ans après, elle prend toujours aussi bien la lumière. Elle savoure ce moment avec délectation. Tout près d'elle, les barons du PS observent, agacés, dépités, un brin jaloux, l'effervescence qui entoure la Madone du Poitou. Dans quelques minutes, ce 22 janvier 2012, dans cette nef du parc des expositions du Bourget, pleine à craquer, le candidat socialiste à l'élection présidentielle va s'exprimer. Dans une salle enfiévrée, une mer de drapeaux inonde les travées. Son « ex », le père de ses quatre enfants, l'homme qui l'a accompagnée si longtemps dans sa carrière de femme politique et qui a fini par la quitter, est sur le point de prendre la parole. L'« infidèle » est désormais en haut de l'affiche. Il est *le* candidat. Au fond, il lui succède. En 2007, « c'était elle[1] ». En 2012, c'est lui. Passage de témoin entre une femme et un homme, à peine sortis d'un tsunami intime. Quel metteur en scène aurait pu imaginer pareil feuilleton politique ? Royal-Hollande, ou l'histoire d'un couple en perpétuel remue-ménage. Il s'est séparé d'elle, mais elle est toujours là, omniprésente, fière, batailleuse. Durant la campagne des primaires socialistes, au début de l'automne, Ségolène n'a pas ménagé son « ancien compagnon ». Elle a même sorti l'artillerie lourde pour dénoncer l'« immobilisme » de François Hollande. Elle s'est payée le luxe d'une petite perfidie en déclarant qu'en vingt-cinq ans de vie politique « François n'avait rien fait ». La phrase avait touché l'« ex » en plein cœur. Devant quelques amis, il avait rétorqué, sur le mode de la plaisanterie, comme toujours : « En vingt-cinq ans ? J'ai fait ça ! » Et de brandir quatre doigts de sa main droite. Quatre, comme quatre enfants…

Situation cornélienne : une femme, ancienne candidate à l'élection présidentielle, délaissée pour une autre, se présente aux primaires socialistes contre l'homme qui l'a plaquée. « Il y avait un côté revanchard chez Ségolène, raconte un proche des deux

---

1. Le 15 décembre 2005, la une du *Nouvel Observateur* titrait : « Et si c'était elle ? ». Voir *supra* p. 242.

dirigeants socialistes. Elle partait au combat avec l'idée de prouver que sans elle François n'avait pas la carrure. Elle était un peu aveuglée par la passion. En politique, ce n'est pas la meilleure posture. Dans leur entourage, nous étions tous tétanisés par cette curieuse bataille où l'intime submergeait souvent le politique. J'ai eu même le sentiment que c'était sa manière à elle de repartir à la reconquête de François. En lui rentrant dans le lard ! »

Le soir du premier tour des primaires socialistes, le 9 octobre 2011, le choc est rude. Ségolène Royal n'obtient que 7 % des suffrages des électeurs. Une humiliation à laquelle elle n'est pas préparée[1]. Sonnée, elle vit cette épreuve comme la fin d'une histoire d'amour avec le peuple de gauche. Ce peuple, qu'elle croyait comprendre cent fois mieux que François Hollande « le technocrate », l'a abandonnée à son tour. Terrible désillusion. Son opération « Reconquête » est un fiasco. La diva a dévissé. Blessée, meurtrie, elle apparaît pourtant à la télévision, le regard perdu, en plein désarroi, et laisse couler une larme. Pour tous les Français, Ségolène Royal, en ce soir de défaite, se montre digne. Elle révèle surtout une profonde humanité. Le pathos surgit dans la

1. Sur 2 650 000 suffrages exprimés, François Hollande obtient 39,2 % des voix, contre 30,4 % à Martine Aubry, 17,2 % à Arnaud Montebourg, 5,6 % à Manuel Valls, 0,6 % à Jean-Michel Baylet.

campagne. L'impératrice du Marais poitevin est devenue « la femme qui pleure ». Elle est battue, balayée, mais elle a conquis le cœur des téléspectateurs. Dans l'équipe du vainqueur, on capte très vite ce que pourrait bien apporter la « mère des enfants » de François à la campagne. De l'émotion, de l'affect, du « tripal », le gros point faible du leader socialiste. Ségolène est une guerrière. Pas question de la laisser filer chez sa rivale du second tour, Martine Aubry. D'autant que celle-ci n'a pas attendu pour réconforter la grande perdante du premier tour. La maire de Lille, dès l'annonce des résultats, s'est précipitée vers la « pasionaria des Deux-Sèvres » afin de la consoler et de lui proposer une alliance.

François Hollande, plus bouleversé qu'il n'y paraît par le mauvais score de Ségolène, n'a pas réagi. Il est occupé à compter et recompter les résultats de cette élection qui a passionné les médias et mobilisé près de trois millions d'électeurs. Comme d'habitude, le « géomètre » fait ses calculs. Certes, il est en tête, mais il n'a pas suffisamment creusé l'écart avec sa poursuivante, Martine Aubry. Il n'a que neuf points d'avance sur elle (39 % contre 30 %). Il espérait finir au-dessus de 45 %. Il n'a pas « tué le match ». « En ajoutant les voix de Ségolène et les 17 % d'Arnaud Montebourg, résume un lieutenant de François Hollande, Martine Aubry pouvait l'emporter. Dans notre camp, il y a alors du flottement, voire de la panique. On comprend alors que les petits 7 % de Ségolène sont indispensables pour gagner. Elle a perdu, mais se retrouve « faiseuse de roi ». Logiquement, si l'on s'en tient aux prises de position des uns et des autres, Ségolène Royal, la reine de la démocratie participative et Arnaud Montebourg, le chantre de la « démondialisation », penchent pour la première secrétaire du PS, jugée plus à gauche que François Hollande.

Mais « la femme qui pleure » a d'autres ressorts pour se déterminer. Des mobiles plus intimes, plus familiaux. N'a-t-elle pas promis à ses quatre enfants qu'elle se rangerait derrière François s'il arrivait en tête ? Comment ne pas tenir une telle promesse ? Elle hésite tout de même quelques jours. Quel moindre mal doit-elle choisir, la peste ou le choléra ? L'homme qui l'a délaissée ou la femme qui lui a « volé » le Parti au congrès de Reims, en 2008 ? Entre deux maux, elle opte pour le père de ses enfants. Elle l'annonce sur son compte Facebook, le mercredi 12 octobre, à midi. Le ton est peu enthousiaste, presque administratif, mais ce ralliement pèse très lourd. Une bénédiction pour Hollande, voire une bouée de sauvetage. Car ce dernier commençait à trembler. Sans Ségolène, il était pratiquement sûr de perdre. Au moment fatidique, sans doute la mort dans l'âme, elle est revenue vers lui. François Hollande sait désormais ce qu'il lui doit.

Fort de ce soutien inespéré et de ceux de Manuel Valls et de Jean-Michel Baylet, il peut désormais négocier plus sereinement l'appui d'Arnaud Montebourg, la surprise du premier tour socialiste. Le député de Saône-et-Loire traîne des pieds, joue des pectoraux, mais finit par rejoindre le camp des hollandais. Un de ses plus proches conseillers, Aquilino Morelle, l'ancienne plume de Lionel Jospin à Matignon, rejoint alors le staff du député de Corrèze. Ainsi, l'homme qui, en 2007, avait déclaré que « le principal problème de Ségolène, c'est son compagnon », rentre dans le rang. Il rejoint celui qu'il avait humilié publiquement en le surnommant « Flamby ». Autre motif du choix de l'élu de Bourgogne : ses relations avec Martine Aubry étaient devenues exécrables depuis plusieurs mois. Lui aussi a choisi entre deux maux… Comme Ségolène Royal.

François Hollande l'a échappé belle. Au soir du deuxième tour, le 16 octobre, il l'emporte largement sur Martine Aubry, avec près de 57 % des suffrages (sur 2,7 millions de votants). Il triomphe, mais il est conscient de la fragilité de sa position. Son duel avec la maire de Lille a laissé des traces. Cette dernière, pugnace au-delà du nécessaire, a livré une véritable bataille rangée, oubliant que les électeurs qui devaient choisir entre elle et son concurrent se trouvaient dans le même camp politique. Elle qualifie Hollande de chef de la « gauche molle » et de « candidat du système ». Son ton est d'une telle dureté qu'on se demande comment ces deux-là pourront bien gouverner ensemble. En l'accusant du péché d'incompétence et de manque d'expérience, elle « plombe » Hollande et lui prépare un véritable champ de mines. Face à cette offensive, le président du conseil général de Corrèze reste de marbre. Il fait l'autruche et déroute même son plus proche entourage. On le conjure de répondre coup pour coup, d'entrer enfin dans l'arène, de « cogner ». Serait-il donc si faible, si conciliant ? Il répond tranquillement : « Si on veut rassembler la gauche dans les prochains jours, on ne va pas transformer cette élection en combat de rue. » Hollande, le grand conciliateur, tient bon face aux faucons de son propre camp. Il résiste à ceux qui l'implorent de déclencher la foudre contre Martine la « flingueuse ». « C'est dans ces moments qu'on découvre que François Hollande est l'inverse d'un faible, résume Najat Vallaud-Belkacem, proche de Ségolène Royal. Il n'a pas cédé aux pressions et a imposé son point de vue. Sans coup de menton, sans le besoin de mettre les gens au garde-à-vous. » Pourtant, durant quelques jours, l'opinion semble flotter et ses plus fidèles collaborateurs s'inquiètent de son attitude. « Le Grand Méchant Mou » serait-il de retour ?

Les sarkozystes se ruent dans la brèche et apportent de l'eau au moulin de Martine Aubry qui est, quasi officiellement, la candidate préférée du président de la République. Les attaques pleuvent. Hollande n'a pas le « gabarit ». Hollande n'a pas l'âme d'un chef de guerre. Comment pourrait-il gouverner en pleine tempête ? Trop pusillanime, trop consensuel, trop flou. Pourtant, il déjoue les pronostics de la droite et l'emporte largement. Les excès de Martine Aubry l'ont perdue. Le capitaine Fracasse en tailleur a effarouché par ses invectives. Elle a presque « victimisé » son rival. Leçon politique : François Hollande a eu raison, contre une majorité des siens. En jouant la tactique de l'édredon, il a évité l'empoignade fatale. Il peut désormais rassembler son camp. Le « père peinard » peut réunir la famille. Ségolène, et tous les autres. Le soir de sa victoire, il appelle tous les ténors du PS sur le perron de la rue de Solférino. L'homme de la synthèse exulte. Autour de lui, on joue la scène de la grande camaraderie. Oubliés les mots blessants, les phrases assassines, les petits complots d'arrière-salle. Tout le monde s'aime, se congratule. François Hollande a « pardonné, mais [n'a] rien oublié », formule dont il use alors pour calmer ceux qui lui demandent de débarquer Martine Aubry de la tête du PS. Comment pourrait-elle se mettre à son service après l'avoir tant vilipendé ? « On implore François de profiter de sa large victoire pour propulser un de ses partisans à la tête du parti, Jean-Marc Ayrault ou Vincent Peillon, raconte l'un de ses proches. Comment faire confiance à Martine Aubry ou à Laurent Fabius qui le méprisent tant ? » Provoquer un putsch en peine euphorie ? François Hollande n'hésite pas une seconde. La réponse est ferme et définitive : c'est non. Pas question de réveiller les fantômes du congrès de Reims. Le nouveau pape socialiste joue les œcuméniques. Il sait qu'il a, plus que jamais, besoin d'un parti en ordre de bataille, offensif, uni, déterminé. La grande machine qui gagne toutes les élections depuis vingt ans, sauf l'élection présidentielle, doit carburer à plein régime. Il ne commettra pas l'erreur de Ségolène Royal. En 2007, elle avait méprisé les éléphants du PS, persuadée, à juste titre, qu'ils n'avaient aucune envie de la voir accéder à l'Élysée. Et cette fois ?

« C'est très différent, précise Stéphane Le Foll, député européen, un des fidèles du député de Corrèze. Personne n'a envie de relancer la machine à perdre chez les socialistes. Chacun d'entre nous veut la victoire, pour des raisons diverses. Cela fait tout de même dix-sept ans qu'un socialiste n'est pas entré à l'Élysée. Il faut une alternance tout de suite, pas dans cinq ans. » Alors, va pour la grande réconciliation, avec, sur la photo, tous les ténors du parti : Laurent Fabius, le vieil ennemi, celui qui l'avait surnommé « fraise des bois », Arnaud Montebourg, l'irrespectueux, Manuel Valls, l'inflexible, Martine Aubry, la vindicative, Jean-Michel Baylet, le radical, et tous les autres. Et, bien sûr, Ségolène Royal, celle qui a fait pencher la balance au moment clé. Elle n'a pas tout pardonné, mais elle fait bonne figure. Elle est à ses côtés sur le cliché historique, celui de la famille socialiste enfin rassemblée. Une image rêvée par François Hollande depuis si longtemps. Presque un mirage, tant les haines recuites, les querelles de boutiquiers, les ambitions personnelles ont empoisonné la vie de ce parti impossible à gouverner. En jouant la carte du Grand Pacificateur, Hollande se retrouve dans son rôle de toujours. Mais, cette fois, avec une autorité incontestée. Il n'est plus l'intérimaire. Il est auréolé d'une victoire nette et sans bavure, au terme d'un scrutin inédit qui a apporté un courant d'air frais à la France. Comment conserver cette dynamique alors qu'il reste encore six mois avant l'échéance présidentielle ? Le soir même de son élection, le nouveau candidat socialiste, successeur de

François Mitterrand et de Lionel Jospin, est conscient du problème. Comment durer sans lasser ? Comment maintenir cette « union sacrée » des socialistes qui pourrait bien n'être qu'une façade ?

Fin octobre, en petit comité, entouré de ses plus proches amis, Michel Sapin, Dominique Villemot, Stéphane Le Foll, Bruno Le Roux, et quelques autres, il élabore une stratégie de « montée en puissance » de la « marque » Hollande. Il faut agir à dose homéopathique. Il s'agit de ne pas lasser l'opinion. L'élection présidentielle est encore si loin. Il faut maintenir la pression, tout en ouvrant une forme de parenthèse, histoire de se mettre en retrait avant les grands chocs du printemps. En garder sous la semelle, comme disent les sportifs. « Début novembre, nous sommes dans la logique du coureur de fond qui doit garder du souffle pour le sprint final, raconte le publicitaire Robert Zarader, un des responsables de la communication du candidat. François Hollande est favorable à l'idée de ne pas se surexposer et d'entrer dans une phase d'écoute et de consultations. » Il faut gérer le « faux plat ». Le député de Corrèze pense consacrer l'hiver à l'élaboration de son programme présidentiel, sans faire de vagues, en y associant les meilleurs experts et le maximum de caciques du parti. Le projet socialiste élaboré sous la direction de Martine Aubry ? Il n'est plus un bréviaire intouchable mais une simple base de travail. L'évolution de la crise économique oblige le candidat socialiste à la plus grande prudence. François Hollande n'a pas l'intention de porter un « boulet trop contraignant ». Il ne le cache pas : « Le projet socialiste, qui était déjà frais, prévient-il, pourrait se révéler froid si la situation venait à se dégrader. » Traduction : il faut se préparer à affronter la tempête économique à venir. Le spectre des agences de notation plane sur toutes les têtes. Et aussi le chiffrage des experts de l'UMP pour qui la facture du programme socialiste tourne autour de 255 milliards d'euros, une « catastrophe pour le pays ! », selon eux. Bénéficiant d'une cote insolente dans les sondages, autour de 35 % au premier tour, Hollande sait qu'il va être la cible de toutes les attaques. Cette posture de super favori est bel et bien un handicap, car elle l'expose plus qu'aucun autre. À tous ses proches, il répète qu'il faut garder la tête froide, que la mitraille va bientôt tomber sur lui. Il est l'homme à abattre. Dès l'automne, en effet, les ministres de Nicolas Sarkozy partent à l'assaut. Les coups pleuvent comme à Gravelotte : Babar, petit chef, incapable, peu courageux, homme sans expérience, les noms d'oiseaux fusent. La droite profite de la perche tendue par Martine Aubry durant les primaires socialistes : la « gauche molle » fait des ravages dans l'opinion. Même Jean-Luc Mélenchon, leader du Front de gauche, y va de sa petite vacherie. Il traite son ancien camarade de parti de « capitaine de pédalo dans la tempête ». Le coup est rude. Il fait un tabac sur la Toile. Comment freiner cette dynamique négative ? François Hollande doit aussi gérer la calamiteuse négociation de la direction du PS avec les écologistes. On lui reproche de devenir l'otage d'un quarteron d'ayatollahs verts, de céder la fermeture de quelques centrales nucléaires pour une poignée de sièges aux élections législatives. Des élus socialistes se retrouvent piégés par des accords qui parachutent des dirigeants d'Europe-Écologie-Les Verts dans des circonscriptions traditionnellement dévolues aux socialistes. À Paris, Bertrand Delanoë fulmine et soutient la candidature de son premier adjoint, Anne Hidalgo, contre Cécile Duflot, patronne des Verts. Dans la capitale, l'atmosphère est à la vendetta, mais aussi dans d'autres régions de France. À droite, c'est l'occasion rêvée d'enfoncer le clou sur la « faiblesse » du chef socialiste, son éternelle incapacité à trancher. « Avec Hollande, c'est la pagaille garantie », entend-on au gouvernement. La menace de la « chienlit », formule chère à Charles de Gaulle, n'est pas loin. Pendant que ses troupes se chamaillent, que doit-il faire ? Répondre, taper du poing sur la table, jouer les matamores ? Ses lieutenants l'implorent de sortir de son rôle de père tranquille, de remettre au pas les indisciplinés. Certains paniquent, oublient les consignes de placidité et demandent à ce qu'on accuse Martine Aubry de tous les maux. On la soupçonne de jouer la défaite de Hollande et de se préparer à une cohabitation avec Nicolas Sarkozy en cas de victoire de la gauche aux législatives. Ce scénario est loin d'être une chimère. De nombreux instituts de sondage l'ont pointé comme une très sérieuse éventualité. Martine Aubry dans le rôle de Ganelon ? Les vieilles rancœurs du congrès de Reims surgissent à nouveau. Ceux qui avaient conseillé au vainqueur des primaires de profiter de son avantage en coupant des têtes au plus vite, reviennent à la charge, dès le lendemain du 16 octobre. Mais le député de Corrèze ne veut rien entendre et s'en tient à sa ligne de conduite, celle du rassemblement. Il préfère laisser passer l'orage. Hollande maintient son cap d'« homme au-dessus des basses polémiques ». Il envoie tout de même ses lieutenants au front, Pierre Moscovici en tête. Pourquoi le favori des sondages irait-il plonger dans cette mêlée nauséabonde ? Politiquement, il a sans doute raison, mais son image publique en prend un coup. Il passe encore pour un indécis. Trop bonhomme, trop souple. Ceux qui le suivent de près l'ont pourtant vu dur et autoritaire dans certaines occasions. Comme cc dimanche 13 novembre, dans une salle de réunion de l'hôtel Mercure, à Pantin, dans la banlieue parisienne. Ce jour-là, il convoque son premier cercle pour en finir avec les états d'âme des uns et des autres. Trop de lieutenants s'épanchent dans la presse et jouent les pleureuses devant les journalistes. Son ton est alors cassant, sans ambiguïté. « Si vous n'êtes pas en mesure de faire le travail en vous montrant exigeants, tonne-t-il, je vous sortirai de l'équipe de campagne ! » Pour ceux qui n'auraient pas saisi l'admonestation, il ajoute : « Votre présence dans l'organigramme n'est pas une obligation. »

François Hollande est agacé par les critiques trop faciles venant de son propre camp. On lui reproche d'être au Salon du livre de Brive, début novembre, alors que son rival, pas encore officiellement candidat, préside le sommet du G20 à Cannes et disserte avec les grands de ce monde. Nicolas Sarkozy peaufine sa stature d'homme d'État pendant que lui baguenaude dans les travées d'une foire du livre de sous-préfecture. Même son voyage à Berlin, au congrès des amis socialistes du SPD, début décembre, n'a pas rassuré les râleurs, il y a pourtant été acclamé par 4 000 militants allemands enthousiastes. « Cette position de grand favori est un piège terrible, reconnaît Manuel Valls, responsable de la communication de la campagne de François Hollande. Elle vous place en ligne de mire de toutes les critiques. Le moindre dérapage, la moindre ambiguïté, la formule la plus anodine se retrouvent analysés, disséqués, décryptés, décortiqués, et souvent mal compris. » En d'autres termes, il faut dézinguer à la moindre occasion le chouchou des sondages. Pour éviter le jeu de massacre, il doit redoubler de prudence. Exemple : au Salon du livre de Paris, le 18 mars, François Hollande évoque ses goûts littéraires. Il cite *Les Misérables* de Victor Hugo et *Le Mythe de Sisyphe* d'Albert Camus. Certains journalistes sursautent. Sisyphe, le héros de la mythologie grecque ? L'homme condamné par Zeus à pousser éternellement, les yeux bandés, un rocher au sommet de la colline ? Sisyphe, symbole de l'impuissance et du fatalisme ? Pour un candidat à l'élection présidentielle, le personnage n'est-il pas mal choisi ? Nicolas Sarkozy, lui, cite Napoléon sur le pont d'Arcole, voire Superman, les jours de grande forme. Sisyphe ne serait-il pas un *looser* ? Comprenant que son intérêt pour l'homme puni des dieux risque de ternir un peu plus son image et de ravir le camp des rieurs, il revient vers les micros et s'explique longuement. Oui, il se compare au fils d'Énarété et d'Éole. Il assume : « Sisyphe, c'est l'image de la persévérance et de la ténacité. Moi aussi, je porte mon rocher, sans cesse, et depuis longtemps déjà. Comme Sisyphe, celui qui fait campagne ne doit jamais relâcher, jamais croire que quelque chose est acquis. Même si je remporte l'élection présidentielle le 6 mai, il faudra continuer le combat. Continuer, encore continuer. Le combat politique est sans fin. »

Cette histoire de Sisyphe le touche au plus profond de lui-même. Elle le renvoie à sa propre vision du monde, à ses croyances les plus ancrées, enfouies sous une gangue de bonhomie. François Hollande est un pessimiste rieur. Indubitablement il est camusien. La vie est tragique puisqu'elle finit mal ? Alors prenons le parti d'en rire. François Hollande est un homme qui pousse son rocher avec jubilation. Il s'inspire de la formule de Camus, mieux, il la revendique : « La lutte elle-même vers les sommets suffit à remplir un cœur d'homme. Il faut imaginer Sisyphe heureux. » Dans le brouhaha du Salon du livre parisien, le candidat socialiste est en veine de confidences. Les journalistes, surpris de ce moment de relâchement chez cet homme tout en contrôle, veulent savoir si son rocher, aujourd'hui, n'est pas « trop lourd » pour lui. « Non, le rocher n'est pas plus lourd, confie-t-il, mais je suis dans un moment crucial car je suis maintenant presque en haut. Les derniers mètres avant la victoire sont toujours les plus difficiles. Mais je reste serein, concentré, déterminé, et j'ai pleinement conscience qu'il faut se battre à chaque instant. Rien n'est pire que l'autosatisfaction, le contentement de soi, le mépris des autres. Moi je veux agir avec constance, cohérence. Une campagne, c'est un temps plein : ce n'est pas des moments de violence suivis de moments de franche rigolade dans des émissions de grande écoute. » Autosatisfaction, contentement de soi, mépris des autres ? À qui pense-t-il ? François Hollande ne vise qu'une personne, celui qu'il ne nomme jamais, ou alors seulement « le président sortant », comme pour marquer une distance avec le représentant d'un monde qui n'est pas le sien, celui des privilèges et de l'argent roi. Nicolas Sarkozy, l'homme de toutes les outrecuidances, de toutes les pirouettes, de toutes les volte-face. Son opposé parfait. Tout en impétuosité, en coups de force, en théâtralité. Devant les outrances de son rival, François Hollande est bien décidé à ne pas changer, à ne pas surjouer un personnage qu'il n'est pas. Il le répète depuis si longtemps à ses conseillers en image : « Je ne vais pas me déguiser ou jouer à je ne sais quel va-t'en-guerre. Je suis comme je suis. » Tout est dit dans ce message en concentré qui pourrait bien résumer le sens des dernières semaines de la campagne électorale. Celui du choix entre deux hommes, deux caractères. L'expert-comptable et le flibustier. Le président du conseil général de Corrèze sait qu'une immense majorité de Français ne supporte plus les méthodes à la hussarde de l'ancien maire de Neuilly. Mais doit-il surfer sur la vague du rejet du « Fanfaron » ? François Hollande l'a dit : il ne tombera pas dans l'antisarkozysme primaire. Non, mais il va user d'un poison plus subtil, plus nuancé. Face à l'arrogance, il répondra par le mépris.

Ce 22 janvier, c'est ce qu'il est venu dire au peuple de gauche qui l'acclame, dans la salle du Parc des Expositions du Bourget. Il attendait ce moment depuis des mois. Il l'avait programmé, pensé, comme un dramaturge conçoit une pièce. La première phase du vrai lancement de la campagne, après l'interminable faux plat du dernier trimestre 2011. Cette fois, il sort enfin de ses gonds. « Je ne suis pas un vorace ! tempête-t-il. Je veux simplement me mettre au service des Français. J'ai fait de l'engagement ma vie entière. J'ai donné, j'ai reçu : du temps, du travail, des coups. Je n'ai pas besoin de changer en permanence pour être moi-même. [...] Je vais vous dire un secret : j'aime les gens, quand d'autres sont fascinés par l'argent. » Cette dernière phrase est noyée sous les clameurs d'une foule enthousiaste. Le public découvre un nouveau Hollande, plein de verve et d'autorité. Le tribun, surtout, fend l'armure, parle de sa jeunesse, de ses parents, donne un peu de lui-même. Il est tonitruant, puissant, déterminé. Guimauve le Conquérant a mangé du lion. Il emporte les sceptiques, les hésitants, les grincheux. La presse est bluffée par le punch du bretteur. Dans l'euphorie, François Hollande ne remarque pas le regard noir de Ségolène Royal, assise au premier rang. Il est dans l'ivresse des vivats. Il est l'homme qui va redonner confiance à la

France. Il est celui qui a « enfin sorti ses tripes sur la table ». Il est encore l'immense favori de l'élection présidentielle. Il n'a pas vu le clip vidéo du début du meeting consacré à l'histoire récente du Parti socialiste. Les concepteurs du sujet ont réussi un tour de force extraordinaire : ils ont ni plus ni moins oublié Ségolène ! Ils ont gommé l'élection présidentielle de 2007. Ils ont zappé les 17 millions d'électeurs de la Madone du Poitou ! La malheureuse « délaissée » n'apparaît pas une seconde à l'image, dans la plus pure tradition stalinienne. Inouï ! Comment l'entourage de François a-t-il pu commettre pareille bourde ? « À ce stade, raconte une proche de Ségolène Royal, ce n'était pas une erreur, mais une volonté délibérée de la faire disparaître de l'Histoire, de ne pas l'associer à l'image du père de ses enfants. C'était une forme de retrouvailles que des proches du candidat socialiste ne voulaient à aucun prix. » Pour beaucoup, cela ne fait aucun doute, ce ne peut être que Valérie Trierweiler, la nouvelle compagne du candidat socialiste, qui, si elle ne l'a pas initiée, aura au moins favorisé cette omission. L'intéressée nie farouchement. François Hollande, gêné, ira s'excuser auprès de la mère de ses enfants. La faute sera corrigée très vite. Impardonnable ? L'affaire de la « mise à mort symbolique » de Ségolène empoisonne sérieusement l'atmosphère dans les équipes de campagne. Beaucoup croyaient que les affaires privées ne viendraient plus parasiter la vie du Parti socialiste. Erreur. On n'efface pas d'un revers de main les tensions des familles recomposées. Surtout quand elles surgissent dans des moments de grande fébrilité. On n'efface pas Ségolène Royal d'un coup de baguette magique. N'a-t-elle pas négocié, disent les mauvaises langues, son ralliement à son « ex » contre la promesse de la présidence de l'Assemblée nationale s'il est élu ?

Chapitre 20

Le sourire du crocodile

Est-ce vraiment une ruse ? Depuis quelques jours, en ce début de février 2012, François Hollande semble jouer les crocodiles. Il paraît assoupi, engoncé, corseté, dans sa tactique de l'homme embusqué. Tout semble glisser sur cette carapace de jovialité. Il est omniprésent sur le terrain, poursuivant sans relâche sa tâche de laboureur, et, pourtant, rien ne semble se déclencher dans l'opinion. Aucune ferveur à l'horizon. Pas le début d'une histoire d'amour entre le peuple de France et lui. Aucune vague mystique à la mode de Ségolène en 2007. L'électro-encéphalogramme de sa campagne paraît désespérément plat. Il court les meetings comme un automate. Avec constance et application. Sa voix est éraillée, partant un peu trop sur les aigus. Que se passe-t-il ? Il a tout pour réussir. Des sondages favorables. Un parti en ordre de marche. Le soutien de tous les caciques socialistes, Lionel Jospin en tête. Et même Laurent Fabius, devenu un de ses conseillers les plus écoutés. Jean-Pierre Chevènement, « le Che », l'a rejoint. Eva Joly, la candidate écologiste, Jean-Luc Mélenchon, du Front de gauche, l'ont assuré de leur soutien pour le second tour. Du côté de son programme politique et économique, tout est parfaitement huilé, sous le contrôle d'un bataillon des meilleurs experts. Son agenda, en cas de victoire, est fin prêt. Rien n'est laissé au hasard. Dès le 7 mai, s'il gagne, il appliquera les principales mesures de son projet. Ses soixante propositions, parmi lesquelles les très controversés 60 000 emplois dans l'Éducation sur cinq ans, dont 12 000 la première année. Les cent premiers jours seront décisifs, le fameux temps de l'état de grâce : « Le quinquennat s'ouvrira sur des réformes de structure, annonce-t-il, celles qui toucheront le secteur de la justice, le redressement économique, la réforme fiscale, le pacte éducatif, la décentralisation. […] Le quinquennat ne sera pas une volte-face, un zigzag, une contradiction. D'ores et déjà, nous savons où nous voulons aller. […] Nous traiterons aussi les urgences, l'emploi et, notamment, l'emploi des jeunes, le logement, la santé. » Ses grands principes sont clairs : la reconstitution d'un État stratège, au service de l'économie réelle, une plus juste répartition des efforts, le retour à une croissance mesurée. Aucune promesse fumeuse. Aucun lendemain qui chante. François Hollande sait que la crise économique va durer et qu'il faut se préparer à vivre des moments difficiles. Le « rêve français » qu'il évoque dans son livre de campagne[1] n'est qu'un artifice, un placebo. Une manière de conjurer le pessimisme qui, parfois, l'étreint.

Le QG de campagne, cet immeuble de quatre étages au 59, avenue de Ségur, dans le très cossu VIIe arrondissement de Paris, à deux pas des Invalides, est une ruche bourdonnante. Sur près de 1 000 m^2, une ribambelle d'experts dirigés par l'ancien ministre des Finances de François Mitterrand, Michel Sapin, affinent les propositions, ajustent les réponses à fournir. Rarement une équipe de gauche n'aura eu autant d'atouts dans son jeu. Un candidat favori, un staff soudé, des compétences, du talent. Alors, pourquoi ce malaise ? Pourquoi cette indicible impression d'une catastrophe à venir ? La gauche serait-elle saisie, après tant d'années d'opposition, par la peur de gagner ? François Hollande, lui, ne doute pas. Il répète à tous qu'il faut arrêter de se comporter comme des enfants gâtés par des sondages trop favorables. Et, surtout, comme si les jeux étaient faits. Certains instituts lui ont accordé jusqu'à 60 % des voix au second tour ? Absurde. « Nous sommes sur un plateau en haute altitude, prévient-il. Préparez-vous à l'atterrissage ! » Les sondages, ajoute-t-il, vont forcément chuter quand Nicolas Sarkozy sera officiellement candidat. « Il ne faut pas fanfaronner quand on est trop haut, lance-t-il, ni pleurnicher quand nous baisserons. »

---

1. François Hollande, *Le Rêve français*, Privat, 2011.

Or, pour l'heure, son rival, le président en place, joue l'Arlésienne. Il traîne des pieds. Il compte en cela imiter Mitterrand qui, en 1988, s'était déclaré le plus tard possible, le 22 mars exactement, soit à peine un mois avant le premier tour. Nicolas Sarkozy veut profiter de sa stature d'homme d'État le plus longtemps possible et lancer une opération commando au tout dernier moment. Problème : les sondages le donnent tellement loin de François le Placide qu'il doit réagir plus tôt que prévu. Il y a aussi le danger que représente Marine Le Pen. La candidate du Front national est en train de se rapprocher dangereusement des 20 % et pourrait bien provoquer un « 21 avril 2002[1] », à l'envers. Le scénario est envisagé sérieusement par certains instituts de sondage : Nicolas Sarkozy battu au premier tour avec, au second, un duel Hollande-Le Pen. La perspective terrifie François Hollande. Une victoire de la gauche dans ces conditions serait désastreuse pour le pays. Un combat à la loyale face à l'ancien maire de Neuilly serait, selon lui, l'idéal. Le bon vieux duel droite-gauche. En attendant, le leader socialiste doit assumer ce round d'observation, cette curieuse phase d'attente avec le président pas encore déclaré. Pourquoi brûler des cartouches alors que l'adversaire n'est pas sorti du bois ? François Hollande est obligé de jouer la montre, de conserver ses munitions. D'où

1. Le 21 avril 2002, Lionel Jospin est éliminé au premier tour de l'élection présidentielle, devancé par Jean-Marie Le Pen.

le sentiment, chez quelques-uns, qu'il passe pour un notaire dormant sur sa « rente sondagière ». La fièvre du Bourget aurait-elle disparu ? Elle s'est volatilisée dans les petits calculs tactiques. Il ne hurle plus sur tous les tons que son « principal ennemi, c'est la finance » ? Non, il se prépare à gouverner. Certains lui demandent de passer à la vitesse supérieure ? Il tient bon et fait le crocodile, encore et toujours. Il reste immobile en attendant de sortir les crocs. Il répète inlassablement qu'il faut agir dans le bon tempo, que le match est encore long. Il est urgent d'attendre pour attaquer au bon moment. Laisser Sarkozy partir à l'assaut et se découvrir. Dans cette étrange guerre de positions, le candidat socialiste reste aux abris. « Dans le staff de campagne, il est celui qui a, de loin, le plus d'expérience des élections présidentielles, dit Kader Arif, patron de la puissante fédération socialiste de Toulouse. Il a vécu 1981, 1988, 1995, 2002, 2007. C'est sa sixième campagne. Il sait de quoi il parle. Alors, quand il dit qu'il ne faut jamais frapper dans le vide en politique, il faut l'écouter et savoir faire preuve de patience. »

En fait, les « faucons » hollandais ne vont pas attendre trop longtemps. Nicolas Sarkozy, paniqué devant la montée en puissance de la fille de Jean-Marie Le Pen, précipite l'annonce de sa candidature. Le locataire de l'Élysée doit agir vite pour ne pas laisser le pessimisme gagner son camp. Déjà, les héritiers, dans la coulisse, préparent l'après-Sarkozy. Ils s'en cachent à peine. Derrière Jean-François Copé, patron de l'UMP, on gamberge sur les lendemains de déroute annoncée. Et puis, surtout, remontent de tous les coins du pays les lamentations des élus du parti du président. Les édiles UMP ont le blues. Ils ont été laminés dans toutes les élections locales. L'étiquette « Sarkozy » est devenu, pour eux, un handicap. Ils réclament de nouvelles têtes. Il faut « dégager Sarko » avant le cataclysme. Les ingrats quittent déjà le navire en perdition. On murmure presque à voix haute qu'il ne devrait pas solliciter un deuxième mandat. Pour le bien de la droite. Les noms d'Alain Juppé ou de François Fillon circulent chez les hiérarques de la majorité présidentielle. Des contacts sont pris avec François Bayrou. Le prophète de l'extrême centre pourrait bien se retrouver en position de recours, pour ne pas dire de « roue de secours », d'une droite en plein désarroi. Dans ce contexte de fin de règne, le président joue sa peau. Il le sait. Il doit au plus vite rassurer ses troupes, mener une contre-attaque aux allures de Blitzkrieg. Pour, au moins, sauver la face et avoir des chances de parvenir au second tour. Selon lui, c'est la seule perspective s'il veut sortir la tête haute de l'Élysée.

Le 15 février, au journal de 20 heures de TF1, à la surprise générale, il assomme littéralement les commentateurs en se présentant comme le « challenger » du prochain scrutin. Après avoir joué le président raisonnable et rassembleur durant les derniers mois, il effectue un virage à 180 degrés : il s'arroge le titre de « candidat du peuple » contre les élites. L'homme du Fouquet's sur le chemin de l'usine.

Avec un toupet et une audace hors normes, il se présente comme un homme neuf. Coup de poker insensé : il joue au novice qui n'a jamais gouverné. Il réussit le tour de force, pendant quelques jours, de laisser penser qu'il vient seulement de découvrir l'état du pays. Les chroniqueurs se frottent les yeux. Ahurissant ? Nicolas Sarkozy n'a pas le choix. Il faut qu'il renverse la table, sous peine d'être balayé. Alors, il charge au canon. La France, feint-il de découvrir, est au bord de la faillite. Les responsables du désastre ? Les socialistes. Ne détiennent-ils pas les clés de vingt régions françaises ? N'ont-ils pas gagné la majorité au Sénat ? Le mal de la dette publique vient de si loin, suggère-t-il, de l'époque de Mitterrand et Jospin, ces paniers percés de l'aristocratie rose. Nicolas Sarkozy est au pouvoir depuis cinq ans ? Oublié. À la trappe. La ficelle est tellement énorme qu'une partie de l'opinion la gobe. Tactique du candidat-président : tenter par tous les moyens de ne pas rendre compte de son propre bilan. Un exercice de haute voltige. Comme à son habitude, il met en place un leurre pour éloigner le regard des citoyens sur son quinquennat. Sa stratégie de diversion ? Cogner sur les élites françaises, représentées par l'énarque François Hollande, le « candidat des bobos de Saint-Germain-des-Prés », ces bourgeois qui ne connaissent pas la France qui souffre. Objectif de cette attaque grossière mais néanmoins habile : récupérer des voix lepénistes. Pour parvenir à ses fins, il use de toutes les ruses, au risque de se faire traiter par la presse internationale de candidat d'extrême droite – le *Wall Street Journal* va jusqu'à le surnommer « Nicolas Le Pen ». Le thème de l'immigration revient alors en première ligne, sous la houlette de Claude Guéant, ministre de l'Intérieur, devenu propagandiste en chef d'une campagne aux relents xénophobes. Incroyable retournement : Nicolas Sarkozy avait commencé son travail de communication en singeant l'image du père de la nation, il finit en petit braconnier des terres frontistes.

François Hollande, dans un premier temps abasourdi par ce coup de Trafalgar du président bling bling devenu candidat des sans-grade, des anonymes, comprend très vite que le « génie de la com' » de l'Élysée vient de commettre sa première erreur. « En se précipitant dans ce costume du va-t-en-guerre, souligne Jean-Christophe Cambadélis, député PS de Paris, Nicolas Sarkozy brouille son image. On ne sait plus s'il est un président protecteur ou un hussard déchaîné. » Gavroche ou Churchill ? Ce grand écart peut-il encore éviter le naufrage au président de la République, comme il l'espère ? Au cours de sa déclaration de candidature, sur la chaîne du groupe Bouygues, il joue aussi les généraux de temps de crise. Il annonce que, en « période de guerre », ne pas se présenter devant le pays pour un second mandat serait « un abandon de poste ». Il use de la métaphore, se compare à un « capitaine de navire dont le bateau serait en pleine tempête. » Sarkozy le baroudeur du grand large face au « capitaine de pédalo » ? Les conseillers en communication du président construisent ce départ de campagne sur cette méchante pique de Jean-Luc Mélenchon. À tel point que l'affiche officielle du locataire de l'Élysée est celle d'un homme tranquille sur fond de mer calme. Pas un arbre, pas un clocher. La France profonde a disparu du paysage. Nicolas Sarkozy est parti en haute mer… Vers quelle destination ? Sur Internet, les éditorialistes se gaussent de cette image sans lien avec le pays réel. Pour eux, cela ne fait aucun doute, le président n'a plus qu'une seule idée à vendre désormais : sa propre personnalité. Son moi, exhibé comme un trophée. SuperSarko sous la mitraille ! Toute la campagne va se dérouler sur ce thème. Un type solide, responsable, à la stature internationale contre le mollasson de Tulle. Le chevalier Bayard contre Monsieur Hulot. D'où ce slogan du candidat de l'UMP : « La France forte ».

Depuis des mois, François Hollande répétait à ses lieutenants le type de campagne qu'allait mener son rival. « Il nous disait souvent que Sarkozy ne présenterait pas de programme, mais seulement sa propre personne, raconte son porte-parole, Bruno le Roux. François ajoutait que Sarko allait picorer un peu partout, à droite comme à gauche, pour faire des propositions, au fil des jours, sans cohérence. Un coup par ci, un coup par là. On a alors parlé de la course en zigzag du président sortant. Face à ce côté brouillon, désordonné, il fallait surtout garder le cap. François n'a pas cessé de marteler le mot de constance… » Sa stratégie est maintes fois réaffirmée : on ne bouge pas.

Pourtant, là encore, malgré les consignes du chef, certains membres du camp hollandais implorent leur champion de montrer ses muscles, de rendre coup pour coup. Son adversaire multiplie les annonces improbables ? Il promet des référendums sur les droits des étrangers et sur l'indemnisation des chômeurs[1]. Il repart dans une frénésie médiatique basée sur « une annonce par jour », afin d'occuper le terrain aux journaux de 20 heures. Il dit en privé qu'il va se faire « cette bille de Hollande », qu'il va « l'exploser », « l'atomiser ». François Hollande ne répond pas à ces gesticulations. Le « crocodile » glisse sur l'eau, l'œil aux aguets, indifférent aux pluies de projectiles. Il fait, à sa manière, l'éloge de la lenteur. Pourquoi faire des vagues en même temps que « l'Agité », l'as des JT ? Face à l'omniprésence brouillonne de l'adversaire, il avance d'un pas tranquille. Son affiche officielle pour la campagne électorale exprime parfaitement l'état d'esprit de l'ancien patron du PS. Un paysage corrézien doux et vallonné, un ciel bleu, un costume bleu, un regard franc et droit. Et, surtout, le retour d'une certaine rondeur. Malgré son régime, François Hollande s'est remplumé. Les aspérités ont disparu. L'image proposée aux électeurs va dans le sens de l'apaisement. Le candidat « normal » n'est pas extraordinaire ? Il faudra s'y faire. Quand Nicolas Sarkozy proclame un amour immodéré pour le référendum populaire, le

1. Entretien dans *Le Figaro Magazine*, 11 février 2012.

candidat socialiste rappelle benoîtement que la majorité présidentielle, durant le quinquennat, en a refusé cinq, proposés par ses amis socialistes. Pourquoi ce président, soudain saisi de « référendite » aiguë, n'a-t-il pas consulté le peuple à propos de la réforme controversée des retraites, sujet éminemment populaire[1] ? Au fond, le député de Corrèze, grand « sarkologue », ne semble pas vraiment craindre les coups de boutoir de son rival. Ce dernier l'amuserait presque. Il est vrai qu'il connaît la « mécanique du bonhomme » sur le bout des doigts. Il y a, chez lui, un mélange de mépris et de crainte à l'égard du chef de l'État. Mépris pour le « démagogue », capable de toutes les volte-face. Crainte vis-à-vis de l'infatigable et féroce « chef de guerre ». Mais, au fond, celui-ci ne le surprend pas. Son inquiétude est ailleurs. Elle vient de son aile gauche…

Depuis la mi-février, les sondages voient monter une marée rouge dans l'opinion. Elle paraît inexorable. Jean-Luc Mélenchon, le leader du Front de gauche a dépassé la barre des 10 % et grimpe lentement mais sûrement vers les 15 %. Il se passe quelque chose dans le pays que n'avait pas prévu le député de Corrèze. La vague des « Indignés » n'est plus un groupuscule de rebelles, mais un mouvement populaire, porté par la verve tonitruante et le talent

1. Le 7 septembre 2010, l'Assemblée nationale vote un projet de loi portant sur la réforme des retraites, repoussant l'âge légal de départ à la retraite de 60 à 62 ans, malgré un mouvement massif de grèves.

de bateleur de l'ancien sénateur socialiste de l'Essonne. François Hollande connaît par cœur son Mélenchon. Ce Méditerranéen natif de Tanger, au Maroc, fils d'une institutrice et d'un receveur des Postes, lui en a fait voir à chaque congrès où il a dû négocier ferme avec lui. Dirigeant de l'aide radicale du PS, l'ancien ministre délégué à l'Enseignement professionnel de Lionel Jospin est un écorché vif. Il a des comptes à régler avec ce parti socialiste dont il s'est cru longtemps le mal-aimé. Pendant les onze ans de règne de François Hollande rue de Solférino, il a toujours eu le sentiment d'être le vilain petit canard. Mélenchon, le ronchon, l'idéologue, le manieur de mots, le blablateur incapable de finir une démonstration, agaçait les énarques de la direction socialiste et, en particulier, sa bête noire, celui qui n'avait jamais fait l'effort d'aller vers lui, ce premier secrétaire fuyant et insaisissable qui lui donnait l'impression qu'il ne l'écoutait que d'une oreille, parfois moins. « Je l'ai croisé une fois par semaine dans un bureau national pendant quinze ans, confesse Jean-Luc Mélenchon, je ne sais pas qui c'est. » Hollande-Mélenchon, c'est l'histoire de l'impossible mariage de l'eau et du feu. Comment faire cohabiter une anguille et un ours ? Hollande est un joueur d'échecs, un cérébral à mèche lente. Mélenchon est un affectif, un volcan toujours prêt à entrer en éruption. Ce franc-maçon volubile, défenseur infatigable de la laïcité, a bataillé ferme, en 2005, contre le Traité constitutionnel européen. Il fait partie de ces « nonistes », qui, avec Laurent Fabius et Arnaud Montebourg, ont crucifié François Hollande, partisan du « oui » au référendum, et lui ont barré la route de l'élection présidentielle de 2007. Le député de Corrèze lui en veut à peine. Jean-Luc Mélenchon, quant à lui, est un anti-hollandiste viscéral. Il lui reproche tout. Et même davantage. En 2002, après la bérézina qu'a provoquée l'élimination de Jospin, il ne retrouve pas de circonscription. Au bord de la déprime, il s'en prend alors aux hiérarques du parti et à leur patron : « Il peut m'arriver n'importe quoi, ils s'en foutent, s'emporte Mélenchon. Personne ne se soucie de savoir ce que je deviens. Vous savez, c'est un monstre froid, cette organisation. » Autre grief : en 2005, au congrès du Mans, Mélenchon a eu le sentiment d'être « empapaouté » par Hollande qui lui aurait promis de jouer un rôle important dans le parti. Il n'a rien vu venir. Il s'est senti humilié. En 2008, après le congrès de Reims, dépité, il quitte avec fracas le PS, la rage au ventre. Il fonde le Parti de gauche et prépare sa revanche contre tous ces apparatchiks froids comme des icebergs, ces sociaux-démocrates, ces « menchéviks », qui ont tout cédé devant les maîtres de la finance, Hollande à leur tête. Le rebelle s'allie au Parti communiste en voie de disparition, ainsi qu'aux dissidents du NPA[1] d'Olivier Besancenot. D'autres le rejoignent et font acte d'allégeance : des écologistes en rupture de ban, des trotskistes fatigués des dérives sectaires de Lutte ou-

1. Nouveau Parti anticapitaliste, organisation d'extrême gauche créée en 2009 à la suite de la dissolution de la LCR, Ligue communiste révolutionnaire.

vrière et du Parti des travailleurs, dont il fut lui-même membre avant 1992. Jean-Luc Mélenchon racle les fonds de tiroir du gauchisme crépusculaire. Il n'inquiète personne. Nul ne voit venir le tsunami. En fait, il réussit le tour de force de faire du neuf avec des vieilleries. Comme on dit dans les milieux de la mode, il fait du « vintage » politique. Ainsi naît le Front de gauche. Le bagout de son dirigeant fait le reste. Dans toutes les émissions de télévision ou de radio, il détonne. Il désinhibe les débats les plus convenus. Les jeunes écoutent, fascinés, cet ovni de la politique qui n'est qu'un cri. Une jubilation, aussi. Mélange de Bernard Tapie et de Georges Marchais, il a l'art de renvoyer chacun dans ses cordes, à la manière du Nicolas Sarkozy de 2007, y compris et surtout les journalistes de l'*establishment*, les têtes d'affiche de l'information. Devant eux, il est sans frein. Là encore, il incarne l'anti-Hollande, l'homme tout en contrôle. Mais surtout, Jean-Luc Mélenchon paraît s'amuser comme un fou dans ce jeu de l'élection présidentielle. Il introduit de la joie dans la grisaille. Il est en lévitation. Son pari de constituer une grande formation à la gauche du PS paraissait insensé ? Il l'a déjà gagné. Il fait un gigantesque pied-de-nez à tous ces barons socialistes qui, naguère, le regardaient de haut. Désormais, ce sont eux qui viennent lui faire du charme. François Hollande prévient ses amis qu'il ne faut surtout pas « caresser » la nouvelle figure de proue des indignés, ni l'agresser. Ordre est donné de ne pas chercher à organiser de rencontres secrètes. Pourtant, les amis de Martine Aubry, dont François

Lamy, tentent d'approcher le Robin des Bois de la gauche radicale pour commencer à négocier avec lui une amorce d'accord pour les législatives du mois de juin. Ils se font renvoyer sèchement dans les cordes. Furieux de cette équipée peu glorieuse, François Hollande martèle : on ne fait rien avant le soir du 22 avril, et même le 6 mai. Le mot d'ordre est clair : laisser Mélenchon sur son petit nuage. Il remplit les salles, réveille la jeunesse ? Tant mieux. Ils seront là au second tour. Pas question de s'affoler et de donner le sentiment que le staff du candidat socialiste panique. Par contre, il faut endiguer la vague Mélenchon au plus vite. Le 27 février, après avoir mis dans la confidence une petite poignée de fidèles, François Hollande, contrairement à son habitude, fait une annonce à la mode Sarkozy. Sur TF1, il propose une taxation à 75 % des revenus supérieurs à un million d'euros annuels. Ce coup de tonnerre fiscal sur les « super-riches » fait un tabac. Ses conséquences économiques sont discutables ? Peu importe, entend-on chez Hollande. Il fallait faire un coup d'éclat à gauche pour ne pas laisser à Mélenchon le monopole de la révolte contre les nantis. « Dans cette affaire, résume l'un de ses lieutenants, Hollande est sorti des clous. Il a fait une entorse à sa stratégie du refus des petits coups. Celui-là en était un, mais, à gauche, il nous a donné du tonus. On a beau vouloir rassurer une partie de l'électorat de Bayrou, nous devons aussi ne pas subir une hémorragie sur notre flanc gauche. » C'est toute la tactique du député de Corrèze : pagayer un coup à gauche, un coup à droite, avec pour seul principe celui d'avancer. Il donne l'impression de faire du sur-place ? « C'est un effet d'optique, souligne Gérard Le Gall, grand spécialiste des sondages au Parti socialiste. En fait, François est toujours en mouvement. Ce n'est ni un pédalo ni un hors-bord, c'est un sous-marin en surface… un insubmersible. » Toujours le syndrome du crocodile. Quoi qu'il en soit, l'opération « taxe des super-riches » est un succès médiatique. Elle occupe le terrain pendant plusieurs jours, prend à contre-pied Jean-Luc Mélenchon, contraint de critiquer une mesure « pas sérieuse ». On le sent agacé par cette attaque en piqué sur ses terres. L'électorat de gauche applaudit. François Hollande va-t-il se mettre à copier Sarkozy, à faire des effets d'annonce « en zigzag », au gré de l'actualité ? Nullement. Il se repositionne aussitôt dans sa tactique de départ et continue d'occuper « le cercle de la raison », selon la formule de Gérard Le Gall. Ce dernier théorise la posture du candidat socialiste au cours d'un dîner privé, au restaurant Chez Françoise, dans le quartier des Invalides, le 13 février. Les convives, une trentaine de camarades de François Hollande issus de la promotion Voltaire de l'ENA, parmi lesquels Frédérique Bredin, Jean-Pierre Jouyet, Jean-Maurice Ripert, Michel Sapin, Dominique Villemot, sont soufflés par l'assurance du M. Sondages du PS. Ce soir-là, Gérard Le Gall annonce carrément l'inéluctabilité de la victoire de leur champion. Les mouvements de fond de l'électorat, pour lui, ne varieront que dans les marges. Bien sûr, il faut rester prudent, et surtout ne pas sous-estimer l'irrésistible ascension de Jean-Luc le Grincheux. À moins d'un cataclysme, les jeux sont faits, prédit-il. François Hollande partage l'avis de son expert, mais en sourdine. On sait qu'il n'oubliera jamais le précédent du 21 avril 2002, jour où de nombreux électeurs de gauche, persuadés de la présence de Lionel Jospin au second tour, sont allés batifoler avec des candidatures protestataires. L'excès de triomphalisme pourrait bien conduire à un nouveau désastre. Mais, en petit comité, on prépare déjà ses valises pour l'Élysée. L'affaire serait donc pliée ? Il ne faut pas l'ébruiter. Cette réunion des « Voltaire », et surtout son contenu, doivent rester secrets. Aucun journaliste, à l'exception d'une photographe, n'a été convié aux agapes. Si François Hollande commence sérieusement à croire en ses chances il veut finir la campagne électorale comme il l'a commencée, en apnée, sans faire de vagues, entre l'« esprit de conquête » et la « capacité à gouverner ». Il veut apparaître comme un « panachage » de Mendès France et de Mitterrand. Ses deux pères spirituels semblent en effet ne jamais le quitter. Sont-ils trop présents ? Beaucoup reprochent au président du conseil général de Corrèze de singer Mitterrand au cours de ses meetings, de l'imiter à tel point qu'il frise le ridicule. À la tribune, il a ce côté élève appliqué qui répète la leçon du maître de la victoire de 1981. Trente ans plus tard, il exaspère ceux qui veulent du neuf. Quand va-t-il se libérer de son gourou de la Nièvre ? On l'implore de se montrer tel qu'il est. Pourquoi se cacher derrière le spectre de « Tonton » ? N'a-t-il pas les épaules assez solides ? Que cherche-t-il à dissimuler en s'affublant du masque de son ancien mentor ? N'a-t-il pas grandi, après toutes ces années de rudes combats ? Durant les mois de février et mars, il ne parvient pas à s'extirper de ce personnage fabriqué. Il est toujours dans son ancienne vie. Il n'a pas encore pris conscience du destin qui l'attend. Mais, au fil des soirées électorales, il sort de sa chrysalide et se débarrasse de sa vieille peau. Il ne fend pas l'armure : il tue le père. Dans son entourage, on perçoit cette indicible métamorphose. En avril, il se « découvre » de plus d'un fil. Un petit miracle qui rassure autour de lui. Son humour naturel revient au galop. Il paraît plus détendu, plus serein, plus solitaire, aussi. Ceux qui le suivent depuis de longues années, perçoivent ce changement d'attitude. « On a senti qu'il était devenu président dans sa tête, confie l'un de ses amis. Il ne jouait plus au président, il l'était. Imperceptiblement, il a mis une distance entre lui et les autres. Il a pris conscience de la gravité de la fonction. Certains s'en sont offusqués, croyant à une forme d'ingratitude. Les demandeurs de maroquins qui trépignaient dans l'antichambre ont compris qu'il ne servait à rien de faire le siège. Il n'était plus dans les petits calculs du bureau national du PS. » Le « petit boutiquier » de la rue de Solférino, en ces premiers jours de printemps, fait sa mue. Il semble insensible à ceux qui sont en train de former son gouvernement. On se bouscule au portillon pour en être. Lui, reste désespérément muet. Il préfère se concentrer sur son problème du moment.

Il demande aux siens de surveiller de près Mélenchon, le « Grand Perturbateur[1] ». Éviter à son encontre tout dérapage, tout emportement, le laisser « vivre sa vie ». Une petite polémique surgit un moment sur la relation d'amitié qu'entretiendrait le candidat du Front de gauche avec le très droitier conseiller de Nicolas Sarkozy, Patrick Buisson. *Le Nouvel Observateur* révèle qu'il a assisté à la remise de la Légion d'honneur de Patrick Buisson, à l'Élysée, par Nicolas Sarkozy. Interrogé sur BFM-TV par Jean-Jacques Bourdin, Jean-Luc Mélenchon confirme. « Et alors ? », éructe-t-il. Et de s'emporter contre Bourdin, traité de « journaliste de droite ». Il l'invective sur un ton de procureur stalinien. Ce dernier, estomaqué par la violence de la réaction de son invité, finit par changer de sujet. « Mélenchon est un sanguin, reconnaît un élu socialiste qui l'a côtoyé pendant vingt ans. Il peut entrer dans des colères titanesques et puis retrouver dans l'instant le sourire d'un enfant. Quand il est dans l'arène, c'est-à-dire sur un plateau de télévision, il devient comme un taureau de combat. Il a le souffle court, fusille du regard son interlocuteur et cherche le chiffon rouge pour foncer. Ceux qui le prennent de face se font exploser ! Mais ce tempérament volcanique pourrait bien être un handicap dans un gouvernement socialiste. »

Il faut donc éviter que la « grenade dégoupillée » que représente le héraut du Front de gauche n'explose

1. C'est le titre du *Nouvel Observateur* le 12 avril 2012.

dans la dernière ligne droite. François Hollande insiste : il ne tolérera pas la moindre provocation contre l'ancien sénateur de l'Essonne. Il faudra, quoi qu'il arrive, quel que soit son score, négocier avec lui pour les élections législatives. Aura-t-il le souffle et la patience de poursuivre la route avec cette organisation éphémère, ce Front de gauche, constitué le temps d'une élection présidentielle ? Que fera le Parti communiste, son allié de circonstance ? Les uns et les autres sauront-ils poursuivre la route en commun ? Ou bien l'attelage va-t-il se disloquer sur un coup de tête de son imprévisible Líder Máximo ? François Hollande s'interroge en ce début du mois de mars. Que fera-t-il de cet allié encombrant mais nécessaire pour gagner ? Déjà, Nicolas Sarkozy préempte l'affaire : si, « par malheur » le leader socialiste est élu le 6 mai, il prédit une « prise d'otage » de Hollande par Mélenchon. Au deuxième tour, en effet, de nombreux électeurs de François Bayrou peuvent s'éloigner du vote Hollande, par peur de l'épouvantail Mélenchon, et revenir vers Nicolas Sarkozy. Le calcul politique de l'entourage du président est évident : le leader du Front de gauche pourrait bien lui sauver la mise. Le roi des estrades pourrait bien être le talon d'Achille de François Hollande. Alors, pourquoi se gêner ? Les snipers du président partent à l'assaut de « Hollande devenu le prisonnier de l'extrême gauche ». C'est dans ce climat de guérilla anti-Hollande que survient le pire drame que la France ait connu depuis quinze ans. Une tragédie qui tétanise le pays, paralyse les élections et pourrait bien bouleverser la donne politique.

Le 19 mars, à Toulouse, un inconnu au visage dissimulé par un casque assassine de sang-froid trois enfants et un enseignant de l'école juive Ozar Hatorah. Il agit méthodiquement et s'enfuit sur une moto. Quelques jours plus tôt, le même homme a tué un militaire d'origine maghrébine à Toulouse, puis deux autres soldats, à Montauban, que le tueur a pu considérer d'origine arabe. Dans un premier temps, les enquêteurs privilégient la piste d'un néonazi tentant d'imiter le *serial killer* norvégien, Anders Behring Breivik. Ce dernier, au cours de l'été 2011, avait assassiné froidement soixante-dix-sept jeunes militants travaillistes réunis sur une île norvégienne pour un meeting politique. Le massacre de Toulouse provoque un électrochoc. En quelques heures, l'Hexagone est frappé de stupeur. La campagne électorale est immédiatement stoppée. Dans les états-majors, on hésite à réagir trop vite. L'enquête n'en est qu'à ses débuts et rien ne prouve que le tueur fou soit un nostalgique du IIIe Reich. Certains veulent tout de même profiter de l'aubaine et porter le fer contre Sarkozy. La faute du président ? Avoir favorisé un climat de haine contre l'étranger, à travers les débats sur la viande halal, les quotas d'immigrés. Il aurait, en quelque sorte, « armé la main du tueur ». Le « fauteur de haine » serait « responsable, mais pas coupable ». Au QG de François Hollande, on tergiverse sur la bonne attitude à adopter. Pourtant, ce dernier exhorte les « camarades » à ne rien dire tant que les policiers n'ont pas plus avancé. « Ils sont encore dans le brouillard, prévient-il. Suivons l'enquête, rien de plus. » Il proscrit fermement toute déclaration intempestive, voire guerrière. Très vite, en moins de 48 heures les policiers identifient le tueur. Le « néonazi » est en fait un gamin des cités, Mohamed Merah, âgé de 24 ans, un petit délinquant sans doute tombé dans le djihadisme en prison. La police le localise et décide de l'assiéger à son domicile toulousain. Toutes les télévisions internationales se précipitent à Toulouse.

Pendant presque deux jours, le pays est collé à son poste de télévision et suit le feuilleton Merah en direct. Les Français ressentent alors comme une atmosphère de guerre. Au QG socialiste, on est tétanisé. Les proches de François Hollande sont conscients que ce drame peut renforcer Nicolas Sarkozy, le président en exercice. C'est lui qui est à la manœuvre. La trêve politique décrétée par tous le met seul au devant de la scène. Le chef de l'État envoie à Toulouse une escouade de ses plus proches collaborateurs : Claude Guéant, son ministre de l'Intérieur, Bernard Squarcini, patron de la DCRI[1], Frédéric Péchenard, numéro un de la police nationale, et le procureur de Paris, François Molins. Cette garde rapprochée est chargée de gérer la communication de ce fait divers hors norme. Ce commando

1. Direction centrale du renseignement intérieur, issue de la fusion, en 2008, des Renseignements généraux et de la Direction de surveillance du territoire.

dépêché dans la ville rose en fait-il trop ? En tout cas, il occupe le terrain médiatique plus que de raison. Au terme de plus de trente heures de siège et de négociations avec l'assassin, sur ordre de l'Élysée, le RAID[1] finit par donner l'assaut. Mohamed Merah tente une sortie suicidaire et se fait tuer. Des polémiques surgissent aussitôt sur les éventuelles erreurs d'appréciation de la police sur Merah. Comment ne l'a-t-on pas repéré plus tôt ? Pourquoi les policiers spécialistes des extrémistes islamistes qui l'ont interrogé quelques mois auparavant n'ont-ils rien vu venir ? Pourquoi a-t-on donné l'assaut alors qu'il suffisait de laisser le forcené s'épuiser de fatigue ? A-t-on voulu l'éliminer ? A-t-on cherché à dissimuler des dysfonctionnements manifestes dans ce dossier ? Dans l'entourage de François Hollande, certains suggèrent de mettre en accusation ce « président protecteur » qui n'a pas su protéger des enfants. Les esprits s'échauffent. Il faut profiter de cette « faille » dans le fonctionnement des forces de police, l'expression étant utilisée maladroitement par Alain Juppé, ministre des Affaires étrangères. Pourquoi ne pas s'engouffrer dans la brèche ouverte par le maire de Bordeaux et affaiblir ainsi le candidat-président ? Certains, comme Jean-Jacques Urvoas, ancien conseiller de DSK, spécialiste des questions de sécurité, accusent le RAID d'incompétence. D'autres, comme Jérôme Guedj, président du conseil général

1. Recherche Assistance Intervention Dissuasion, unité d'élite de la police, créée en 1985.

de l'Essonne, réclament la démission de Claude Guéant. Faut-il faire un procès aux autorités en place ? Surtout pas, rétorque alors le candidat socialiste. Il demande à tous sang-froid et patience. « Le seul mot d'ordre qu'il donne au staff de campagne est de se taire », raconte l'un de ses porte-parole, le député-maire de Cherbourg, Bernard Cazeneuve. « Il nous demande de la dignité, de ne pas polémiquer sur le deuil des familles. Il nous dit d'accepter le fait que cette séquence est celle de Sarkozy. Il est le président, c'est donc à lui d'être en première ligne. Tenter de tirer la couverture à soi serait une forme d'ignominie. » D'autres n'ont pas cette sagesse. François Bayrou fait une déclaration maladroite et accuse implicitement le président d'avoir favorisé le passage à l'acte du tueur en distillant un climat de haine xénophobe dans le pays. L'opinion ne suit pas. Cette erreur d'un vieux routier de l'élection présidentielle va lui coûter cher. Fin mars, il dévisse dans les sondages et finit par passer sous la barre des 10 %. Le « troisième homme » est victime d'un trou d'air dont il ne se remettra pas. Paradoxe : Nicolas Sarkozy qui, à cette occasion, gagne en majesté et en solennité ne profite pas de la situation dans les sondages. Catapulté sous le feu des projecteurs, redevenu le « premier flic de France », il a en main tous les atouts pour inverser la tendance en sa faveur. Mais, curieusement, rien ne se passe. Les aiguilles des sondeurs restent désespérément immobiles. Le candidat-président commet alors une nouvelle erreur. « À ce moment précis, nous étions très inquiets, car ce drame pouvait renverser la donne en faveur de Sarkozy », précise Bernard Cazeneuve. « Or, quelques heures seulement après les funérailles des victimes de Montauban, ce dernier repart dans une farandole de propositions pour lutter contre le terrorisme. Il a plongé à nouveau dans sa manie de proposer des lois de circonstances, à chaud, pour instrumentaliser tel ou tel fait divers. » François Hollande est le premier surpris par la maladresse stratégique du candidat de l'UMP. Cette précipitation, ce signe de panique de son adversaire le renforcent dans sa détermination à jouer la « force tranquille ». Les sondages qui suivent le drame lui donnent raison. En choisissant de rester en retrait et de s'en tenir à une forme de solennité républicaine, il n'a pas été une victime collatérale du tueur. Il s'en tient à une phrase passe-partout : « La République est toujours la plus forte, elle sait se dresser contre ses pires adversaires. C'est la leçon que nous devons tirer des derniers moments que nous venons de vivre. » Autre leçon pour ceux qui hésitaient encore à reconnaître sa capacité à trancher dans la tempête : il n'a pas flanché face à une tragédie aux implications internationales.

En revanche, saura-t-il résister aux attaques des marchés financiers qui, selon tous les experts, vont mener un raid sur la France dans la foulée de son élection ? Saura-t-il prendre à bras le corps le problème de la dette abyssale que lui ont léguée Nicolas Sarkozy et ses prédécesseurs ? Sera-t-il le capitaine Courage capable de diriger une France prise dans la tourmente ? C'est le pari du sociologue Emmanuel

Todd, chantre de la « fracture sociale », concept qui avait permis l'élection de Jacques Chirac en 1995. Pour l'intellectuel de la Fondation Saint-Simon, François Hollande pourrait bien être le Roosevelt français, cet homme modéré qui, après la crise de 1929 aux États-Unis, a mis au pas les banques spéculatrices, instauré un système drastique de régulation des marchés financiers, impulsé une politique volontariste de lutte contre le chômage, reconstitué un État, tout-puissant protégeant les plus faibles, les plus démunis. Paradoxe : ces mesures ont conduit l'Amérique à trente ans de prospérité. Depuis, les ultra-libéraux, aux États-Unis et dans toute l'Europe, ont détricoté patiemment, méticuleusement, les mesures de ce président partisan d'un État-providence. Dans les années 1980, ils ont gagné la guerre idéologique contre les « étatistes », ont recruté leurs partisans à droite comme à gauche, aussi bien chez les néogaullistes que chez les socialistes. Ils ont imposé leur logique du libre-échange généralisé aux quatre coins de la planète. Le surgissement de la crise des *subprimes*, le chômage massif dans les pays industrialisés, l'effondrement du système bancaire ont fait le reste.

Aujourd'hui, comme le prédisent la plupart des économistes, la crise est bel et bien devant nous. Elle pourrait être dévastatrice. François Hollande en est convaincu. Passionné d'histoire, il connaît sur le bout des doigts cette époque de grandes turbulences qui a précédé la Seconde Guerre mondiale. Il a notamment lu la biographie d'un grand résistant

Georges Boris[1]. Ce proche de Mendès France a publié une chronique de ses voyages aux États-Unis au début des années 1930 et, à son retour des Amériques, a écrit une monumentale biographie de Franklin Roosevelt[2], qui reste une référence pour les spécialistes de l'histoire américaine. « Il y a des analogies entre la crise de 1929 et ce que nous vivons aujourd'hui, confie François Hollande. Mes propositions, même si elles sont différentes, sont inspirées des grands choix du président Roosevelt. La renégociation du Traité de Bruxelles, par exemple, va dans le sens d'une plus grande régulation des marchés. » François Hollande, disciple de l'homme du New Deal ? Sans le moindre doute. Il mesure les dangers qui guettent la France et l'Europe. Il sait que la grande question qu'il devra affronter est celui d'un retour à une économie soumise à une nouvelle régulation. Ses adversaires, cette « main invisible » qu'il a évoquée au meeting du Bourget, sont puissants. Trop puissants ? Ces spéculateurs, maîtres de l'économie de casino, responsables de la crise de 2008, ne se laisseront pas faire. François le Placide a-t-il l'étoffe d'un Roosevelt pour les affronter ?

---

1. Jean-Louis Crémieux, *Georges Boris,* Gallimard, 2010.
2. Georges Boris, *La Révolution Roosevelt*, Gallimard, 1934.

Chapitre 21

Les femmes du président

Ce fut sans doute, pour lui, le moment le plus éprouvant de cette campagne. Et le plus compliqué. Ce 4 avril, à Rennes, à l'occasion d'un meeting géant, François Hollande doit affronter une épreuve dont il se serait bien passé. L'obstacle qu'il doit surmonter est de taille. Il s'appelle Ségolène Royal. La dame de son ancienne vie n'en finit pas de hanter son ascension vers les sommets. L'homme que ses ennemis présentent comme un garçon « sans affect » vit un cruel dilemme. De l'ordre de l'intime. L'homme aux mille pudeurs est soumis à un problème d'ordre privé. Il ne s'agit pas de provoquer en duel Nicolas Sarkozy ou de gérer la légion des ambitieux qui lui font désormais des courbettes. Sa tâche est plus ardue, bien plus délicate. Il doit organiser ses retrouvailles publiques avec Ségolène Royal. Il est dans la situation d'un éléphant condamné à marcher sur des œufs. Depuis la bourde du Bourget, il a les pires difficultés à convaincre la présidente de la Région

Charentes-Poitou que personne n'a voulu, ce jour-là, la faire disparaître du paysage. Il a dû subir sa colère au QG de campagne et a fini par admettre que l'omission de la candidate de 2007 dans le film officiel du PS était une grave erreur politique. Le grand meeting de Rennes, officiellement, est en quelque sorte une séance de rattrapage. Une forme de réhabilitation. Elle doit sceller la paix définitive entre les « ex ». Rédemption et réconciliation. Le programme de la soirée promet du suspens. Tout a été préparé, au sein de la cellule « communication » du candidat, dirigée par Manuel Valls, afin que dans la capitale bretonne la scénographie soit parfaite. On s'attend à un grand moment historique. Le député-maire d'Évry est sur les dents. Terrible paradoxe pour un professionnel de l'image politique : comment gérer l'histoire d'un couple qui n'en est plus un dans l'intimité, mais qui, politiquement, pèse encore lourd. Hollande-Royal, c'est un peu les Clinton version française. Dans le TGV qui conduit François Hollande et son équipe en Bretagne, la cohorte des journalistes est tout émoustillée. Cette affaire de la main tendue à Ségolène, sous les vivats, passionne. Des journalistes jamais vus lors des précédents meetings sont présents. Même les ténors de la presse parisienne ont fait le déplacement. Cette agitation *people* exaspère singulièrement Manuel Valls qui n'a qu'une crainte : que la soirée dégénère en vaudeville. Dans la voiture-bar, celui que les suiveurs de la campagne Hollande surnomment « la Kommandantur » prévient son petit monde : « Moi, je fais de la politique, je suis en charge d'un candidat à la présidentielle. Je ne fais pas de romanesque. » Traduction : ceux qui veulent du frisson, de la frénésie, du glamour, doivent changer de train. Sur la planète Hollande, le sentimentalisme est interdit. Hélas, comment chasser le romanesque dans une affaire qui, de fait, en est chargée ? « Nous savions tous que le meeting avait été conçu pour congédier symboliquement, une bonne fois pour toutes, Ségolène Royal du film de la présidentielle, raconte un reporter qui suit la campagne au quotidien. L'objectif était de figer la Madone de 2007 en statue de marbre. Ne pas s'intéresser au côté romanesque du meeting de Rennes, c'était comme refuser de voir un incendie dans sa propre maison, une vraie absurdité. Bien sûr, nous avions un œil sur le duel avec Sarkozy, sur la chute de Bayrou, sur les effets politiques de l'affaire Merah, sur la montée de Mélenchon, sur la fièvre des marchés, mais tout le monde voulait voir le clap de fin avec Ségo… » Rennes, dernière étape avant l'oubli ?

C'était compter sans le flair et la ruse de celle que ses proches appellent encore « la patronne ». Ségolène Royal, qui a pris le TGV suivant, derrière François Hollande, doit, selon le scénario, parler la première, puis quitter la tribune sous les acclamations. Ensuite ? Plus rien. Pas d'accolade, pas d'effusion, pas d'adieux. Un petit tour et puis s'en va. Aucune photo de l'ancien couple n'est prévue au programme. Pourtant, rien ne va se passer comme prévu. À la fin de son discours, la Diva du Poitou, corsage blanc et veste bleu électrique, descend l'escalier au-devant de la scène, mais, au lieu de se diriger vers le carré VIP dans lequel les organisateurs lui demandent de s'installer, elle reste debout dans l'allée et attend de pied ferme François Hollande. Elle est en train de jouer un tour aux organisateurs, à sa façon. Elle accueille le candidat, stupéfait de sa présence, et lui emboîte le pas vers le devant de la scène. Visiblement, François Hollande est gêné. La mère de ses enfants vient encore une fois de bousculer le scénario prévu. Du pur Ségolène. Elle avait réclamé un « passage de flambeau » digne et respectable et on lui impose une sortie honteuse ? Alors elle s'impose aux forceps. Elle s'installe ainsi plusieurs minutes aux côtés de la vedette de la soirée et recueille avec lui la ferveur populaire. François Hollande, visiblement agacé par cet impromptu de Rennes, va presque jusqu'à la congédier en lui indiquant l'escalier. Pas un baiser, pas une poignée de main. L'échange est froid, pour ne pas dire glacial. Au bas de l'estrade, l'ancien ministre de l'Environnement de Mitterrand semble humiliée. Les commentateurs sont interloqués. Sur BFM-TV, Olivier Mazerolle, l'éditorialiste de la chaîne tout info, généralement mesuré, est choqué par la scène. « Cela ne se fait pas, lâche-t-il. Non, vraiment, ce n'est pas bien. » Ségolène Royal, tout en rage contenue, n'a pas achevé son numéro de rebelle. Les organisateurs ont beau tenter de la pousser vers le carré VIP, elle refuse encore une fois d'obtempérer et se dirige vers une autre salle, où un écran géant a été dressé pour les sympathisants qui n'ont pu pénétrer dans l'arène. On la congratule chaleureusement. Sous les ovations, elle semble improviser une conférence de presse. Va-t-elle provoquer un esclandre ? Hurler à la trahison, se plaindre des mauvaises manières des « rustres » entourant le candidat ? Après ce tour de piste, elle revient, tout sourire, s'installer à la place qui lui a été indiquée. L'équipe de Manuel Valls pousse un « ouf » de soulagement. On est passé à deux doigts de la catastrophe et du scandale. Au moment précis où Ségolène Royal est enfin rentrée dans le rang, Valérie Trierweiler, compagne du candidat, sort de la loge où elle était restée cloîtrée le temps du discours de l'ancienne candidate. Elle est suivie d'une nuée de photographes. Elle aussi a organisé « son » passage de flambeau. Elle se dirige alors vers celle qui fut sa rivale et lui tend la main. On pourrait presque lire sur ses lèvres les mots « Sans rancune ? ». Pendant un bref instant, les témoins pensent que Ségolène va refuser ce geste de réconciliation inattendue. Son regard en dit long : elle est furieuse. La bouche est crispée, vengeresse. Elle a le sentiment d'avoir été entraînée dans un guet-apens. Que signifie ce geste inhabituel de la part de Valérie Trierweiler, laquelle répète à chaque interview qu'elle souhaite rester dans l'ombre et faire son métier de journaliste ? Devant 15 000 personnes, elle joue une scène politico-intime. Elle met en pratique tout ce qu'elle dénonce depuis des mois. Pourquoi une telle imprudence ? En coulisse, on murmure qu'il était nécessaire de montrer que les choses étaient désormais apaisées entre les deux femmes. François Hollande, lui-même, se plaignait de ces perpétuelles gué-guerres d'images entre son ex et sa nouvelle compagne.

De fait, la pièce qui a été jouée à Rennes n'a rien réglé du tout. Elle renvoie encore à la difficulté de couvrir cette zone grise de l'information, à la lisière du public et du privé. Doit-on évoquer ces tensions qui ont parasité l'activité du candidat ? Doit-on toucher au domaine privé dans un moment aussi crucial qu'une élection présidentielle ? Comment l'éviter ? « À partir du moment où Valérie Trierweiler s'est installée dans un bureau du QG de campagne du candidat, confie Sylvain Courage, journaliste au *Nouvel Observateur*, il est difficile de ne pas noter les interférences entre le privé et le public, entre l'intime et le politique. » À sa décharge, la nouvelle compagne du favori de l'élection présidentielle est dans une situation quasiment insoluble. Elle est journaliste et, en même temps, participe à la campagne de son compagnon. Elle le soutient affectivement, mais aussi techniquement, puisqu'elle apporte, aux côtés de son amie, Nathalie Mercier, attachée de presse du staff de campagne, les conseils de la professionnelle avertie qu'elle est. À la fois dedans et dehors, son rôle est donc éminemment politique. En interne, dans l'état-major du candidat, malgré ses déclarations publiques, elle pèse de plus en plus. Son rôle s'est élargi au fil des jours. Elle s'est installée dans la position de garde du corps médiatique du député de Corrèze. Ce n'est pas une mince affaire. Elle le protège des assauts intempestifs de ses collègues journalistes. Souvent avec raison, car François Hollande est un incorrigible bavard et ne sait pas terminer un entretien. Alors, Valérie intervient, tranche, coupe court aux discussions, surveille l'agenda de son homme. De fait, elle est de plus en plus conseillère et de moins en moins journaliste. Elle se méfie des questions insidieuses de ses confrères et consœurs. Son ton est parfois cassant. Elle ne met pas de gants pour critiquer tel ou tel article. Alors, elle se fait des ennemis dans la presse. On la surnomme « Rottweiler » ou bien « Cruella ». On la soupçonne de peser aussi sur le climat général dans l'équipe. Elle a ses favoris, ses chouchous. Mais elle est indispensable au candidat. François Hollande répète régulièrement à son entourage qu'il faut « rassurer Valérie ». « De quoi pourrait-elle bien avoir peur ? » s'étonne une journaliste politique de télévision, chargée de couvrir la campagne de François Hollande. « Si elle devient la première dame, il faudra bien qu'elle accepte de ne pas être une journaliste comme les autres. Elle ne pourra pas échapper aux impératifs de la fonction. Cette fille s'est construite à la force du poignet et n'a pas envie d'être un pot-de-fleur ? On le comprend. Mais pourquoi donc faudrait-il toujours la rassurer ? De l'omniprésence de Ségolène Royal dans le paysage politique ? Il faudra qu'elle s'y fasse. Les Français ont intégré le couple Hollande-Royal dans leur inconscient. C'est un tandem politique. Ils se sont séparés, mais ils cohabitent au sein du Parti socialiste. Certains croyaient pouvoir gommer cette évidence. L'opération d'éviction de Rennes avait cet objectif symbolique : sortir Ségolène de l'acte II de leur histoire. Elle a échoué. Cette femme est une coriace. Elle s'accroche au bastingage. C'est dur, c'est vrai, d'avoir à supporter quotidiennement cette réalité pour la nouvelle arrivante. Cela doit mettre les nerfs en pelote. Mais on ne peut pas faire disparaître tous les gens qui dérangent ! » Cette situation cornélienne, jamais connue dans l'histoire de la République, mérite-t-elle d'être évoquée ? Sans aucun doute, car elle est amenée à durer. C'est désormais une donnée objective de la vie politique française. Une incongruité ? Peut-être. Dans l'entourage de François Hollande, une nouvelle fois, on reste coi devant son habileté à gérer ce dossier. En douceur, comme toujours.

À Montauban, le 21 mars, aux obsèques des soldats assassinés par Mohamed Merah, François Hollande a demandé à sa compagne d'être à ses côtés. Certains se sont offusqués de la présence de la journaliste lors d'une cérémonie aussi solennelle. Il l'aurait emmenée, là encore, dit-on, pour la « rassurer » et la faire exister face à Ségolène, la diva médiatique, après l'épisode mouvementé de Rennes. Les grincheux ont tort. Pourquoi le favori de l'élection se priverait-il de celle qui partage sa vie ? D'autant plus que Nicolas Sarkozy est venu dans la préfecture du Tarn-et-Garonne avec Carla Bruni. « Dans la stratégie de communication de Hollande, raconte l'un de ses proches, il est évident qu'il doit se servir de l'image de Valérie pour contrer l'opération de charme de la chanteuse-mannequin. Carla est un atout considérable dans le jeu du chef de l'État. Pourquoi Valérie, qui est une très belle femme, ne serait-elle pas aussi un atout ? » Dans l'entourage de Nicolas Sarkozy, on confie que le président sortant n'en finit pas de s'interroger sur la « botte secrète » de François Hollande. « Comment a-t-il fait pour séduire un canon pareil ? » s'amuse-t-il, dubitatif. C'est cet atout charme que *Paris Match*, l'employeur de Valérie Trierweiler, met à la une, à quelques semaines du premier tour de l'élection[1], mais sans même prévenir l'intéressée. Cette dernière, furieuse, tonne sur Twitter : « Bravo à *Paris Match* pour son sexisme en cette journée des droits des femmes… Pensées à toutes les femmes en colère. » En fait, la dame de cœur du candidat socialiste est folle de rage, car la rédaction en chef a fait un choix de photos relatant sa carrière de journaliste sans son accord. Petite perversité d'un hebdomadaire appartenant à Arnaud Lagardère, considéré par Nicolas Sarkozy comme son « frère » : les clichés sélectionnés la montrent essentiellement en compagnie d'hommes de droite. Effet induit pour le lecteur : la compagne de Hollande a passé sa vie dans le camp adverse. Est-elle politiquement fiable ? En privé, l'intéressée peste contre la méthode, certes douteuse. Mais François Hollande, grand spécialiste des médias, grand consommateur de presse et ami des journalistes, est conscient de la posture délicate de sa compagne. « Si j'avais demandé à Valérie de choisir les

1. *Paris Match*, 8 mars 2012.

photos et de me donner son avis sur le texte, se défend Olivier Royant, patron de l'hebdomadaire, on aurait parlé de connivence avec la compagne de François Hollande. » Comment sortir de ce piège ? Comment éviter au futur président que « l'atout charme » dont il dispose devienne un boulet au pied ? Valérie Trierweiler saisit parfaitement l'inconfort de sa situation. Alors, doit-elle franchir le Rubicon et jeter sa carte de presse aux orties ? « Je ne suis pas encore passée de l'autre côté, avoue-t-elle au Grand Journal de Canal+, mais j'ai un pied de chaque côté. Donc, quand on a un pied de chaque côté, on est en déséquilibre. » Que fera le couple, une fois installé à l'Élysée ? Pour l'heure, ils comptent bien rester dans leur appartement du XVe arrondissement de Paris. Le président « normal » n'a pas l'intention de vivre au Château. Il souhaite présider autrement, dans la simplicité, dans la modestie. Mais ne devra-t-il pas, pour des raisons de sécurité évidentes, revenir sur sa décision ? L'Élysée est un bunker dans lequel les phénomènes de cour pullulent. François Hollande prétend ne pas se laisser enfermer dans cette prison dorée afin de « rester au contact des Français ». François Mitterrand, après tout, passait de nombreuses nuits dans son refuge de la rue de Bièvre, dans le Ve arrondissement de Paris. Pourquoi son successeur de gauche n'en ferait-il pas autant ? On doit selon lui pouvoir gouverner loin du luxe des palais de la République. Ce serait un signe pour les Français qui se disent fatigués des fastes et mises en scène de son prédécesseur.

Et un mariage avec Valérie ? C'est le sujet qui fâche, le tabou que les proches n'osent évoquer sous peine de disgrâce. Les épousailles ne sont pas à l'ordre du jour. En tout cas, le secret est bien gardé. « François ne s'est jamais marié avec Ségolène alors qu'il a quatre enfants avec elle », précise un ami de ce dernier. Pourquoi le ferait-il aujourd'hui ? Il pourrait innover être le premier président de la République célibataire, Rien ne l'empêche en effet de se présenter sans sa concubine dans les pays qui refusent d'accueillir les couples non mariés. Les Français ont bien choisi, en 2007, un homme qui était divorcé et, de surcroît, en pleine crise conjugale avec sa deuxième épouse. Toutefois, il y aurait un avantage à ce que François passe devant le maire avec Valérie : cet acte juridique serait aussi un moment symbolique pour les Français. Il mettrait fin à l'idée que Ségolène est encore un peu sa moitié. Mais est-ce si simple ?

L'autre personnalité féminine que le nouveau locataire de l'Élysée va devoir surveiller de près est encore d'une autre trempe que Ségolène Royal et Valérie Trierweiler. Pour François Hollande, c'est un peu comme une « frangine » remuante et dure à cuire, avec qui il ne s'est jamais vraiment entendu. La fille de Jacques Delors et le « fils spirituel » de l'ancien ministre des Finances de François Mitterrand se connaissent depuis si longtemps. Ils sont nés à la politique ensemble. Ils se sont beaucoup côtoyés, mais aussi cordialement chamaillés pour ne pas dire détestés. Il y a entre eux un abîme, creusé par la terrible formule utilisée à l'encontre de François Hollande, « la gauche molle ». Pourtant, en apparence, Martine Aubry, depuis les primaires, est tout miel avec celui qui l'a battue à plate couture en octobre. Depuis, elle règne en maître sur l'appareil du parti, tout en annonçant que le poste sera bientôt libre. Elle ne désire pas s'éterniser chez les apparatchiks. Personne n'en doute : son rôle, dans les mois à venir, sera considérable. Pour ceux qui connaissent le logiciel politique de François Hollande, nul doute qu'elle est, avec le maire de Nantes, Jean-Marc Ayrault, sa favorite pour Matignon. Le 17 avril, à Lille, dans le dernier grand meeting du premier tour, devant 25 000 militants et sympathisants en liesse, les signes d'un accord entre les deux sont flagrants. Leur entente saute aux yeux. Devant le Premier ministre belge, le socialiste Elio di Rupo venu en voisin, ils semblent à nouveau complices, comme à l'époque de leur noviciat politique, au début des années 1980. L'ancienne rivale a donné des gages durant la campagne. Fini les bagarres puériles pour l'héritage de Jacques Delors. C'est désormais une vieille histoire entre eux. Ces derniers mois, le maire de Lille n'a pas ménagé sa peine, elle a tenu le parti en rangs serrés. Elle s'est même parfois surprise à admirer l'habileté du député de Corrèze durant ces longues semaines de joute électorale. Qu'elle doive occuper une place centrale dans le dispositif du président est une évidence, au moins pendant la première année, la plus dure, celle des mesures radicales : blocage des plus hautes rémunérations, réforme fiscale avec retour de l'ISF, taxation du capital, tranche d'imposition à 75 %, assainissement du système bancaire, retraite à 60 ans pour ceux qui ont commencé à travailler tôt. Martine Aubry, la « dame des 35 heures », peut être aussi une caution pour rassurer l'électorat de Jean-Luc Mélenchon. Entre les deux tours, elle va au charbon, multiplie les réunions. Mais cela suffira-t-il pour convaincre celui qu'elle a tant vilipendé qu'elle est l'« homme de la situation » ? Quoi qu'il arrive, elle est prête pour le job, convaincue que les murs de la maison France vont trembler dès les premiers mois. Cette conscience du danger imminent a un avantage : elle renforce la cohésion de l'équipe qui gravite autour du futur président. Dès le soir du 22 avril, depuis la mairie de Tulle, ce dernier peut composer secrètement son « gouvernement de combat » qu'il révèle dès les premiers jours du nouveau quinquennat. Quinze ministres, à égalité hommes-femmes. Une équipe de rugby qui se veut rugueuse et solidaire. « La France va avoir besoin de cette cohésion, reconnaît François Hollande. Si nous prouvons que nous sommes capables d'être unis, rassemblés, déterminés, alors les Français nous suivront. Je l'ai dit, tous les six mois, notre politique sera présentée au peuple. Nous dirons la vérité. Nous serons respectueux de l'ensemble des corps constitués de notre pays. Nous ne mépriserons ni les syndicats ni tout ce qui donne du lien social à notre pays. Je m'y engage. »

François Hollande, au soir du 6 mai, l'a emporté face à Nicolas Sarkozy, le joueur de bonneteau de Neuilly qui a cru que l'on pouvait se servir sans vergogne dans la musette des propositions de son rival socialiste. Dans la dernière ligne droite, contre toutes ses prises de position précédentes, le chef de l'État sortant s'est prononcé pour une réforme des missions de la Banque centrale européenne afin de muscler son rôle dans le soutien à la croissance au sein de la zone euro. Il a copié mot pour mot François Hollande après avoir prétendu que ces mesures allaient conduire l'Europe dans le mur. Involontairement, celui qui a vécu un quinquennat difficile a aidé son successeur. Il lui a facilité la tâche pour sa première rencontre avec Angela Merkel, la très conservatrice chancelière allemande. François Hollande pourrait presque remercier son prédécesseur. Sur le fil, celui-ci lui a apporté un soutien inespéré pour ses premiers pas sur la scène internationale. Ils seront évidemment difficiles. La récession qui a conduit la Grèce dans une situation sociale catastrophique est en train de gagner l'Italie, l'Espagne et le Portugal. La France, avec un nombre de demandeurs d'emploi qui dépasse les 4,5 millions de personnes, soit 10 % de la population active, n'est pas à l'abri d'un tel cataclysme. Elle pourrait être victime d'attaques de la part des marchés financiers, au lendemain de l'élection présidentielle. La menace est réelle. Le 16 avril, à la Bourse de Francfort, un opérateur privé, Eurex, a lancé un nouveau produit financier spéculant sur la dette française, quelques jours seulement avant le premier tour de l'élection. La « main invisible », la puissance anonyme, sort de l'ombre et annonce d'ores et déjà la guerre au futur gouvernement socialiste. François Hollande prévient qu'il demandera aux autorités allemandes de supprimer ce produit nocif. Convaincra-t-il Angela Merkel ?

Le nouveau président de la République a promis qu'il gouvernerait autrement, que ses ministres ne seraient pas de simples « collaborateurs », que la France ne serait pas traitée comme une entreprise. L'ancien élève de l'École des hautes études commerciales ne veut pas se transformer en manager de l'État. Il a une autre vision de la fonction présidentielle. Il laissera son Premier ministre gouverner, il donnera le cap, selon l'expression de son maître à penser, François Mitterrand. S'il tient ses promesses, il n'y aura plus de soldats français en Afghanistan à la fin de l'année 2012, il créera très rapidement des postes dans l'Éducation nationale, la réforme des collectivités territoriales, voulue par Nicolas Sarkozy, qui terrorisait les élus de droite comme de gauche, sera supprimée, il renforcera les effectifs de police et de gendarmerie. Laxiste, François Hollande ? Au fond, ce président, âgé de 57 ans, va appliquer la politique de l'« ordre juste » préconisée par Ségolène Royal en 2007, mais en se gardant d'utiliser l'expression.

Quel rôle jouera celle-ci dans les années à venir ? Curieux pays que la France qui, après avoir rejeté la femme, élit, cinq ans plus tard, son ancien compagnon. La mère des enfants du président sera-t-elle surexposée dans un ministère important ou bien, comme le suggèrent les pronostiqueurs du Landerneau politique, occupera-t-elle le fauteuil de présidente de l'Assemblée nationale ? Quoi qu'il en soit, elle n'a pas l'intention de faire de la figuration. Avec Martine, Ségolène, Valérie et les autres, le président ne s'ennuiera pas. Il est bien entouré.

Épilogue

Le rescapé

Il y a deux ans, lorsque j'ai rencontré François Hollande pour lui proposer d'écrire sa biographie, il fut d'abord surpris. Quelle étrange idée de vouloir s'attarder sur un homme qui avait totalement disparu des radars des instituts de sondage ? À cette époque, il n'était plus rien. Les barons socialistes s'apprêtaient à le ranger dans le placard des *has been*. Il était en passe de devenir une pièce de musée. Sa mort politique était déjà programmée par ses bons amis. Quelques mois plus tôt, il avait d'ailleurs été à deux doigts de changer de vie, d'émigrer vers le monde de l'entreprise. Plus personne ne le voyait remonter la pente. Il était dans les abysses.

Je n'osai alors lui dire que je m'intéressais davantage aux hommes politiques quand ils étaient débarrassés des oripeaux du pouvoir. Au fond, je préférais la descente aux enfers aux sirènes de l'Olympe. Mais, intuitivement, il l'avait compris. Cette idée l'amusait. Intellectuellement, il était ce Sisyphe qui avait de plus en plus de mal à hisser son rocher car les forces lui manquaient. Il pouvait à tout instant se faire écraser. Pourtant, il suffisait de voir son sourire moqueur, l'écouter évoquer son enfance chez les frères chrétiens de Rouen ou citer Gramsci ou Roosevelt, Mitterrand, Delors, Jospin et tant d'autres pour comprendre qu'une force plus grande que lui l'habitait : la passion de la politique. Une passion restée intacte, malicieuse, affûtée comme une lame, débarrassée des rancœurs à l'égard de ses détracteurs les plus féroces. Il était à terre, oublié, méprisé, abandonné ? Le ressort, cette satanée mécanique qui tient les grands hommes politiques, était là, intact, prêt à repartir. Il ne manquait que l'étincelle. Et sans doute aussi le coup de pouce du destin.

François Hollande est un rescapé. Pour arriver à bon port, les vents lui ont été favorables. D'abord, il y eut ce rejet quasi hystérique d'un peuple contre un président sortant, incapable de se poser dignement dans le fauteuil du père de la Nation. Nicolas Sarkozy est celui qui a introduit de la tension dans la politique. François Hollande, lui, veut inoculer de l'attention… aux autres. Puis survint la chute new-yorkaise de Dominique Strauss-Kahn, favori incontesté, pendant des mois, des sondages et des « éléphants » de la rue de Solférino. Le fait divers planétaire fut suivi du vaudeville lillois, où Dodo la Saumure devint un héros médiatique. Choc des mondes : l'élite et la fange. La descente aux enfers de

DSK, même s'il s'en défend, a indubitablement servi la marche en avant du candidat « normal ». Elle lui a permis de s'émanciper du Parti socialiste lui-même. Il a ainsi réussi à faire voler en éclats son image d'apparatchik. Certes, il n'était pas nouveau, mais il était neuf. Un type qui ne grimpe pas sur les yachts de copains milliardaires, qui n'envoie pas de SMS pour demander qu'on lui livre du « matériel » devient soudain très rassurant. Il faut le reconnaître : pour gagner, il faut de l'habileté, de la constance, de la détermination, mais une aussi une forte dose de baraka.

Un troisième personnage a beaucoup aidé François Hollande à surmonter tous les obstacles : la crise financière. Celle-ci n'a pas de visage, pas de figure de proue, pas de héraut déclaré, mais elle a incontestablement favorisé le député de Corrèze. Tous les dirigeants européens, de gauche comme de droite, n'ont-ils pas en effet été balayés lors des derniers scrutins électoraux ? Nicolas Sarkozy n'a pas échappé au jeu de massacre. François Hollande est-il pour autant un président par défaut ? Sa première mission aux yeux des Français est de prouver le contraire.

BIBLIOGRAPHIE

AGACINSKI, Sylviane, *Journal interrompu*, Le Seuil, 2002.

ALEXANDRE, Philippe, DE L'AULNOIT Béatrix, *La Dame des 35 heures*, Robert Laffont, 2002.

ALLÈGRE, Claude, *La Défaite en chantant*, Plon-Fayard, 2007.

AMAR, Cécile, HASSOUX, Didier, *Ségolène et François. Biographie d'un couple*, Privé, 2005.

ASKOLOVITCH, Claude, *Lionel*, Grasset, 2001.

ATTALI, Jacques, *Verbatim I*, Fayard, 1993.

ATTALI, Jacques, *Verbatim II*, Fayard, 1995.

ATTALI, Jacques, *Verbatim III*, Fayard, 1995.

ATTALI, Jacques, *C'était François Mitterrand*, Fayard, 2005.

BACHELAY, Guillaume, *Désert d'avenir ? Le Parti socialiste, 1983-2007*, Bruno Leprince, 2007.

BACHY, François, *François Hollande. Un destin tranquille*, Plon, 2001.

BACHY, François, *L'Énigme Hollande*, Plon, 2005.

BACQUÉ, Raphaëlle, CHEMIN, Ariane, *La Femme fatale*, Albin Michel, 2007.

BARTOLONE, Claude, *Une élection « imperdable »*, L'Archipel, 2007.

BAZIN, François, *Le Sorcier de l'Élysée. L'histoire secrète de Jacques Pilhan*, Plon, 2009.

BAZIN, François, MACÉ-SCARON, Joseph, *Le Rendez-vous manqué. Les fantastiques aventures du candidat Delors*, Grasset, 1995.

BERNARD, Daniel, *Madame Royal*, Jacob-Duvernet, 2005.

BESSON, Éric, *Qui connaît Madame Royal ?*, Grasset, 2007.

CAMBADÉLIS, Jean-Christophe, *L'Avenir de la gauche plurielle*, Plon, 1999.

CAMBADÉLIS, Jean-Christophe, *Le Chuchotement de la vérité*, Plon, 2000.

CAMBADÉLIS, Jean-Christophe, *Parti pris. Chroniques de la présidentielle chez les socialistes*, Plon, 2007.

COURCOL, Christine, MASURE, Thierry, *Ségolène Royal. Les coulisses d'une défaite*, L'Archipel, 2007.

DELANOË, Bertrand, *De l'audace !*, entretiens avec Laurent Joffrin, Robert Laffont, 2008.

DELORS, Jacques, WOLTON, Dominique, *L'Unité d'un homme*, Odile Jacob, 1994.

DÉLY, Renaud, *La Guerre des « ex »*, Éditions du Moment, 2008.

DRAY, Julien, *Règlements de comptes*, Hachette Littératures, 2007.

FONTANAUD, Hélène, LANDRIN, Sophie, *Les meilleurs ennemis*, Fayard, 2011.

GENESTAR, Alain, *Expulsion*, Grasset, 2008.

GIESBERT, Franz-Olivier, *François Mitterrand. Une vie*, Le Seuil, 1996.

GIORDANO, Isabelle, *Martine, le destin ou la vie*, Grasset, 2011.

GLAVANY, Jean, *Mitterrand, Jospin et nous*, Grasset, 1998.

HAZIZA, Frédéric, *Chirac ou la Victoire en pleurant*, Ramsay, 2002.

HOLLANDE, François, GAILLARD, Jean-Pierre, LE DRIAN, Jean-Yves, JOUYET Jean-Pierre, *La gauche bouge*, Jean-Claude Lattès, 1985.

HOLLANDE, François, *Devoirs de vérité*, Stock, 2006.

HOLLANDE, François, *Droit d'inventaires*, entretiens avec Pierre Favier, Le Seuil, 2009.

HOLLANDE, François, MOSCOVICI, Pierre, *L'Heure des choix : pour une économie politique*, Odile Jacob, 1991.

JEAMBAR, Denis, *Portraits crachés*, Flammarion, 2011.

JOFFRIN, Laurent, *La Gauche bécassine*, Robert Laffont, 2007.

LECLERC, Gérard, MURACCIOLE, Florence, *Lionel Jospin, l'héritier rebelle*, Jean-Claude Lattès, 1996.

LEIBOWITZ, Nicole, SCHEMLA, Élisabeth, *Pour le meilleur et pour le pire*, Flammarion, 2012,

LÉVY, Claude, *L'une enchante, l'autre pas*, Calmann-Lévy, 2006.

LÉVY, Bernard-Henri, *Ce grand cadavre à la renverse*, Grasset, 2007.

MOATI, Serge, *30 ans après*, Le Seuil, 2011.

JOSPIN, Lionel, *L'Impasse*, Flammarion, 2007.

LIENEMANN, Marie-Noëlle, COHEN, Philippe, *Au revoir, Royal*, Perrin, 2007.

MALHERBE, Apolline de, *Politiques cherchent audimat désespérément*, Albin Michel, 2007.

MALOUINES, Marie-Eve, *Deux hommes pour un fauteuil. Chronique de la cohabitation, 1997-2001*, Fayard, 2001.

MALOUINES, Marie-Eve, MEEUS, Carl, *Ségolène Royal, l'insoumise*, Fayard, 2007.

MALOUINES, Marie-Eve, MEEUS, Carl, *La Madone et le Culbuto ou l'inlassable ambition de Ségolène Royal et François Hollande*, Fayard, 2006.

MEXANDEAU, Louis, *François Mitterrand, le militant : trente années de complicité*, Le Cherche Midi, 2006.

PÉAN, Pierre, *Chirac, l'inconnu de l'Élysée*, Fayard, 2007.

PETITCLERC, Jean-Marie, *Les Nouvelles délinquances des jeunes : violences urbaines et réponses éducatives*, Dunod, 2001.

PINGAUD, Denis, *L'Impossible Défaite*, Le Seuil, 2002.

RAFFY, Serge, *Les Enfants de Gaston*, Jean-Claude Lattès, 1989.

RAFFY, Serge, *Jospin. Secrets de familles*, Fayard, 2001.

RAFFY, Serge, *La Guerre des trois*, Fayard, 2006.

REBSAMEN, François, *De François à Ségolène*, entretiens avec Philippe Alexandre, 2007.

REVAULT D'ALLONNES, David, *Petits meurtres entre camarades, enquête secrète au cœur du PS*, Robert Laffont, 2010.

ROYAL, Ségolène, *Le Printemps des grands-parents*, Robert Laffont, 1987.

ROYAL, Ségolène, *La Vérité d'une femme*, Stock, 1996.

Royal, Ségolène, *Ma plus belle histoire, c'est vous,* Grasset, 2007.

ROYAL, Ségolène, COLOMBANI, Marie-Françoise, *Maintenant*, Hachette Littératures, 2007.

TAUBMANN, Michel, *Le Roman vrai de Dominique Strauss-Kahn*, Éditions du Moment, 2011.

SCHRAMECK, Olivier, *Matignon, rive gauche, 1997-2001*, Le Seuil, 2001.

REMERCIEMENTS

François Hollande a accepté, durant une douzaine d'heures, de répondre à mes questions avec patience et lucidité. Il a dû forcer parfois sa nature pudique et secrète, qu'il en soit ici remercié.

Je suis aussi reconnaissant à Ségolène Royal de m'avoir reçu à plusieurs reprises, ne craignant pas d'aborder les périodes les plus délicates de l'histoire du couple qu'elle a formé durant un quart de siècle avec François Hollande.

Je remercie aussi vivement tous ceux qui m'ont consacré de leur temps pour m'aider à percer le « mystère Hollande » :

Philippe Alexandre, Claude Allègre, Cécile Amar, Béatrice Amoudru, Antonin André, André Anjorand, Kader Arif, Gilbert Artman, Jacques Attali, Jean-Louis Audren, Raphaëlle Bacqué, Hervé Baro, Alain Barrau, Claude Bartolone, Jean-Michel Baylet, François Bazin, André Bercoff, Jean-Louis Bianco, Grégoire Biasini, Sophie Bouchet Petersen, Jean-Christophe Cambadélis, Jean-Marie Cambacérès, Gérard Carreyrou, Pierre Charon, Ariane Chemin, Jérôme Cordelier, Bernard Cottin, Sylvain Courage, Baptiste Crochet, Mathieu Croissandeau, Jean-Claude Darmengeat, Françoise Degois, Julien Dray, Alain Duhamel, Frédérique Espagnac, Hélène

Fontanaud Anne Fulda, Alain Genestar, Jean Glavany, Max Gallo, Robert Gély, Philippe Hollande, Thomas Hollande, Laurent Joffrin, Denis Jeambar, Jean-Pierre Jouyet, Faouzi Lamdaoui, Jean-Yves Le Drian, Séphane Le Foll, Gérard Le Gall, Sonia Mabrouk, Apolline de Malherbe, André Martinez, Laurence Masurel, Gilbert Mathon, Alain Mergier, Jean-Pierre Mignard, Serge Moati, Sophie Moati, Robert Navarro, Vincent Peillon, Jean-Marie Petitclerc, Hélène Pilichovski, Pierre Quintard, Nathalie Rastoin, François Rebsamen, Jean-Maurice Ripert, Philippe Rousseau, Ségolène Royal, Bernard Rullier, Jean-Marc Salmon, Manuel Sanson, Michel Sapin, Isabelle Sima, Jacques Spindler, Anne-Lise Teneul, René Teulade, Daniel Vaillant, André Vallini, Robert Zarader.

Certaines personnalités, Laurent Fabius et Lionel Jospin à mon grand regret n'ont pas jugé utile de me recevoir.

Un merci amical et confraternel à François Bazin qui m'a apporté sa grande connaissance de l'histoire du Parti socialiste, de ses héros, ainsi qu'à Marie-Laure Mas pour sa précieuse documentation.

Enfin, une pensée reconnaissante et affectueuse aux miens, qui m'ont supporté durant cette traversée de la « Hollandie », Elio, Lisa, Judith, Marion, ainsi que Fernando, Joël et Philippe.

Table des matières

Composé par Nord Compo Multimédia
7, rue de Fives, 59650 Villeneuve-d'Ascq

Pour l'éditeur, le principe est d'utiliser des papiers composés de fibres naturelles, renouvelables, recyclables et fabriquées à partir de bois issu de forêts qui adoptent un système d'aménagement durable.
En outre, l'éditeur attend de ses fournisseurs de papier qu'ils s'inscrivent dans une démarche de certification environnementale reconnue.

Fayard s'engage pour l'environnement en réduisant l'empreinte carbone de ses livres. Celle de cet exemplaire est de :
0,600 kg éq. CO_2
Rendez-vous sur www.fayard-durable.fr

PAPIER À BASE DE FIBRES CERTIFIÉES

Achevé d'imprimer en mai 2012 en France sur Presse Offset par
Maury-Imprimeur - 45330 Malesherbes
N° d'imprimeur : 173160
27-02-0853-5/01
Dépôt légal : mai 2012
Imprimé en France